図解でゼロからわかる!

成功する事業計画書のつくり方

戦略コンサ

著 秦充

ナツメ社

付録

成功のためのファイルセット
ダウンロード方法と使い方

本書では、付録として『成功のためのファイルセット』をご用意しています。
次の方法でお手持ちのPCよりダウンロードを行ってください。
なお、「アイデア発想ツール」「事業計画書テンプレート」はPowerPoint、
「収支計画作成シート」はExcelにて作成されているため、
ご使用にあたってはソフトを稼働できる環境が必要となります。

1 Webブラウザを起動し、
下記URLもしくはQRコードから、本書のWebページを開く
https://www.natsume.co.jp/books/20163

2 Webページ下部にある**「サンプルデータ」**以下の
「ダウンロード」ボタンをクリック

アイデア発想ツール ［ jigyou_01.ppt ］	アイデア発想時に使用するシートや本文で紹介しているワークショップの進め方など、事業アイデアを考える際に役立つフォーマット集です。クロストライアル、クロスSWOTなどが含まれます。
事業計画書テンプレート ［ jigyou_02.ppt ］	事業計画書を作成するうえで役に立つテンプレートです。ストーリーの枠組みとともに、コンテンツのタイプ別にビジュアルデザインの構造や基本ルールも紹介しています。
収支計画作成シート ［ jigyou_03.xlsx ］	本文で紹介しているキャッシュフローモデルを作成する入力シートです。実際の収支計画を作成する際のひな型になるようにExcelのシートのサンプルを収録しています。

はじめに

本書の前身である『プロ直伝！ 成功する事業計画書のつくり方』が出版されてから約10年。事業開発を取り巻く環境は大分変わってきました。まずスタートアップの立ち上げや成長支援のしくみが構築され、以前より起業が活発化して成長するスタートアップも増えてきました。また大企業では、新規事業の取り組みに加え、本業のビジネスモデルを見直して成長と収益を伸ばすという話も増えました。実際、日本では大企業といえども、社会インパクトや時価総額、新しいビジネスモデルなどで影響力のある海外スタートアップに及ばない企業も多く、よい刺激になっているようです。

本書では、そんなチャレンジをされている方のお役に立てるように、私が常々提唱している事業開発のステップや組織のあり方を、図表をふんだんに活用して解説したものです。今回の改訂新版では、マネタイズモデルとバリューチェーンの順序を入れ替えるなどの工夫とともに、前版と変わらず「検討する順序」を明確にして「重要なエッセンス」に絞り込み、「体系的でわかりやすい」内容にすることを心がけました。本書の考え方は、チームや仲間で「共通言語化」すると最も効果が出ます。ぜひ、周りの方にも紹介して仲間を増やしてください。

生成AIをはじめ、新しい技術や社会の変化がどんどん出てくるなか、個人も企業も新しいチャレンジとそれに必要なノウハウが求められます。読者の皆さんが本書により、「情熱」と「論理」と「行動」で新しい価値を世の中に広げていかれることをお祈りしています。

秦　充洋

もくじ

第2章 魅力的な事業コンセプトをつくる

第3章 顧客とプロダクトをイメージする

第4章 顧客の理解と検証をもとに改善する

第5章 利益を生み出すしくみをつくる

第6章 事業を成立させる構造をつくる

第1章

事業開発の基本ステップ

顧客に価値を提供し、社会にインパクトを与える事業を開発するには、事業アイデアについて、手順を追って固めていくことが必要です。ここでは、その基本となるステップについて解説します。

1

01 何が事業計画に求められるのか

新しい取り組みに必要とされる知見が多様化したり、巻き込むべき相手が変わったりするなど、事業計画に求められる内容は従来から大きく変化しています。

「事業計画をつくる機会」の増加

昨今、社内のビジネスプランコンテストの増加や社内起業のチャンスの広がり、既存事業見直しの拡大など、**さまざまな人に事業計画をつくる機会**があります。既存事業そのままであれば、上司からの指示やひな型などに従っていれば対応できました。しかし、新しい取り組みや新規事業となると、それに応じた知見や実績などが必要とされ、経営者や関係者への説明や説得などのハードルも上がります。

どうやって事業を発想し、現実的な立ち上げを設計するのか、どのように将来の可能性を見出し、関係者を説得していくのか、事業計画をつくるアプローチの方法とノウハウが必要になります。

「社会環境の変化」が事業に影響

ビジネスシーンでこうした**新しい取り組みや事業が求められている最大の理由は「事業を取り巻く環境の変化」**です。政治や経済、社会、技術の変化が生む中長期の、しかし確実に進む「地殻変動」は、大企業が存在基盤としている本業の足元を揺るがしかねません。

たとえば、少子化・高齢化の影響は、「中心市街地の再開発」といった土木・建築分野にとどまらず、エネルギーや運輸・交通、通信などのインフラ、さらには自動車、金融、医療・福祉、教育、メディア、エンターテインメントなど広範囲に及びます。ひとつの変化は、業界の垣根を越えて大小さまざまな企業に大きな影響を与えます。

また、生成AI、スマートフォン、ロボティクス、ドローンなど、目覚ましい速度で進化する「新しい技術」が、業界内外のプレイヤーのレベルを上げるという変化もあります。それにより、**異業種やスタートアップといった新しいプレイヤーの参入機会**が生まれ、各業界はより一層変化していきます。

顧客の要求水準も変化する

このような企業側の新しい取り組みにより、**顧客側も変化**してきています。たとえば最近、消費者はマニュアルを読まなくなっているそうです。アップルの製品やスマホアプリなどは直感的に操作できるよう工夫されており、それに慣れた消費者がほかの製品にも同様の使い勝手を求めるようになってきているのです。

企業向けでも、第5章で紹介する「サービス型事業モデル」は「顧客に負担をかけない成果に応じた従量課金」などが特徴で、「**モノ売りからコト売りへ**」というキーワードとともに多くの業界に広がりつつあります。その

事業計画をつくる状況の変化

これまで	現在、求められること
● 既存事業、その延長	● 新規事業、新機軸
● 知見あり、実績あり	● 知見なし、実績なし
● 既存の体制あり	● 新しいしくみが必要

成功例として米GE（ゼネラル・エレクトリック）の航空機エンジン事業が知られていますが、そのサービスに満足した航空会社（顧客）は業界内のほかのサプライヤーにも同様のサービスや取引を求めるようになりました。

もちろん、そうした敏感な顧客ばかりではありませんから、しばらくは旧来のやり方でも安泰かもしれません。しかし、変化に鈍感な顧客とそれに頼っていた事業者は一緒に衰退していくことになりかねません。

「新しい取り組み」が不足するとどうなるか

チャレンジ精神やノウハウなどの不足を理由に、新しい取り組みをしない、投資案件も見つけられないという企業は少なくありません。そうした企業は、社会や業界、顧客のニーズから外れつつある既存事業に集中します。

新しい取り組みは難しいと言い、手堅く運営できる既存事業に固執・投資してしまうのです。結果、**売上は減少、業績は低迷し、人員整理をしなければならない状況**に陥ってしまいます。

また、近年の大企業の破綻の例では、「本業における大型投資の失敗」が見られます。「本業だからよく知っている」と思って安心していると、予想外の競合の登場や市場の変化に対応できず、会社の命運を危うくすることになりかねません。

変化によって生まれるチャンスを活かす

環境変化は、企業の変革を促します。それは**困難なことである反面、新たなチャンス**でもあります。

たとえば、大企業が技術やノウハウをもつ領域でチャンスが拡大する例も多く見られます。前述の航空業界の「サービス型事業モデル」では、その機器の販売でシェアの高い企業が当然有利です。モノづくりや、エンジンのように多くの機器が集約された製品を生産する産業に適用可能なビジネスモデルといえます。

新しい取り組みに対する経験とノウハウを積むことで、個人にとっても新しいキャリアがひらける可能性が高まります。実績のある事業開発者を求める企業も増えているので、ぜひ新しい事業の創造や、既存事業の革新のノウハウを身につけ、チャレンジしていきましょう。

多くの企業に対応が迫られる環境

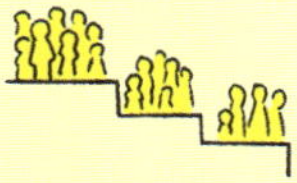

- 人口動態や社会構造の変化
- 新しい技術による機会とリスク

- 競合相手のレベルアップ
- 新しいプレイヤーの登場

- 顧客の要求とその水準の変化
- 既存顧客の衰退

- 既存事業の先行き不安
- 新しい事業への取り組み

新しい取り組みの不足の影響

新しい取り組みや投資案件の不足

- チャレンジやノウハウがない
- 確実に実績が出るものしか認めない

▼

既存事業の現状維持

- 変革の方向がわからない
- 変えたくない社内の抵抗

▼

売上減少、ジリ貧でリストラ

▼

既存事業に偏重・固執

- その事業に限られた環境理解
- 「よく知っている」という過信

▼

環境変化で過度の投資が破綻

1

02 事業計画では何を検討するのか

新しい取り組みや事業に立ちはだかるハードルを残り越え、事業の立ち上げを効果的に進めていくには、9つのステップが重要です。

事業開発でクリアすべきハードル

新しい取り組みを企画して実行することを「**事業開発**」といいます。事業計画とは、その事業開発の活動や見通しを計画に落とし込んだもののことです。

事業開発で最も重要なことは、**魅力的な事業を実現すること**ですが、そこに至るまでのハードルはおよそ次の3つがあります。

1つめは「**アイデア（発想）**」です。もちろんアイデアが出ないとどうにもなりませんが、せっかく思いついてもありきたりに思えたり、周りからネガティブな反応があったりすると、検討がそこで止まってしまいます。

2つめは「**ビジネスモデル化**」です。その事業は本当に実現できるのか、儲かるのかといった問いに答えられないと事業にはなりません。

3つめは「**社内・社外を巻き込むこと**」です。経営層も含めた社内を説得できないと、ヒトやカネといったリソースを動かせません。また、アライアンスパートナー（協力企業）や外部事業者からの協力を得られないと事業は前に進みません。

この3つのハードルのうち、どこで引っかかるかはプロジェクトによって異なります。ただし、何らかのアイデアを生み出して世の中に広めるためには、この3つをすべてクリアする必要があります。事業開発では、その**検討のプロセス全体を念頭に置き**、それぞれのステップをクリアしていくことが重要です。

事業開発の3サイクル×3ステップ

実際に「新たな事業の中身」を構築していくために、次の3つのサイクルで順番に検討していきましょう。このサイクルはそれぞれ、3つのハードルに対応します。

アイデアのサイクル

①事業コンセプト
②顧客への提供価値
③顧客の理解と検証

ビジネスモデル化のサイクル

④マネタイズモデル
⑤バリューチェーン
⑥キャッシュフローモデル

巻き込みのサイクル

⑦チームとアライアンス
⑧継続的改善と成長への投資
⑨事業開発を支える組織

事業開発には、この3サイクル×3ステップのような「**標準プロセス**」が必要です。新しい事業を開発するに

事業開発に立ちはだかる3つのハードル

❶アイデア

- 新しいアイデアが思いつかない
- ありきたりなアイデアしか出ない
- 周りや上司からすぐに潰される

⋮

どう発想してアイデアを出す？

❷モデル化

- その事業のビジネスモデルは何か
- 考えた事業を本当に実現できるのか
- その事業は儲かるのか

⋮

ビジネスモデルはどう構築する？

❸巻き込み

- 経営層の理解、社内やチームの納得
- 社外協力者の説得
- 人材・資金・ノウハウなどの確保

⋮

周囲に協力してもらうには？

は柔軟な発想が求められるので、「型」にはまったプロセスは役に立たないと思われるかもしれません。しかし、標準プロセスがあることで、**再現性と実効性を担保**でき、実行するメンバーや関係者、経営層などの間の齟齬がなくなります。そういう「型」があるので、たとえ事業のアイデアや検討があちらこちらに脱線しても、**最終的には事業の形に整えられる**わけです。

最初に検討する①〜⑥のステップ

前述のステップを具体的に見ていきましょう。まず、「①事業コンセプト」の候補を挙げ、「②顧客への提供価値」、つまり**誰にどんな価値を提供できるかの仮説**を立てます。どんな事業も顧客がいないと成り立ちませんし、同じアイデアでも顧客が変わると、別事業といってよいほど検討要素が大きく異なります。ここで立てた仮説を「③顧客の理解と検証」で深掘りして検証します。

次に、①〜③で検証した事業コンセプトで**収益を上げるための方法**を考えるのが「④マネタイズモデル」です。そのうえで「⑤バリューチェーン」で具体的に、その**事業を実現させる方法や体制、コスト**などの要素を詰めていきます。これらを検討することで、その事業が儲かるのかどうか、「⑥キャッシュフローモデル」が明確になります。

「儲かるのかどうか」を明らかにする

今度はこのステップを逆から見てみましょう。事業の検討ですから、最終的には「⑥キャッシュフローモデル」、つまり**儲かるのかどうかが重要な判断基準**になります。

儲かっている状態とは、**売上が伸びてコストが抑えられ、両者に差がある状態**です。そして売上は「顧客数×客単価」、つまり「②顧客への提供価値」で設定したターゲット顧客の数と「④マネタイズモデル」で設定した価格との掛け算で計算できます。コストは「⑤バリューチェーン」の検討で見積もる必要があります。

つまり、事業を判断するために重要な収益性を見通すうえでは、やはり**①から⑥の順番で検討**する必要があるのです。

これに事業を支える組織やしくみとして⑦から⑨を加えた3サイクル、計9ステップのなかに事業開発の重要エッセンスが詰まっています。

事業開発の3サイクル×3ステップ

アイデアのサイクル

- ①事業コンセプト
  - どの領域で何をするのか
  - 有望なアイデアは何か
- ②顧客への提供価値
  - ターゲット顧客は誰か
  - 提供する価値は何か
- ③顧客の理解と検証
  - 顧客を理解する
  - アイデアを検証する

ビジネスモデル化のサイクル

- ④マネタイズモデル
  - 継続的に収益を上げる
  - 誰からいくら収入を得るのか
- ⑤バリューチェーン
  - 必要な方法と体制は何か
  - コスト要素は何か
- ⑥キャッシュフローモデル
  - 経済性は成立するのか
  - 必要なキャッシュと KPI（重要業績評価指標）

巻き込みのサイクル

- ⑦チームとアライアンス
  - 社内外の実行体制を構築
  - 理解と支援を得る工夫
- ⑧継続的改善と成長への投資
  - KPI 達成への継続的改善
  - 事業の見極めと重点投資
- ⑨事業開発を支える組織
  - 事業が生まれて育つしくみ
  - マネジメントの成長

☑「標準プロセス」が決まっており、再現性と実効性を担保できる
☑「共通言語」により、実行メンバーとマネジメントに齟齬がなくなる

1

03

アイデアのサイクルを回す

事業開発では、まず事業アイデアとその対象となる顧客の仮説を立て、実際にヒアリングをして検証します。発想力と行動力が問われます。

事業化に値するアイデアを生み出す

「アイデアのサイクル」は、思いついた事業がどんなものなのかを明確にし、仮説を立てて検証していくサイクルです。これを回すことで、**事業の魅力を高めます。**事業が魅力的でなければ、事業化の労力をかける価値がありませんし、協力者も見つけにくいでしょう。

その最初のステップ「①事業コンセプト」で新しいアイデアがひらめいた瞬間は心が躍るものです。しかし、その事業化にはいくつかの条件があります。

- **顧客がつくかどうか**
- **十分な事業規模に育つかどうか**
- **体制面・資金面で実現できるかどうか**
- **儲かる事業になるかどうか**

特に重要なことは「**顧客がつくかどうか**」です。ビジネスなので顧客が必要です。事業アイデアを思いついたら**顧客の仮説**を立て、その製品・サービスを使ってくれそうかどうか、実際にターゲットとなる顧客に聞いてみましょう。そして、ある程度の手応えを感じたら、その次のサイクルである、具体的な実現方法や収益性などを検討する「ビジネスモデル化のサイクル」に進みます。

PMFが成功した状態をイメージする

「アイデアのサイクル」で意識すべきことは「**プロダクト・マーケット・フィット（PMF）**」です。これは、具現化した事業（プロダクト）がそのターゲット（マーケット）に**実際に受け入れられている状態（フィット）**を指します。世の中にはたくさんの事業の可能性が存在します。「アイデアのサイクル」ではスピードも大切なので、そのなかからできる限り**早い段階で、試行錯誤や労力を削減**しながら、人材や資金、時間をかけるに足る**「事業コンセプト」**を見つけます。

PMFは「アイデアのサイクル」のなかだけではなく、事業開始後も多くの試行錯誤や労力、資金、時間などの**リソースを投入して追求し続けていく**必要があります。「アイデアのサイクル」は、そういった事業の具現化のイメージをつくる工程でもあるのです。

①事業コンセプト：多くのアイデアを出す

「①事業コンセプト」のアイデア出しは、想像以上に労力のかかる作業です。そのため、最初にひねり出したアイデアに飛びついてしまいがちですが、ここは少し我慢して、**できるだけ多くのアイデアを出しましょう**。

多くのアイデアを出すコツは、日頃から発想のタネになる「**インプット**」をしっかりと行っておくことです。社会や顧客の変化、他社の事例、自社の状況などをもと

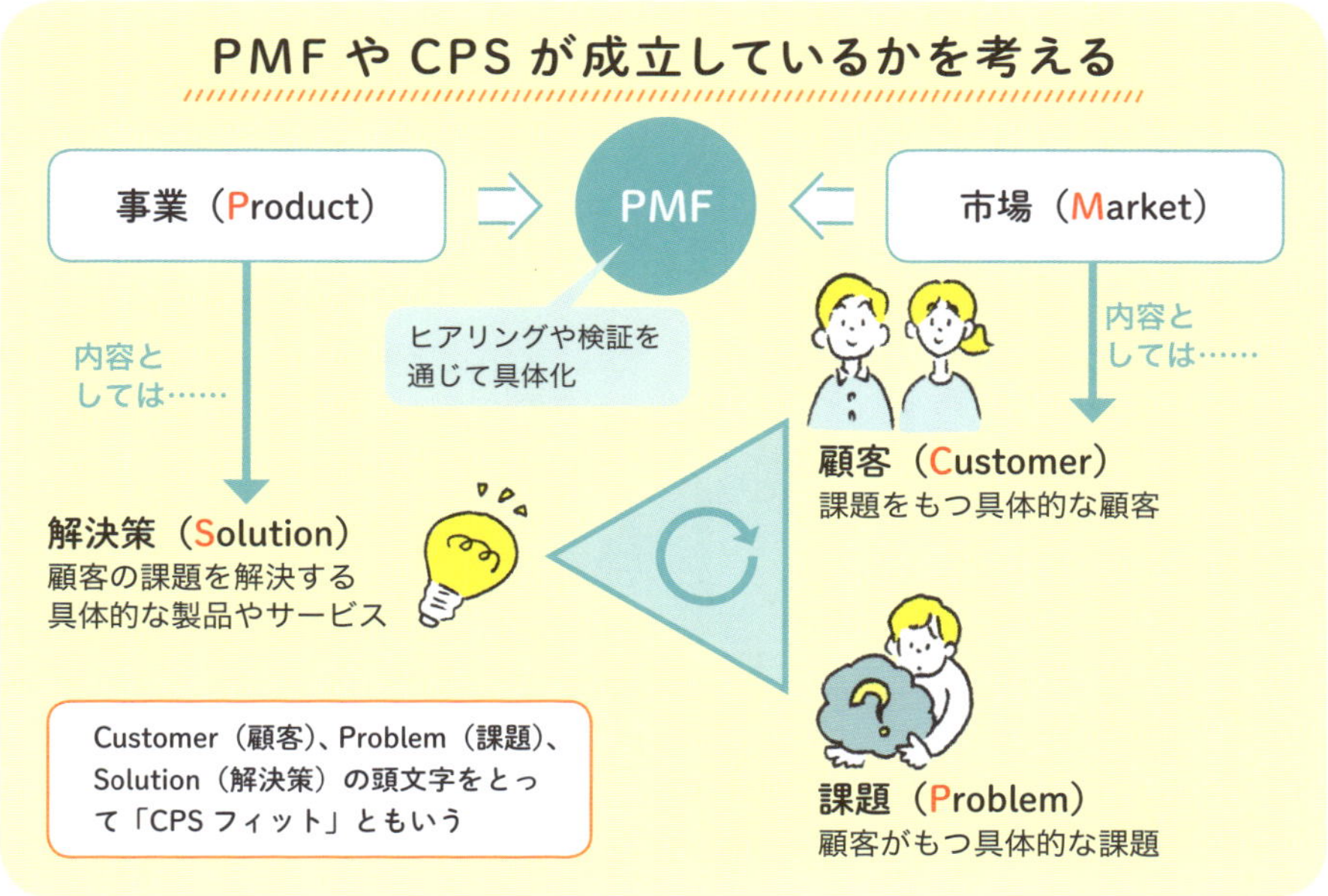

に、30〜50件を目安としてアイデアを出しましょう。

思いついたアイデアを一つひとつ吟味していると数が増えないので、まずは**「質より量」でたくさん出し**、さらにアイデア同士を組み合わせるなどして発展させます。埋もれてしまいそうなアイデアでも、次のアイデアが生まれるきっかけになることもあります。

ターゲットとしたい顧客が決まっている場合は、その顧客の理解から始め、取り巻く環境の変化や異業種の事例などを踏まえて発想するのもよいでしょう。

①事業コンセプト：アイデアを絞り込む

ある程度のアイデアが出せたら、革新的なアイデアに絞り込みます。**目安として10件以下**に絞り込んでいきますが、せっかくの有望なアイデアを不用意に切り捨ててしまわないよう注意しましょう。

ここで重要なことは、**絞り込みの基準**です。市場規模や実現性の高さなどで絞り込んでしまいがちですが、そこに落とし穴があります。たとえば大きな市場は、すでに注目が集まっていて、競合も狙っている場合が多く、また実現性が高いということは、競合にもその可能性があるということですから、そのなかで勝ち残って収益を上げるためには、それ相応の工夫が必要です。

革新的なアイデアには、その時点で**市場が存在しない**、**実現が難しい**という傾向があります。それを避けて通ろうとすると、「ありきたりな事業」になってしまいます。参入企業が少ない、実現が難しい、市場が存在しないといった事業アイデアに、あえて着目する視点が重要です。

②顧客への提供価値：顧客を特定する

事業コンセプトが絞り込めてきたら、次はターゲット顧客を特定し、その顧客への提供価値を明確にしていきます。マーケティングでいうところの「**STP（セグメンテーション・ターゲティング・ポジショニング）**」です。

アイデア出しの段階でも顧客のイメージは多少あるかもしれませんが、それでは不十分なケースがほとんどです。たとえば、「若い女性向けのサービス」といっても、10代と20代ではニーズが異なるでしょう。さらに、都市部と地方、実家住まいと一人暮らしといった違いでも消費行動が異なります。つまり、ターゲット顧客を具体化すると提供すべき価値は大きく変わってくるのです。

事業アイデアは広げて絞る

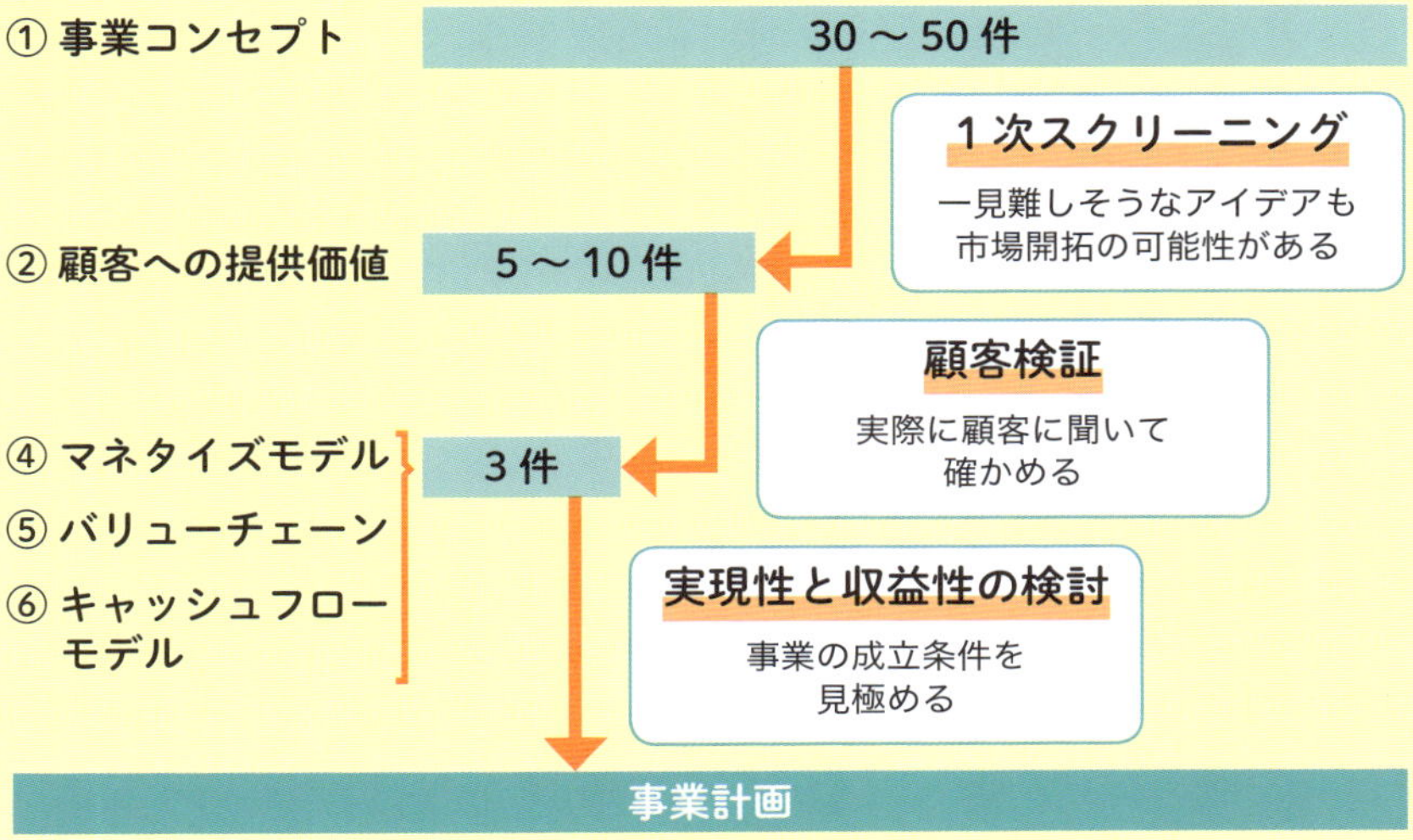

ターゲット顧客を具体化する

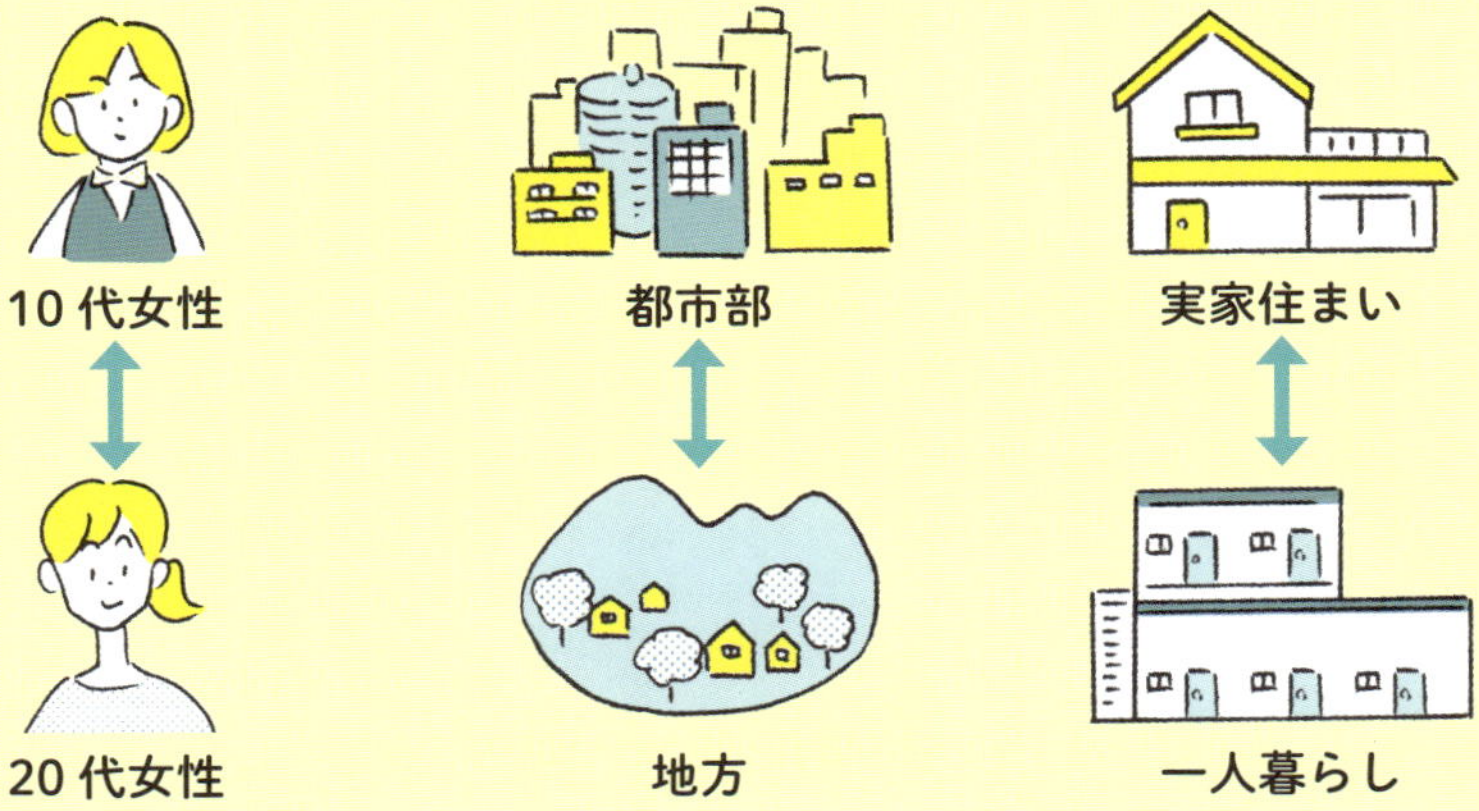

- ☑ 顧客を細分化し、より合致したターゲット顧客を考える
- ☑ 顧客が誰で、どんなニーズがあり、どうやって価値を提供するかを考える

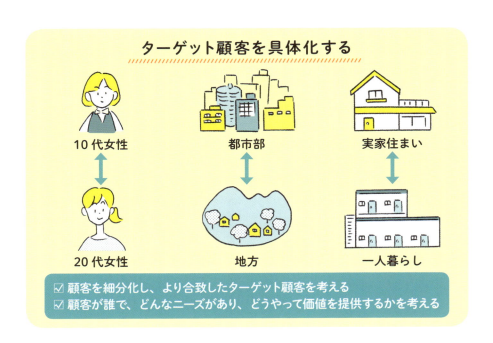

事業アイデアには、**それに合致したターゲット顧客が具体的に存在する**はずです。それが誰で、どんなニーズがあるのか、どうしたら価値を提供できるのかを考えることで事業アイデアが具体化してきます。幅広い層をターゲットにしようとしておろそかにされるケースが多いですが、顧客の特定と絞り込みは事業開発の基本です。

②顧客への提供価値：価値を明確化する

ターゲット顧客が特定されてきたら、次は**提供価値（バリュープロポジション）**を明確にします。言い換えれば「提供する製品・サービスが顧客にもたらすベネフィット（利益）」です。マーケティングの名言で「顧客が欲しいのはドリル機ではなく、穴を開けること」というものがあります。売る側はドリル機を売ろうとして機械の性能や機能などを訴求しますが、買う側にはそれはどうでもよい話で、穴が開けられれば何でもよいのです。

提供価値の検討とは、その製品・サービスの性能や機能ではなく、**顧客目線でどんなベネフィットを提供できるのか**を明らかにすることです。その価値が顧客に評価されるのか、競合との差別性があるのか、さらには顧客自身が気づいていないニーズの掘り起こしができるのかという点も重要なポイントになります。

③顧客の理解と検証を行う

事業アイデアは「こういうサービスは売れるはずだ」「こういう顧客には、こんなニーズがあるはずだ」という考えから発想されるわけですが、発想した時点ではあくまで仮説にすぎません。実際にターゲット顧客の候補にヒアリングを行って顧客理解を深め、**事業アイデアが受け入れられる可能性を実地で検証（顧客検証）**したうえで、必要に応じて修正していきます。

この顧客検証の方法は、アイデア出しに必要なヒアリングと異なります。ターゲット顧客に製品・サービスの試作品や具体的な内容を示したチラシを見せ、反応を確認するのです。いわゆる「テストマーケティング」や「営業トライアル」に近いイメージです。

そこでもしミスマッチがあるなら、**どこが問題なのかをきちんとフィードバック**してもらい、PMFやCPSフィットがイメージできるまでコンセプトやターゲットを見直します。

アイデアのサイクル

① 事業コンセプト

どの領域で何をするか

インプット	発想のタネとなる環境変化や事例をインプットする
アイデア出し	インプットと発想法でアイデアの数を出す
判断基準	適切な判断基準で革新的アイデアの仮説を絞る

② 顧客への提供価値

誰にどんな価値を提供するか

ターゲット	そのアイデアが刺さる顧客仮説を具体化する
カスタマージャーニー	その顧客の行動とアイデア仮説の関係を考える
バリュープロポジション	その顧客に提供できる価値の仮説を明確化する

③ 顧客の理解と検証

顧客の理解と検証は十分か

ヒアリング	顧客への直接ヒアリングを重ねて理解を深める
プロトタイピング	ヒアリングと検討内容を具体的な顧客提案にまとめる
検証と修正	検証結果からアイデア、顧客・価値を見直す

1

04

ビジネスモデル化のサイクルを回す

事業アイデアを具現化するには、ビジネスモデルの設計が不可欠です。それには、検討内容を数字に落とし込んだ検討が求められます。

④マネタイズモデルで収益を確保する

「アイデアのサイクル」で事業アイデアをブラッシュアップしたら、次は「**④マネタイズモデル**」を検討していきます。マネタイズモデルとは、「誰からどんな名目でお金をもらうか」のしくみのことで、事業の収益性に大きく影響を与えます。

マネタイズモデルは「製品・サービスを提供してその対価をもらう」というものですが、「**売上＝顧客数×客単価**」の拡大が見込める設計が重要になります。たとえば、商品を無料で配って効果を実感してもらうことで顧客数を拡大する「**フリーミアム**」というマネタイズモデルがありますし、最初から一気に収益を上げようとせず、少額で利用できるようにして、利用度や成果に応じて継続的に客単価を上げる「**サブスクリプション**」もあります。こうしたマネタイズモデルを参考に、その事業に合った方法を検討します。

さらに、**価格設定**も重要です。「アイデアのサイクル」で検証した顧客行動の理解から、提供する価値の重要性を見極めたうえで、適切な価格を設定しましょう。

⑤バリューチェーンで実現性を考える

そのうえで、事業を実現するための**具体的なしくみを設計**していきます。事業の実現には、製品・サービスを通じて顧客へ価値を提供するための**オペレーション（開発や運営など）**と、その価値を顧客に周知して利用してもらうための**マーケティング**を検討する必要があります。これらの活動を「**⑤バリューチェーン**」と呼んでいます。

事業の革新性や新規性が高いほど、当初は必要なノウハウや人材、顧客アクセスなどは揃っていません。これまでにない新しい価値を提供するには、新しいオペレーションの体制が必要であり、その製品・サービスの価値を顧客に理解してもらうには、従来と異なるマーケティングを行うことが求められるでしょう。

ここでのポイントは「**アライアンス（外部連携）**」です。スタートアップだけではなく大企業でも、自社の経営資源だけでは不十分な場合がほとんどです。必要なノウハウや技術、人材、資金、顧客アクセスなどをいかに外部から調達するかという視点が大切になります。

⑥キャッシュフローモデルを考える

これまでの各ステップの検討を踏まえ、いよいよ儲かるかどうか、「**⑥キャッシュフローモデル**」を検討します。キャッシュフローモデルでは、資金の出入りなどをもとに、事業化の判断のポイントや事業展開上の資金の掛かり方、また事業の成長および成長のための**KPI（重要**

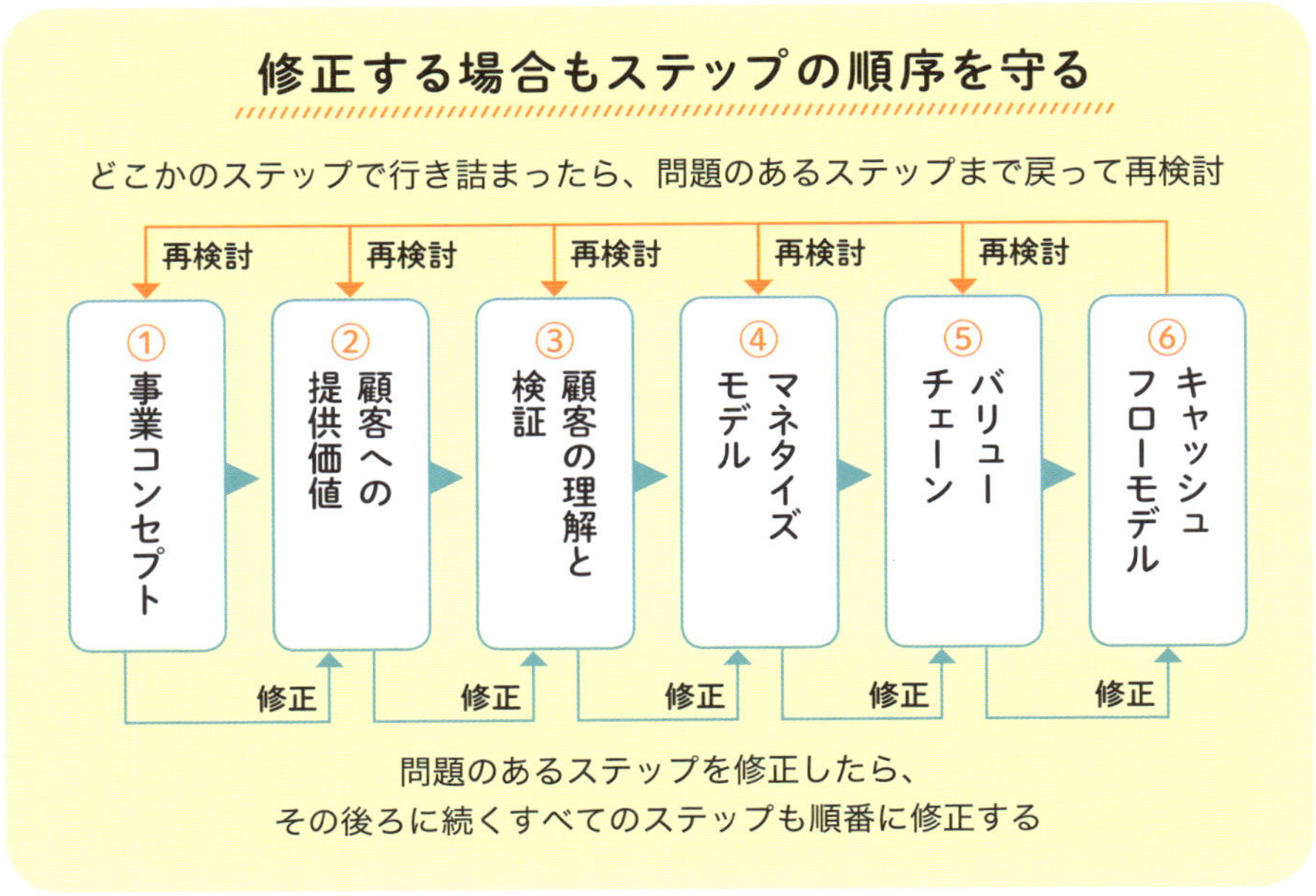

業績評価指標）を明らかにします。

ここでは、損益分岐点などを単に数値で示せばよいわけではなく、これまでの検討過程で実施した検証や根拠などを踏まえ、**「その時点での事業成立の手応え」**を示すことが事業化の判断において重要です。またフリーミアムなどのように、顧客基盤が拡大していく局面では資金が大きくかかるケースもあります。事業特性を踏まえ、必要な資金額をしっかりと試算して認識しましょう。

実際の作業では、顧客開拓のスピードや想定価格、コストの見積りなどを検討しながら、魅力的な収支・資金見通しになるよう調整します。「財務や会計の知識がないとつくれないのでは？」と思うかもしれませんが、最低限の会計知識と表計算ソフトが使えれば大丈夫です。

各ステップには整合性が必要

事業の中身を考える「アイデアのサイクル」「ビジネスモデル化のサイクル」のステップは、順序どおりに実施することが大切です。事業コンセプトを決めたら、どう実行するかのバリューチェーンへと進みたくなりますが、ターゲット顧客が違えば提供すべき価値も変わります。提供価値が変われば当然、対価を得る方法や価格設定などのマネタイズモデルも変わります。さらには、その価値を生み出す方法や、マネタイズモデルに合わせたマーケティング、課金のしくみも変わってきます。つまり、**ターゲット顧客、提供価値、マネタイズモデルと決めていかないとバリューチェーンは決まらない**のです。

このように事業開発のステップは、前のステップを検討することにより、あとのステップでの検討に必要な情報や要素が揃うように構成されており、効率的な事業開発の検討が可能になります。

しかし、順序どおりに進めていても、壁にぶつかることがあります。この事業コンセプトでは顧客への提供価値が明確でない、体制構築が難しい、利益が出ないなど、見直しを余儀なくされます。その場合は、問題のあるステップに戻って再検討をします。

前述のように各ステップには関連性があるので、たとえば顧客への提供価値を修正したら、それに続くマネタイズモデルとバリューチェーンも修正しなければなりません。大事なことは、各ステップが首尾一貫しており、整合性がとれていることです。

ビジネスモデル化のサイクル

④ マネタイズモデル

- 継続的に収益を上げる
- 誰からいくら収入を得るのか

顧客ベース型	顧客基盤の拡大に有利な方式を検討する
ライフタイムバリュー(LTV)	生涯価値の拡大に有利な方式を検討する
バリュープライシング	提供価値を見極めて価格を設定する

⑤ バリューチェーン

- 必要な方法と体制
- コスト要素

バリューチェーン	提供価値を実現する方法と体制を検討する
オペレーション・マーケティング	開発・運営とマーケティングの工夫で実現させる
アライアンス	不足資源は外部から調達する

⑥ キャッシュフローモデル

- 経済性は成立するのか
- 必要キャッシュとKPI

損益分岐点	損益分岐点の達成条件とその確度を見極める
キャッシュフロー	必要な資金とその事業の特性を明らかにする
KPI	事業運営に必要なKPIと条件を設定する

1

05

巻き込みのサイクルを回す

新しい取り組みを進めるためには、推進するチームとそれを支えるしくみが重要です。それには経営者自身の成長も必要です。

新しい取り組みを阻む3つの壁

近年、社内の新規事業の提案制度や既存事業のビジネスモデルの見直し（モノ売りからコト売りなど）に取り組まれる例が増えてきました。しかし、それらが実を結ばない企業もまだ多いようです。

新しい取り組みが成功しない理由として、前節までに解説した「アイデアのサイクル」「ビジネスモデル化のサイクル」という検討スキルに起因する課題もありますが、それ以外にも組織やルールに関連するものとして、次のようなものが挙げられます。

①チーム体制の壁

同じ社内で新しい取り組みをともに進める仲間を見つけることが難しい。経営からプロジェクト始動の了承を得られても、チームが結成されなかったり実行を引き受ける部署が見つからなかったりして立ち消えになる。

②成長ノウハウの壁

事業化が開始されたものの、事業を成長させる経験やノウハウがないために十分な資源投入が行われず、プロジェクトが頓挫したり、継続はするものの期待する成長が見られなかったりする。

③組織・文化の壁

顧客の課題解決を優先すべき時期に、社内の対応に時間をとられ、本来すべき事業開発の業務に集中できない。また、これからというときに、チームのリーダーが異動してしまうこともある。

⑦チームとアライアンスを育てる

どんな事業も1人では実現できません。最初は1人の発案者からスタートしたとしても、「アイデアのサイクル」「ビジネスモデル化のサイクル」の6ステップを1人で行うのは不可能です。事業を成功させるためには、事業の実現に必要なチームや社内の協力、また社外協力者などを確保することが求められます。

チームには**4～5人程度のメンバー**が必要でしょう。そのなかで、企画やマーケティング、財務などのスキルを備え、できれば大胆さや緻密さといった**お互いの気質を補い合える**と、推進力が高まります。また、事業アイデアに求められる各分野の知識や技術をカバーできるようなチーム編成が望ましいでしょう。

多くの場合、社内だけでチームを結成することは難しく、社外の人材も検討する必要があります。そこでは、「⑤バリューチェーン」の検討で目星をつけた、**ノウハウやリソースをもつ協力企業（とそのメンバー）**も重要な仲間として考えます。

このような多様なメンバーを1つのチームにしていく

新しい取り組みを阻む3つの壁

チーム体制の壁
- 1人ではやりきれない
- 協力者が見つからない
- 引き取り手がない

成長ノウハウの壁
- 成長事業の経験不足
- 事業育成ノウハウがない
- 投資の見極めができない

組織・文化の壁
- 支援体制の不備
- ルールの未整備
- マネジメントの無理解

ためには、やはり「事業計画書」が必要になります。どんな事業で何を目指すのか、その達成によりメンバーにどんな有形無形のリターンがあるのか、そうした共通認識をチーム内に形成します。

⑧継続的改善と成長への投資

事業開発の最大の目的は、事業を世の中に広めて社会に貢献し、そこから収益を得ることです。そのためには、**事業を成長させる**ことが必要です。ところが、いざ事業が始動すると、日々の事業運営に忙殺され、当初の目的がぼやけてしまうことがあります。

目的を常に念頭に置き、目標に向かって事業を進めていくためには、事業の検討段階で、何をどの順番で進めていくのか、**中長期の事業展開についてのロードマップ**をつくる必要があります。そして、日々のKPI（重要業績評価指標）の管理と改善を繰り返し、どんな施策がどのくらい成長に寄与しているのか、限られた人材や資金をどこに投入するとよいのかを決めていきます。

あらゆる企業に人材と資金の制約があります。事業を成功させるためには、**うまくいっていない事業を見極め、可能性のある事業に十分な投資をする**ことが大切です。

⑨事業開発を支える組織

以上のように、事業を着実に成長させていくためには、**組織の支援**が不可欠です。既存事業に最適化された組織のあり方やルールを見直し、新しい取り組みを実現しやすい組織に再構成して、新たなルールを導入する必要があります。それにより、従業員だけではなく、経営者自身も成長していく必要があります。

新しい取り組みを始める際は、なぜそれが必要なのか、どういう方向に向かうのかを全社方針や事業ポートフォリオとしてきちんと位置付け、全社で共有する必要があります。新しい取り組みは何かと風当たりが強いものです。取り組む意義が共有されていないと、実績のある従来の事業を進めていけばいいのではないかという意見が強くなり、結果、新しい事業は頓挫してしまうでしょう。変化に対応できるしくみを構築する際に重要なのは、**新しい取り組みを理解して旗を振り、実際に必要な組織の変革を行って支援していく経営者の認識と成長**なのです。

巻き込みのサイクル

⑦ チームとアライアンス

- 社内外の体制構築
- 理解と支援を得る工夫

推進チーム	必要なメンバーを集めてチームをつくる
社外協力者	不足する資源をもつ社外パートナーを巻き込む
事業計画書	社内外の協力者をその気にさせる目論見を示す

⑧ 継続的改善と成長への投資

- 継続的に改善する
- しっかりと投資する

ロードマップの管理	成長ストーリーを意識して事業展開を推進する
KPI と改善	継続的に KPI を評価し、改善を繰り返す
見極めと投資	伸ばす事業を見極めて十分な投資を行う

⑨ 事業開発を支える組織

- 事業が育つしくみ
- マネジメントの成長

全社構想	全社方針のなかでその取り組みを位置付ける
7 つの S	新しい取り組みが生まれて育つ組織のしくみをつくる
マネジメントの成長	新しい取り組みを活かせるマネジメントを育てる

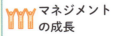

1

06

検討内容を資料に落とし込む

事業開発のステップを検討したら、その内容を説明資料に落とし込みましょう。説明する相手を意識した構成にすることが重要です。

限られた時間で事業の魅力を伝える

ここでは、わかりやすい事業計画書や説明資料を作成するためのポイントを解説します。上司や投資家などに30秒ほどで手短に説明する「エレベータピッチ」や、会議やイベントで3～5分ほどで説明する「ショートピッチ」などの場合は、「**何をどうやるのか**」「**取り組む価値**」「**進捗状況**」という最小限の項目のセットで説明します。

予備知識のない人にもわかるよう、抽象的な言葉や専門用語はできるだけ避け、**事業に取り組む意義をイメージできる内容**にしましょう。たとえば、次のようなイメージが伝えられるようにしたいものです。

「世界中の情報を整理し、世界中の人々がアクセスできるようにする」（グーグル）

「すべての書籍を60秒以内に入手できるようにする」（アマゾン・キンドル）

さらに、「こういう体制で、こんな工夫をして、現在ここまで到達しています。事業化できる見通しは……」などと実現への進捗を伝え、相手の気持ちを捉えます。

フルバージョンで説明する場合

もちろん、それは単なる作文ではなく、その裏では事業開発のサイクルを回し、実現のための地道な取り組みを行う必要があることはいうまでもありません。それらの進捗を盛り込んだフルバージョンの資料の構成例は、35ページを参照してください。たとえば、「①サマリー」

はエレベータピッチ、それに「②意義」「③進捗状況」を加えると、ショートピッチの説明に該当します。

④以降の項目は、説明の用途に応じて取捨選択します。たとえば、投資家向けや意思決定者向けなど、一定の時間制限がある場合は、特に**進捗のよい点を中心にピックアップ**します。一方、相手が本格的な検討に入ろうとしている段階では、全項目の説明を行います。特に顧客の反応、顧客の獲得状況、ビジネスモデルの構築状況、収支・資金計画は、事業化を判断するための重要な項目になります。

これらの項目は、事業開発のステップ①〜⑧を検討していれば、きちんと書けるものばかりです。

わかりやすい資料の4原則

説明資料をわかりやすく構成するためのポイントとして、次の4つが挙げられます。

- **全体像を先に示す**
- **各項目につながりがあり、ストーリー性がある**
- **「結論最初、なぜならば」の順序にする**
- **削ぎ落としてシンプルにする**

エレベータピッチとショートピッチの項目

		エレベータピッチ	ショートピッチ
サマリー	何をするのか	● どんなビジネスなのか	● どんなビジネスなのか
	取り組む価値	● 巨大な潜在市場の存在 ● 新しい変化、競合の遅れ ● 技術と顧客のギャップ	● 巨大な潜在市場の存在 ● 新しい変化、競合の遅れ ● 技術と顧客のギャップ ● 事業の将来性 ● このタイミングで行う理由
	これまでの進捗	● 顧客数、検証結果 ● 売上、利益	● 顧客数、検証結果 ● 売上、利益 ● 顧客や投資家の声など
事業内容	具体的内容や対象顧客		● 内容の具体的な説明 ● ユニークな発見や洞察（例：潜在ニーズ、独自技術、競合が参入できない理由）
	ビジネスモデル		● マネタイズモデル
実現と運営の方法	チーム体制		● 創業者、社長、経営チーム、アドバイザー、協力会社

最初に「**全体像**」を説明しておくと、相手は話の展開を予測でき、頭に入りやすくなります。また、「**各項目のつながり**」も重要です。項目のつながりとは、たとえば次のようなものです。

ターゲットとする顧客はこんな人
↓だからこんなことに困っている
↓それを解決するのはこのサービス
↓顧客の支払い能力からすると価格設定はこう
↓競合はこの顧客層をカバーできていない

事業開発のステップはロジカルにつながっているので、検討してまとめていくと、自然とストーリー性のある資料になるのです。

「結論最初、なぜならば」とは

「**結論（メッセージ）**」は説明する側の伝えたいことであり、同時に相手が知りたいことです。つまり、**最も重要なことを相手の集中力が高い冒頭のタイミングで刷り込む**というテクニックです。

いきなり結論を伝えて「え、どうして?」と思わせ、「なぜならば」と根拠を伝えます。「結論最初、なぜならば」が相手を引き込む魅力的な説明の大原則です。

説明する側は「思考の順序」に沿って話すほうが楽ですが、説明を聞く側にとっては負担であり、特に忙しい意思決定者に伝える場合は短時間で伝え、納得してもらう必要があります。そのためにも「結論最初」は重要です。また、結論が先という順序で構成することで、**内容がわかりやすくなり、説明も簡潔**になります。

削ぎ落としてシンプルにする

検討が進むと多くの情報を盛り込みたくなりますが、情報が多すぎるとポイントがぼやけてしまいます。説明する側にとっては、事業検討をしてきて自明なことでも、初めて聞く人には複雑に見えるものです。次の点に留意し、シンプルな内容としましょう。

- **本筋でない情報は参考資料として別に提示する**
- **少ない文字数で箇条書きにするなど、端的に表現する**
- **図や表、イラスト、写真を多用し、ひと目で概要が理解できるようにする**

説明する項目とその順序は、相手を説得する大切な要素ですので、十分に注意しましょう。

事業説明資料の構成例

事業開発の①から⑧のステップが検討できていればすべて書ける

	ページ構成	内容例
① サマリー	まとめ	何をするのか、どうするのか。取り組む価値、社会インパクト、これまでの進捗
	事業概要	こんな顧客のこんな困りごと（課題）をこんなやり方、製品・サービスで解決する
② 意義	取り組む価値	趣旨・目的・意義、変化・将来、顧客・競合・自社、自社メリット、ビジョンとの整合性、目指す姿
	ユニークな事実洞察	可能性を示すエピソード、発掘した潜在ニーズ、顧客の声や現場感を伝える工夫、今ない理由／競合がやらない理由
③ 進捗状況	進捗状況 今後の見通し	どの段階か（アイデア、プロトタイプ、実証実験、上市済）、実績とスピード感（主要 KPI をグラフ・表などで簡潔に）、今後の見通しも追加（伸びる直前の原石）
	外部リファランス	実際の顧客の声や事例をしっかりと紹介、アライアンス先との協業状況など
④ 顧客と課題	顧客とその課題 市場規模	インパクトある成長ターゲット、次に初期ターゲットの順。顧客状況と共感する具体的な課題、ターゲットリスト、市場規模とその推移（推計、TAM、SAM、SOM）
	顧客の声 関連データ	顧客とその課題、ユースケースを実例・データで提示、背景や発生要因を顧客の声で語る
⑤ 解決策、事業内容	提供製品 提供サービス	具体的内容（特徴、性能、機能）、写真や動画のデモ、利用シーンと提供価値（経済的、心理的）、価格、競合・代替品と比べたユニークな魅力、参入障壁、参考事例
	顧客検証の反応	トライアル、顧客検証や実証実験での顧客の声、反応、リピート率や獲得率、紹介意向、NPS などのデータ
⑥ ビジネスモデル	マネタイズモデル バリューチェーン	マネタイズモデル、価格設定と根拠、CCC、運営体制プロセス、顧客獲得の工夫、協業事業者
	実現の目途	開発状況の目途・実績、運営提携先の状況、顧客検証の状況、LTV、顧客転換率、テスト実績
⑦ 収支計画	収支計画 財務モデル	売上推移、累積 CF、シナリオ、人員計画、年次で 5 年程度＋将来見込み、進捗状況、展開ステージごとの資金需要
	実現の目途 リスク管理	課題や KPI を達成する具体策（極めて重要）、事業の成立と成長のための課題と KPI、リスク要因とリスクが発生した場合の対応
⑧ 将来展開と実行体制	成長ストーリー 社会インパクト	ロードマップ、初期実績・蓄積、マクロトレンドからの展開、人材・資金など制約条件の解消目途、社会インパクト、社会貢献（金儲けだけでは動かないケースも多い）
	リーダー 実行体制	リーダー、メンバー、協力会社の実績、スキル、コミット、必要なノウハウやリソースを質・量ともに担保、経歴、原体験、想いの強さ、コミットメントや相互の関係の強さ
⑨ クロージング	今後の予定 参考資料	今後の活動予定や依頼事項などを整理、参考資料に回して極力本文をすっきりと、Q&A に活用

エレベータピッチ（①）

ショートピッチ（②〜③）

各項目は「メッセージ」と「なぜならば」のセットにする

TAM、SAM、SOM：その事業の市場規模の大きさ。SOM ＜ SAM ＜ TAM の順に大きくなる（P.110 参照）
CCC：Cash Conversion Cycle。仕入れの支払いから売上金回収までの期間（日数）（P.213 参照）
LTV：Life Time Value。顧客の生涯価値。1 顧客からの収入の総額

1

07

ヒトを動かす事業計画書をつくる

事業計画書はただまとめればよいというものではありません。社内外の協力者や意思決定者に納得して行動してもらうための工夫が必要です。

ヒトを動かす説明の極意

どんな事業も1人では実現できません。ゼロから始めて大きな事業に育てるまで、いかに周りを巻き込んでいくのかが重要です。そのため、新しい取り組みについて、社内外の協力者にしっかり説明して興味をもってもらい、納得してもらい、行動してもらう必要があります。そのポイントとなるのが「**What(何を)**」「**Why(なぜ)**」「**How(どうやって)**」です。この3つの要素を「結論最初、なぜならば」で落とし込むことが、相手を動かす説明の極意です。

通常は、Why→What→Howの順に、抽象的なものから具体的なものへ順番に説明していくのが一般的ですが、抽象的な話は聞く側の頭に残りにくいというデメリットがあります。そこで、**まず結論（What）を伝え、「なぜならば！（Why）」で落とす**のです。

「何を（What）」は、実現したい事業、解決したい課題などの取り組みの具体的な内容です。ここで取り組みの革新性を相手に伝えます。しかし、いきなり結論めいた話を聞かされても、相手は「え、どうして?」「当社に関係あるの?」などと疑問を抱くでしょう。そこで伝えるのが「なぜ（Why）」です。**検討の背景や根拠、進捗**なども含めて説明し、「こういう背景があるので重要なのです」と事業の有用性を伝えます。

そうすると、「それはいいけど、本当にできるの?」

という次の疑問が出てきます。そこで、「どうやって（How）」で**具体的なアクションや現在の進捗**を伝え、実現性や確実性を理解してもらい、「なるほど！」と思ってもらうという筋書きです。

What・Why・Howは具体的に

新しい取り組みの説明でよく出る質問は「**当社がやる意義は何？**」というものです。企業組織は、より上位の組織からの役割の期待に縛られて業務を行っているので、新しいことを始めるには相応の理由が必要です。そこが抽象的な表現で簡単にしか触れられていないようでは、意思決定者に資金と人材を投入する決断をしてもらうには不十分です。

「取り組みの具体的な理由」を考えるうえで参照する必要があるものが、その**企業の経営方針や中期計画**です。多くの企業は方針として、自社のイノベーションや事業ポートフォリオの見直しを掲げています。新しい取り組みの説明では、そうした方向性を踏まえた内容にします。また、第4章で解説する顧客の声などを盛り込み、顧客の存在を示すというのもよく使われるアプローチです。

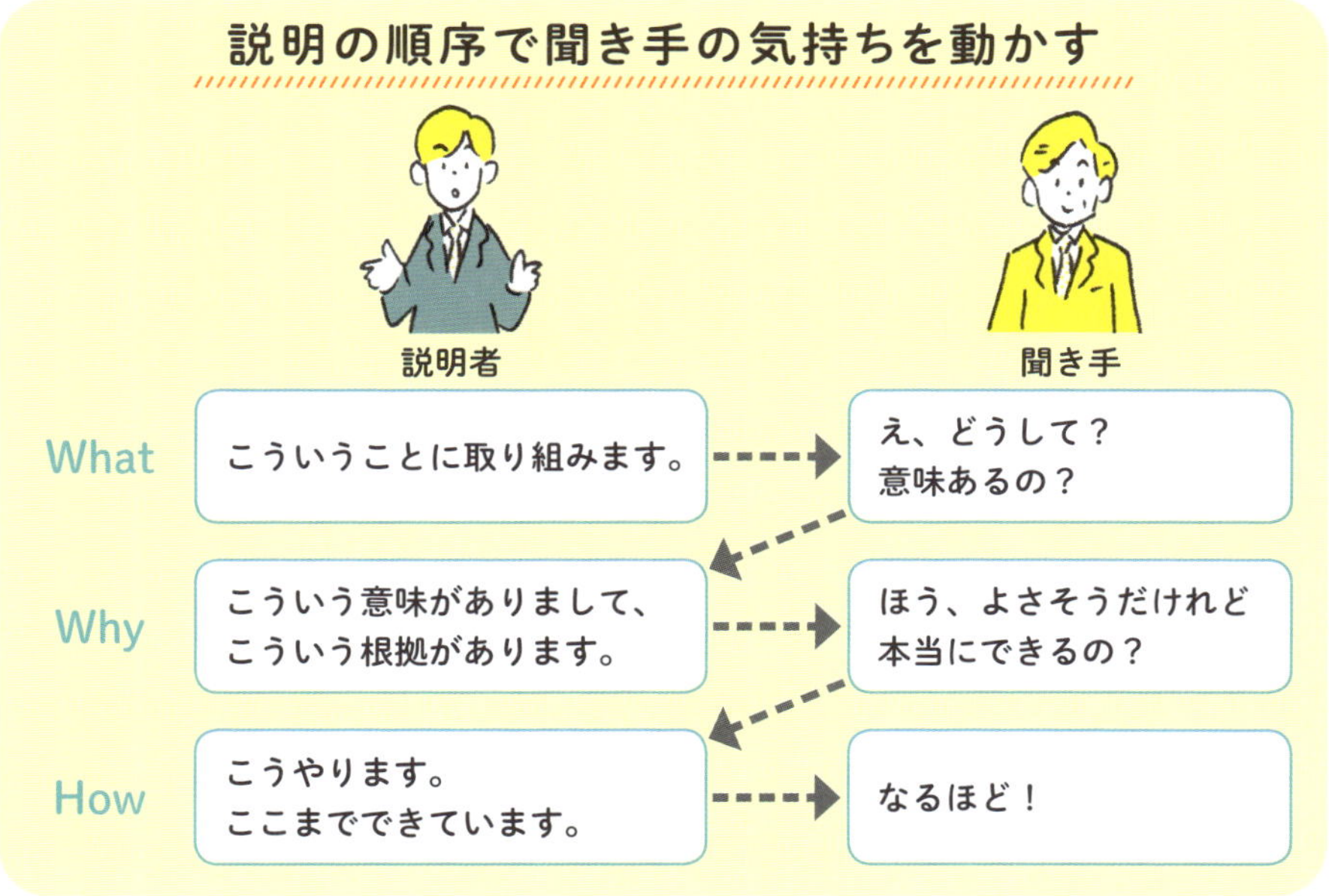
説明の順序で聞き手の気持ちを動かす
説明者
聞き手
What
こういうことに取り組みます。
え、どうして？
意味あるの？
Why
こういう意味がありまして、
こういう根拠があります。
ほう、よさそうだけれど
本当にできるの？
How
こうやります。
ここまでできています。
なるほど！

そのうえで、「何を（What）」「どうやるのか（How）」についても具体化する必要があります。事業開発の各ステップに沿って具体的なWhatやHowを示し、相手に「これならできる(かも)！」と思ってもらうのです。アップルの創業者であるスティーブ・ジョブズは、「これまでになかった未来を周りに実感させること」で有名でした。彼のプレゼンは聞く側に、その内容がもう実現しているかのような錯覚をさせたそうです。それは、彼の語る未来が具体性に裏打ちされていたからです。

検証・証明によって根拠を示す

大きくて夢のある事業も構想するだけなら容易です。自分の想像で絵を描くだけでよいからです。しかし、それでは第三者を納得させることはできません。「アイデアのサイクル」では主に顧客の手応え、「ビジネスモデル化のサイクル」では実現方法の目途や数値の確からしさ、「巻き込みのサイクル」では実行体制など、単なる**思い込みや妄想ではないという根拠を示して証明する**ことが重要です。

それぞれの検証・証明の方法には、パブリックな情報の収集、自ら行うインタビューやアンケート、進捗状況や現場実態の調査、事業計画のシミュレーションなどがあります。特に重要なものが、個々のアイデアや論点に沿った「**ヒアリング**」です。本当に顧客がいるのか、実現できるのかといった論点をしっかりと検証しましょう。

顧客の声をしっかりと盛り込む

さらに検証結果は事業計画書にきちんと反映させ、**相手が実感できるよう工夫する**ことが重要です。せっかくいいコメントがとれていても、「顧客からニーズがあると言われました」などと内容に触れないようではまったく説得力がありません。「あの顧客候補企業の責任者がそんなに力強く推してくれるとは」といった聞き手の納得の繰り返しが、事業への確信を高めるわけですから、相手がその実感を感じられる工夫が大切です。

ヒアリングで聞いた顧客の生の声や、社外協力者の具体的な声は、事業を検討するうえで最重要の情報です。極端にいえば、検討の初期段階では資料の半分ほどが「ヒアリングコメントの引用」でもいいくらいです。それほど**顧客の生の声は重要**なのです。

「What」「Why」「How」で説明すべきこと

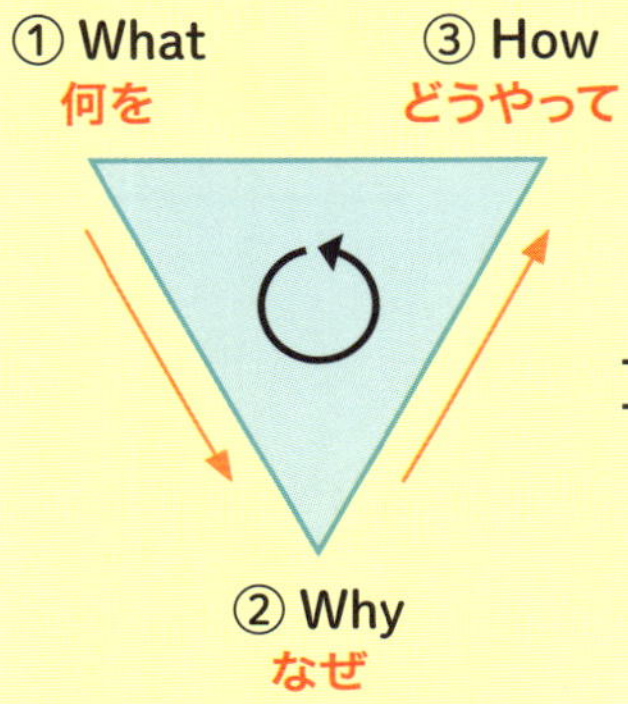

何をやるのか（事業内容）
- この事業をやりたい
- この課題を解決したい

▼ 革新性

どうやるのか（実現方法）
- こういう方法でやる
- この協力をしてほしい

▼ 具体性、実現性

取り組む意義
- このままでは大問題
- こんなメリットがある

▼ 有用性

根拠・進捗
- 環境変化、顧客の声
- ここまでできている

▼ 実現性、確実性

注：What、Why、How の重要性は、サイモン・シネック『WHY から始めよ！ インスパイア型リーダーはここが違う』を参考に作成

検証・証明で根拠を示す

検証・証明すべき事項		検証・証明の手法
 アイデアのサイクル	● ターゲット顧客の適切さ ● 課題やニーズの有無、強さ ● 提案への反応、利用意向	パブリック情報 ● 統計、調査レポート ● 事例・記事
 ビジネスモデル化のサイクル	● 実現方法の妥当性 ● ノウハウ、コスト、時期の目途 ● 協力企業の目途、意向	ヒアリング、アンケート ● 顧客候補、競合企業 ● 協力企業、有識者
 巻き込みのサイクル	● 体制の妥当性、獲得目途 ● トライアル・立ち上げ期の KPI ● 中長期の事業展開の妥当性	進捗／実態、見通し ● 現場実態、取り組み実績 ● 計画などのシミュレーション

1

08

事業計画づくりのポイント

よい事業計画をつくるには、検討チームの適切な意識と行動が不可欠です。ここでは基本として必要とされるものを整理します。

検討の順序を大事にする

事業の検討がうまくいかない最大の理由は、**「何をどの順序でやるのか」が不明確**なことです。事業アイデアの時点では、「顧客の課題」は明確だが「収支計画」は未作成といったように、事業計画の項目が埋まっていません。これを順次、埋めていくわけですが、そこには明確な検討プロセスが必要です。

事業アイデアの発想は、自由奔放に広げていけばよいのですが、その後は適切な手順がないと限られた工数と時間のなかで検討が終わりません。これまでに解説したとおり、事業を検討するには「アイデア」「ビジネスモデル化」「巻き込み」という標準的なステップがありますので、その**順序で検討する**ことで、視野が広がり、検討漏れのチェックができます。その結果、事業の検討が進み、さらに円滑な意思決定と、始動後の指針となるような事業計画書を作成できるのです。

共通認識をつくる

事業計画書は、事業開発者の発想を具現化させる重要なツールです。最初のアイデアは単なる思いつきでも、周りの人を巻き込んで議論を進めるうちに、実現の見通しも立ってきます。その過程で仲間や協力者が広がり、関係者間で事業の進め方やビジョンなどが共有され、「**共通認識**」が生まれます。これが事業の基盤となります。

事業の検討過程でつくり出すべきものは、関係者全員の基盤となる「共通認識」なのです。

そのためには、検討のステップに周りを巻き込んでいきましょう。最初は不明瞭な事業アイデアでも、事業開発のサイクルを回して検討すれば、アイデアが洗練されてきます。人間は自ら検討や決定を行う機会が増えるほど、コミットメント（責任をもつ意識）が高くなります。最初は「発案者の思いつき」でも、関係者で検討を進めていくうちに「みんなの事業計画」になっていくのです。

ヒアリング・検証の重要性

新しい取り組みですから、最初はどんなアイデアも仮説段階にあり、わからないことがたくさんあります。これを具現化するためには、**わからないことを検証する姿勢**が重要です。顧客ニーズはどこにあるのか、顧客への価値提供は実現できるのか、収益は上げられるのかといった点を、顧客へのヒアリングやプロトタイプの提示、財務の検討などにより実際の根拠とともに把握します。これこそが意思決定者や協力者に対する最大の説得材料です。事業アイデアの検討チームは、この検証に多くの時間を割くべきでしょう。

共通認識が開発者、関係者、顧客を結ぶ

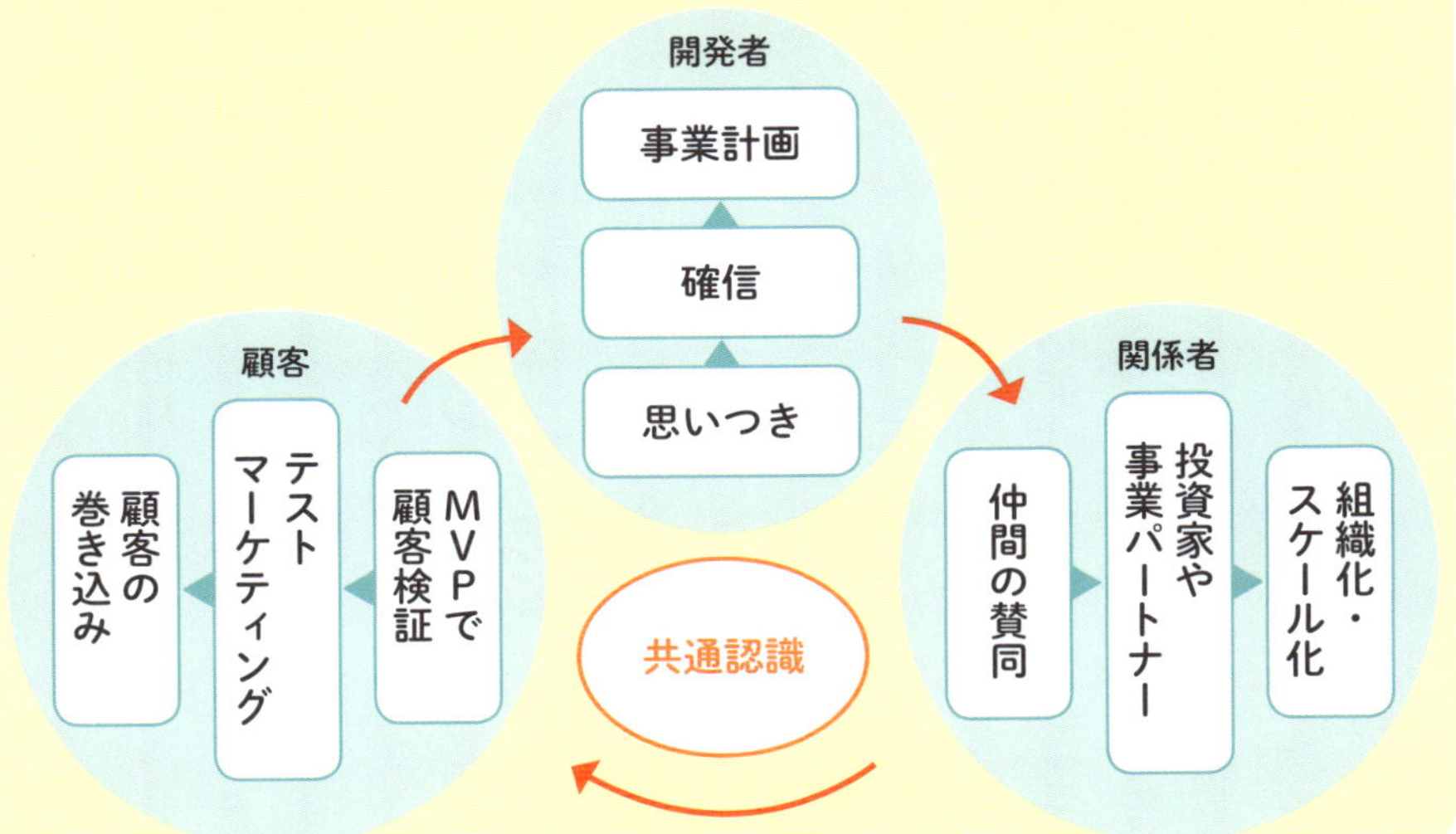

具体的には**ヒアリング件数と試行錯誤の回数を増やす**ことです。最低でも数十件の顧客へのヒアリング、何度にもわたるプロトタイプやテストマーケティングによる顧客検証、それを踏まえた事業アイデアの見直しを繰り返します。その過程が、アイデアを確信に変えていき、懐疑的な意思決定者や関係者などとの間で起こる水掛け論を超え、彼らを協力者に転身させる原動力になります。

「どうやればできるのか」に知恵を絞る

検討の過程では、ネガティブなコメントが出たり、想定外のハードルが現れたりすることもあるでしょう。それをどう乗り越えるのかが知恵の絞りどころです。

打開策が思い浮かばないときは、周りの関係者に相談しましょう。社内で答えが見つからなければ、社外の力を借ります。業界全体の課題なら他業界の事例を参考にしたり、新しいイノベーションが必要なら過去に世の中を変えた出来事を参考にしたりすることも必要です。

大事なことは「**一般論や思い込みであきらめない**」ことです。一般論では難しくても、特定の顧客やテーマに絞れば解決できるかもしれませんし、その絞った市場で損益分岐点を超えられるのであれば事業として成立するかもしれません。大きなビジョンの実現は難しいものですが、**どんな事業にも最初の取り組みが必要**です。そして、その後の実績や顧客の変化などを踏まえ、事業を軌道修正していくことで、次のステップへと大きく展開していくのです。そのような展開のステップをイメージし、まずは事業が成立する見込みのある範囲から取り組みを提案するなどのアプローチが大切です。

本業にインパクトを与える取り組みを考える

近年、新規事業に取り組む企業から、小規模の案件ばかりで手間がかかる、本業にもっとインパクトを与える取り組みが必要だという声を聞くようになりました。

せっかくの取り組みなので、**自社の経営方針や事業ポートフォリオなどに大きく影響を与える方向性**も考えてみましょう。そのためには、自社の経営方針、業界や顧客の変化などを踏まえておくことが重要です。そのうえで自社が資源を投入するに足る大きなストーリーを考えてみましょう。

事業開発の全体像

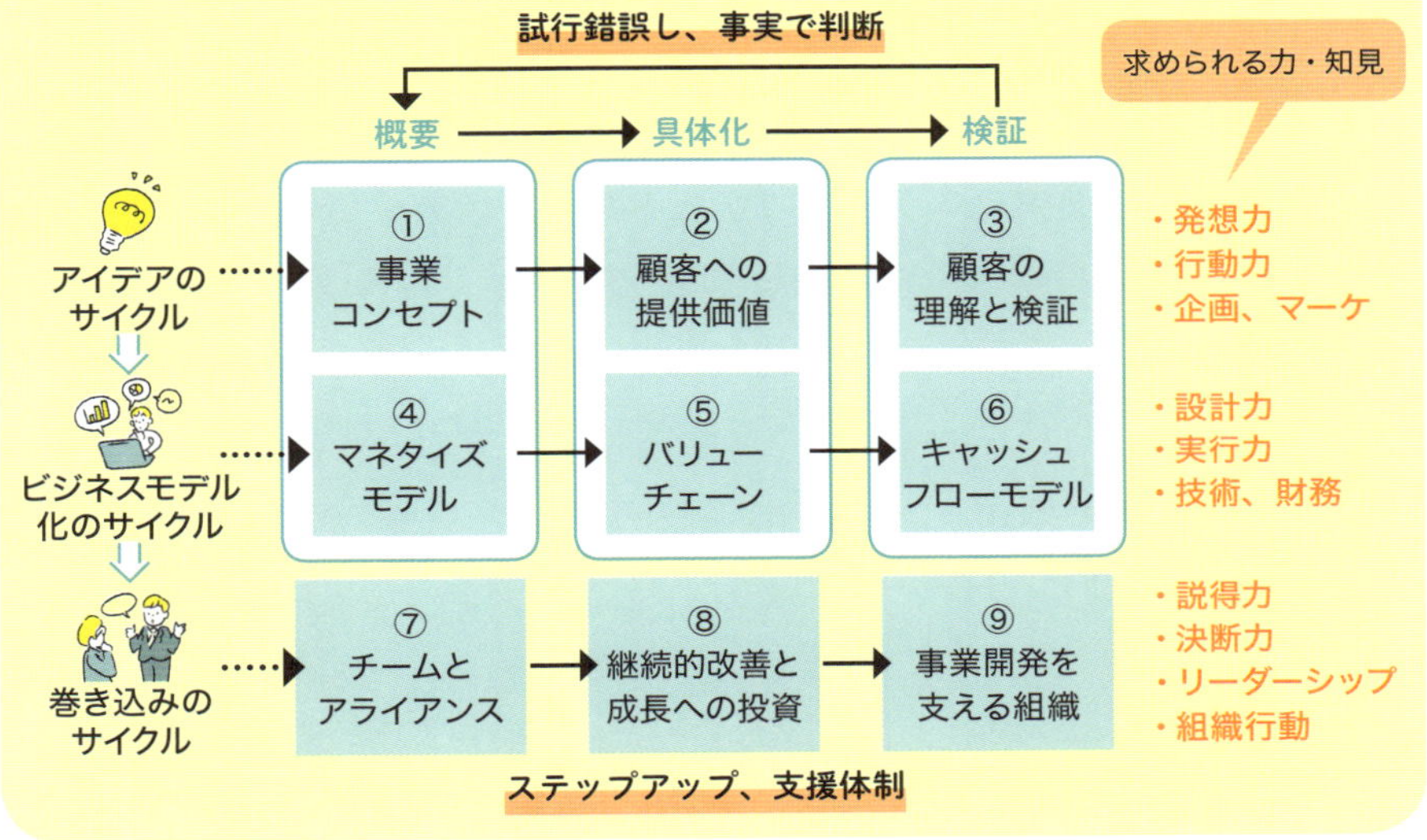

事業開発の重要キーワード

4つの基本姿勢

1. 検討のステップを押さえる
2. 迷ったら事実で決める
3. どうやればできるかを考える
4. 成長事業に育てる

説得力の4原則

1. What、Why、How
2. 取り組む意義を具体的に
3. 何をどうやるかを具体的に
4. 根拠・証明をしっかり示す

わかりやすさの4原則

1. 全体像を先に示す
2. 各項目がつながっている
3. 「結論最初、なぜならば」
4. 削ぎ落としてシンプルにする

まとめ

事業開発のステップを理解して活用する

再現性の高いステップで伝わる事業計画書をつくろう

事業開発を円滑に進めるには、再現性の高いステップに従い、各ステップのコツをチームの共通言語として活用します。新しい取り組みではさまざまなコツが必要となるので、取り組みながら自分のものにしていきましょう。

事業開発の悩み

事業開発で何が必要なのか

- 政治、経済、社会、技術の変化
- 競合の登場、顧客の要求
- PMF を実現できるか
- チーム、ノウハウ、組織の壁を越える

拡大する機会を捉えるしくみが必要

3サイクル×3ステップ

事業開発には定番のステップがある

- アイデアを生み出すサイクル
- ビジネスモデルを構築するサイクル
- 実現のしくみをつくるサイクル

再現性の高い共通言語を使って進める

伝わる事業計画書

伝わる事業計画をつくる

- エレベータピッチ、ショートピッチ
- 必要な項目を押さえる
- What、Why、How
- 顧客の声や検証で「根拠」を示す

事業計画で関係者の共通認識をつくる

新しい価値を生み出す10のキーワード

検討と推進の視点	①新しい組み合わせ	さまざまな組み合わせから新しい可能性を見出せないか
	②新しい変化	その変化がどんな事業を生むか、インプットが必要
	③提供価値	相手が感じる機能的・経済的・心理的価値はあるか
	④モデル、パターン	どんなモデルを選択するか、組み合わせるか
	⑤事実や根拠	メッセージを裏付ける情報はあるか
	⑥巻き込み	ゼロから大きくしていくために何をすべきか
物事の示し方	⑦順序や手順	プロセスを理解させ、検討や実証をスムーズにする
	⑧枠組みと全体像	フレームワークで情報を分析し、今後の方向性を示唆する
	⑨集中と絞り込み	ターゲット顧客や資源を集中すべき点などを明確に示す
	⑩具体性と解像度	あいまいさを排除し、相手に伝わりやすくする

第2章

魅力的な事業コンセプトをつくる

事業アイデアは新規性があることが重要ですが、すべてゼロから考えなければならないわけではありません。発想のネタを組み合わせることで、魅力的な事業を考えてみましょう。

2

01

「新しい組み合わせ」で発想する

魅力的な事業アイデアを発想する基本は、「新しい組み合わせ」を考えることです。ここでは具体例を紹介しましょう。

組み合わせで生まれるイノベーション

約100年前、経済学者のシュンペーターは、革新的な事業によって社会に変革をもたらすイノベーションの重要性を指摘しました。そして、「変革を生み出すには、既存のもの同士でもかまわない。**新しい組み合わせ（新結合）をつくる**こと」としています。

ほかにも経営学者のクリステンセンは、イノベーションを起こす人材に必要なスキルとして、普通の人が無関係と考える分野や問題、アイデアを「**結びつけて考える力**」、新しいアイデアや考えを得るために自分とバックグラウンドや考え方の異なる人と「**つながる力**」を挙げています。また、アップルの創業者であるスティーブ・ジョブズは、革新的な製品を生み出せた要因は「**異なる点と点を結びつけたこと**」と述べています。

事業アイデアの発想法はいくつもありますが、「新しい組み合わせを見つける」という手法が基本のアプローチです。この考え方はシンプルですが、何を組み合わせるかによってさまざまなパターンを生み出せます。

既存の製品分野でも、組み合わせる技術やセットする機能・サービス、ターゲット顧客、利用チャネル、ビジネスモデルなどが変わると、**全く異なるビジネス**になり、新しい価値を提供できるようになるのです。

たとえば、音楽流通に大革命を起こしたアップルの音楽プレーヤー「iPod」は、当時、すでに普及していたMP3プレーヤーに「音楽ダウンロードサービス」を組み合わせ、顧客への価値を飛躍的に高めたものです。

続いて登場したスマートフォンも、すでに存在していた携帯電話にタッチパネルのインタフェースを組み合わせ、さらにパソコンで一般的であったサードパーティ製（互換品）のアプリを活用する手法を応用したものです。

インフラや技術との組み合わせ

このような組み合わせができるようになった背景には、**ネットワークなどのインフラ**や、**AIなどの新しい技術の普及**があります。たとえば、スマートフォンが世界的に普及したことで、**スマートフォン自体が新しいビジネスを生み出すための巨大なインフラ**となりました。このインフラにより、YouTubeやネットフリックス、ABEMA（旧AbemaTV）などの動画サービスをはじめ、オンライン英会話、オンラインフィットネスといったさまざまなサービス（事業）が生まれました。

このようなインフラには、新しい技術も採用されます。たとえば、従来からある検索やチャットといったサービスに、「**生成AI**」という技術を組み合わせることで、「**ChatGPT**」などのサービスが誕生しました。今後も

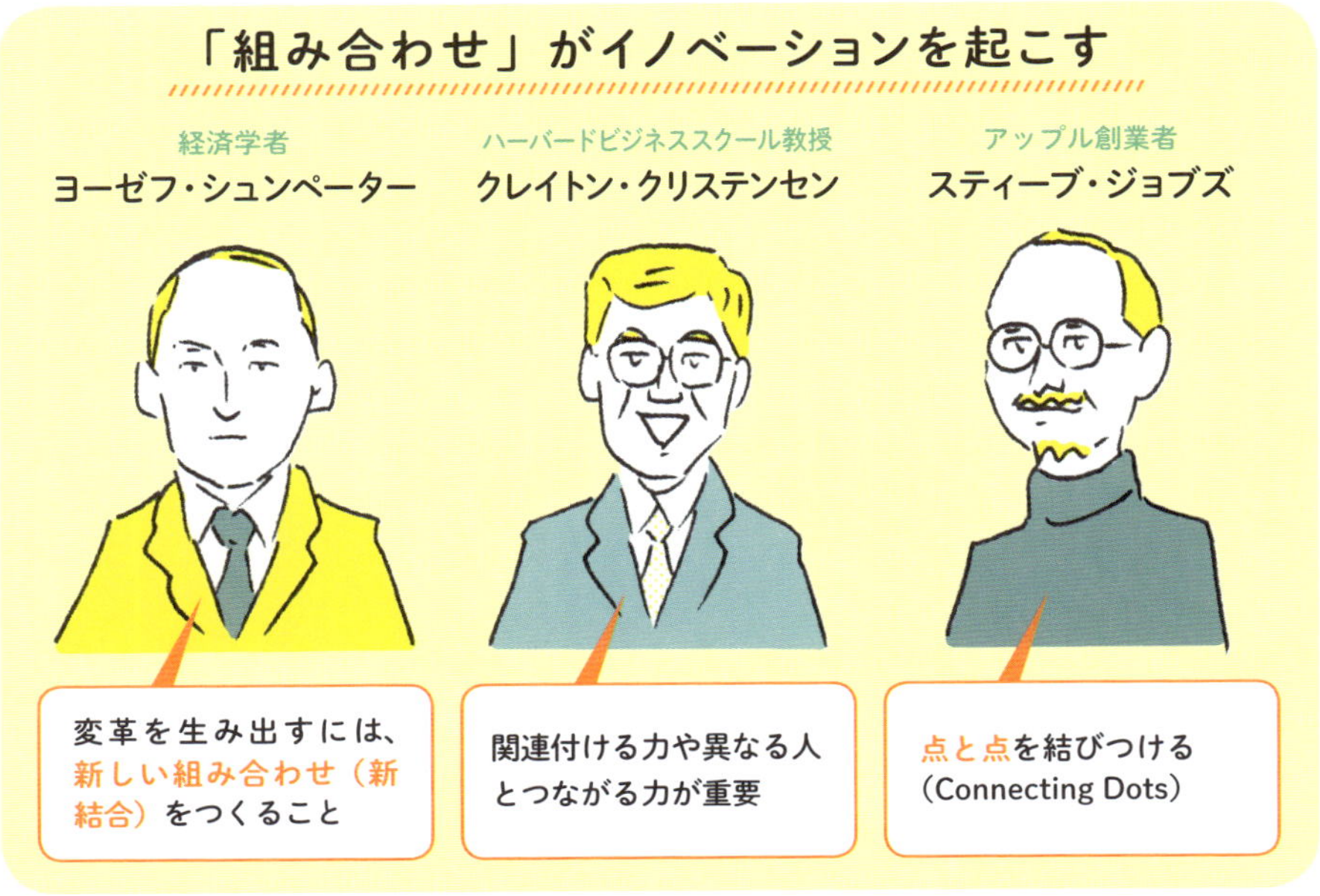
「組み合わせ」がイノベーションを起こす
経済学者
ヨーゼフ・シュンペーター
ハーバードビジネススクール教授
クレイトン・クリステンセン
アップル創業者
スティーブ・ジョブズ
変革を生み出すには、新しい組み合わせ（新結合）をつくること
関連付ける力や異なる人とつながる力が重要
点と点を結びつける（Connecting Dots）

これらのサービスが起爆剤やインフラとなり、さらに新しい組み合わせが出てくるでしょう。

ほかにも組み合わせの例では、流通インフラであるコンビニエンスストアと、ATMやコーヒーサーバーを組み合わせた「セブン銀行」や「セブンカフェ」などが挙げられるでしょう。

新しい事業では、早期の顧客基盤の拡大が重要であり、新技術の開発待ちやインフラの普及待ちなどの制約は足かせになります。そういう意味でも、事業開始時点ですでに**普及しているインフラや技術などを活用できる**ことは、早期の事業拡大に大きなプラスとなります。

ビジネスモデルとの組み合わせ

このほか、ビジネスモデルとの組み合わせもよく見られます。その例として、「**フリーミアム**」（24ページ参照）が挙げられます。フリーミアムとは、「フリー（無料）」と「プレミアム（割増料金）」を組み合わせた造語で、基本サービスは無料で利用できますが、高度な機能は有料で利用するというビジネスモデルです。

このフリーミアムは、食品売り場の試食コーナーのように、「試してもらって気に入れば買ってもらう」という販売手法の応用です。

たとえば、スマートフォンのゲームアプリは、ゲームとフリーミアムとの組み合わせです。無料でも遊べますが、もっと深く楽しみたいときは課金をすることで、より多くのサービスを受けられるようになります。

さらに課金方法を、月額固定などの「**サブスクリプション（サブスク）**」（24ページ参照）と組み合わせることで、安定的な収益につながり、事業の魅力を高めることもできます。サブスクとは、サービス自体を購入するのではなく、「サービスを一定期間利用できる権利を購入する」というビジネスモデルで、雑誌の定期購読などで古くから行われている手法です。

これらのビジネスモデルの普及には、スマートフォンが「**課金インフラ**」となり、無料利用や月額課金などの設定が容易に行えるようになったという背景も見逃せません。新技術やインフラの普及により**新しい組み合わせが生まれ、古くからある業界でも新しい事業の価値や可能性が高まっている**ことがわかります。これからもそのような事業機会はどんどん生まれてくるでしょう。

組み合わせによるイノベーション事例

製品×ネットワーク	● iPod	＝ 音楽プレーヤー×ダウンロード
	● スマートフォン	＝ 電話×タッチパネル×ネットワーク
サービス×ネットワーク	● YouTube	＝ 動画×広告×オンライン
	● ネットフリックス	＝ レンタルビデオ×オンライン
サービス×チャネル	● セブン銀行	＝ コンビニ× ATM
	● セブンカフェ	＝ コンビニ×コーヒーサーバー
サービス×ビジネスモデル	● スマホゲーム	＝ ゲーム×フリーミアム（試食）
	● オフィスグリコ	＝ お菓子×オフィス×富山の薬売り
技術×市場	● テスラ	＝ 自動車×小型リチウムイオン電池
	● アスタリフト	＝ フィルム技術×化粧品

点と点を結びつける発想が重要

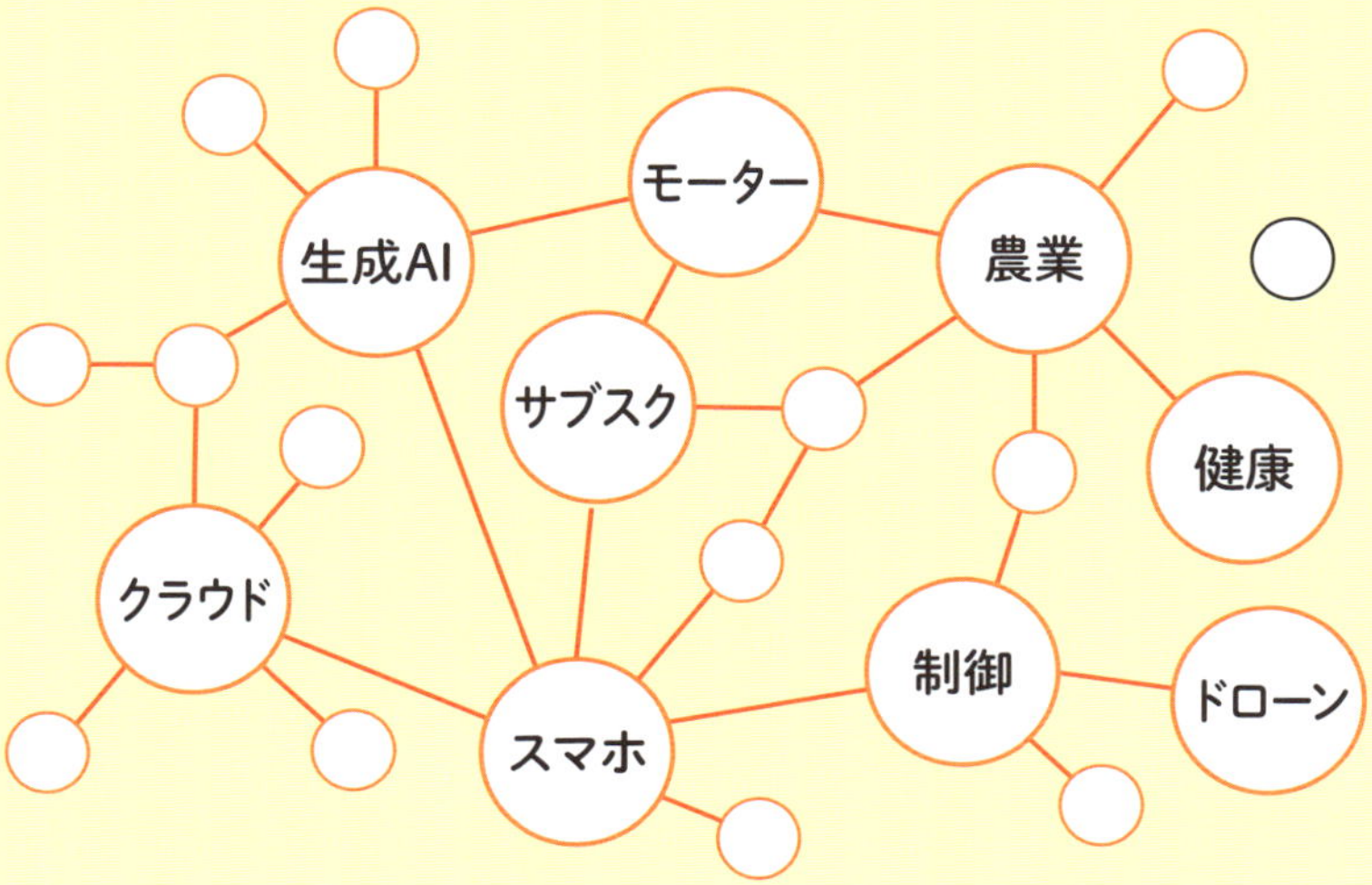

2

02

何を組み合わせるか①——技術×市場

「技術×市場」の組み合わせは、数多くの成功事例を生んでいます。そうした組み合わせを見つけるポイントを紹介します。

技術と市場の組み合わせ

事業アイデアの発想パターンでよく見られるのは、**技術と市場の組み合わせ**です。これには、たくさんの成功事例があります。

・テスラの電気自動車（EV）
→自動車市場×小型リチウムイオンバッテリー

・富士フイルムの化粧品
→化粧品市場×フィルム製造技術

・アイロボットのロボット掃除機ルンバ
→家庭用掃除機市場×地雷除去技術

テスラの創業当時、EVは車載バッテリーの性能とコストが課題でした。しかし、テスラは車載専用バッテリーを開発せず、すでに普及し、性能とコストが安定していた小型の標準型バッテリーに着目。それを**7000個つないで制御する技術**により、長距離走行が可能なEVを開発し、EV市場を開拓しました。

カメラのフィルムを製造していた富士フイルムは、デジタルカメラの登場により事業転換を図り、化粧品事業を始動しました。需要が低くなった**写真フィルムのコア技術**を使い、分子量が極めて小さく、肌の奥まで浸透するコラーゲンを製造。化粧品市場に参入を果たしました。

技術が先か、市場が先か

アイデアのサイクルでは、まずアイデア出しを行い、次いで顧客への提供価値を考えるので、「市場より技術が先」なのかと思われるかもしれませんが、発想時点ではどちらも先になる可能性があります。

アイデアを発想する際には、頭のなかにさまざまな情報が渦巻いているはずです。顧客からの問い合わせや、現場を見ていて気づいたことなど、**発想のきっかけは技術ではなく、顧客の情報（市場）から生まれる**ことも多いでしょう。ただ、思いついた瞬間は、まだターゲット顧客の定義をはじめ、マネタイズモデルやバリューチェーンもぼんやりしているはずです。そんな場合は、改めて社会や技術の変化を踏まえたうえでアイデアを具体化し、そこからの示唆も含めてターゲット顧客や提供価値の明確化を進めます。その流れでさらに、ステップ③「顧客の理解と検証」を進めていくと、潜在的な顧客ニーズが明らかになったり、ターゲットとしていなかった顧客が反応したりすることもあります。

マーケットインの落とし穴

従来、多くの組織で、顧客の声を聞かずに供給者の視点のみで事業開発を行う「**プロダクトアウト**」の傾向が強く、発売しても顧客に受け入れられないという失敗例

技術と市場の組み合わせ

技術からの発想 × **顧客・市場からの発想**

この技術で解決できるのは誰のどんな課題か？（用途開発）

この課題を解決できるのはどんな方法・技術か？（技術開発）

想定する技術（例）

- 生成 AI、クラウド
- IoT、ブロックチェーン
- モバイル、ウェアラブル
- ロボティクス
- 再生可能エネルギー
- 自動運転、ドローン、空飛ぶクルマ
- VR/AR/MR
- 再生・ゲノム医療、医療 DX

顧客・市場の課題（例）

- 少子高齢化・人口減少
- 地域間格差・過疎化、地方創生
- 防災・災害対応、インフラ更新
- カーボンニュートラル・気候変動
- ドラッグラグ、医療費増加
- インバウンド、アフターコロナ
- 介護離職、買い物難民
- 物価高騰、食料自給

がよく見られました。その反動として近年、「顧客の声を聞いて**マーケットイン**で考えよう」などといわれるようになりました。しかし結論からいうと、どちらが先かではなく、最終的にＰＭＦ（18ページ参照）が成立していること、つまり提供する**事業（プロダクト）がターゲット顧客（マーケット）に受け入れられる**ことが重要です。

たとえば仮に、マーケットインで顧客ニーズを調査し、その市場を狙うとしましょう。しかし、競争の激しい現在では、他社にも同じ市場をすぐに見つけられてしまいます。また、顧客の抱える課題（ニーズ）がすぐに解決できるものなら、他社がすでに解決策となる製品やサービスをリリースしていることでしょう。

つまり、生半可な市場（課題）の理解や技術では、ありきたりの製品やサービスしか生まれません。顧客の抱える課題をしっかりと理解するのは当然として、そのうえで解決策となる製品やサービスを提案することが大切です。そのためには、**さまざまな技術やしくみを組み合わせ、これまでにない製品やサービスで顧客を驚かせる**ことが必要であり、それがビジネスの醍醐味でもあるのです。

新しい市場を探す用途開発

プロダクトアウトの発想は常に悪いわけではありません。技術開発の過程や既存事業の延長で、将来が期待できる技術が生まれることがあります。磨きをかければ、自社の大きな強みになるかもしれません。

しかし、その技術を投入する市場を発見できなければ、事業として成立せず、開発の継続も難しくなります。

そんな場合は、その技術が価値を生み出す市場や用途を探すこと、つまり「**用途開発**」が重要です。用途開発では、顧客ニーズの理解と組み合わせの発想が不可欠です。代表的な用途開発では、フィルム製造技術を化粧品事業へ活用した富士フイルムの「アスタリフト」や、地雷除去技術を家庭用掃除機へ活用したアイロボットの「ルンバ」、手榴弾技術でエアバッグの開発を行ったものなどがあります。

突出した技術があれば、既存の事業領域にこだわらず、**適用できる市場を探す**ことが大切です。**プロダクトとマーケットが合致するところを探すＰＭＦ**を目指しましょう。

技術と市場から事業アイデアを考える

① 事業コンセプト

② 顧客への提供価値

③ 顧客の理解と検証

アイデアのサイクルで具体化、検証

プロダクトとマーケットはどちらが先でもよい

プロダクトアウト発想

- 他社が真似できないおもしろい製品・サービスをつくる

↓ デメリット

- サプライヤー側の勝手な思い込みで結局売れないことになりがち

マーケットイン発想

- 顧客が求めるニーズに合致した製品・サービスをつくる

↓ デメリット

- みんなが狙う「ありきたり」な製品・サービスになりがち

PMF

プロダクトとマーケットが最終的に合致していることが必要

☑ 両者がフィットしていることが重要
☑ 仮説を立て、「顧客検証」と「技術検証」を繰り返す

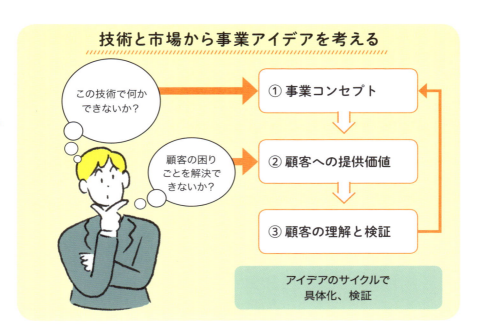

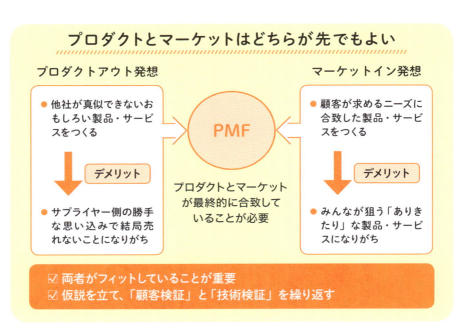

2

03 何を組み合わせるか②——多様な組み合わせ

販売方法や生産方法などもアイデアを発想する際の組み合わせの要素になります。多様な要素の組み合わせを考えましょう。

競争力を高める要素に注目

事業アイデアにつながる要素の組み合わせは、「技術と市場の組み合わせ」だけではありません。経済学者のシュンペーター（46ページ参照）は**イノベーションをもたらす要因**として、次のようなものを挙げています。

- **新しい製品の開発**
- **新しい生産方法の導入**
- **新しい販売先の開拓**
- **新しい原料や半製品の供給元の獲得**
- **新しい組織の構築**

つまり事業に魅力をもたせるためには、技術や市場だけではなく、事業の競争力を高めるオペレーションやサプライチェーン（原材料や部品の調達から製造、販売までの一連の流れ）、マーケティングなど、**さまざまな要素の組み合わせが大切**ということです。その範囲は広く、技術や市場はもちろん、生産方法や販売方法などの事業展開のしくみについても、組み合わせの要素として事業アイデアに取り込んでいくことがポイントです。

たとえばトヨタ自動車は、つくっているものは自動車で、展開地域も他社と大きく変わるものではありません。しかし、**「トヨタ生産方式」という高品質と低コストを両立するオペレーションを強みの源泉**として世界有数の自動車会社の地位を築きました。トヨタ生産方式は、不良品をつくらない「**自働化**」と、必要な分を流れるようにつくる「**ジャスト・イン・タイム**」の2つの生産方式で成り立っています。

複数の要素を組み合わせる

競争や模倣が激しい市場では、**一対の要素の組み合わせだけでは不十分**です。どんな製品・サービスを提供するのか、どんな市場や顧客に、オペレーションや調達の工夫で品質やスピードを向上できないか、マーケティングや課金システムなどの新しい工夫はないかなど、さまざまな要素を検討することが必要です。

このように、複数の要素を有効に組み合わせることが、競争力のある事業アイデアを生み出す秘訣です。すべてを一度に考える必要はなく、事業開発のステップを順に検討していくことで押さえることができます。また組み合わせる要素も、まったく新しいものである必要はありません。**ほかの業界ですでに当たり前になっているもの**でよいのです。

既存事業の要素をアイデアに取り込む

実際、新しい事業アイデアを思いついても、それを実現できそうな技術や方法などがないと、ハードルは相当

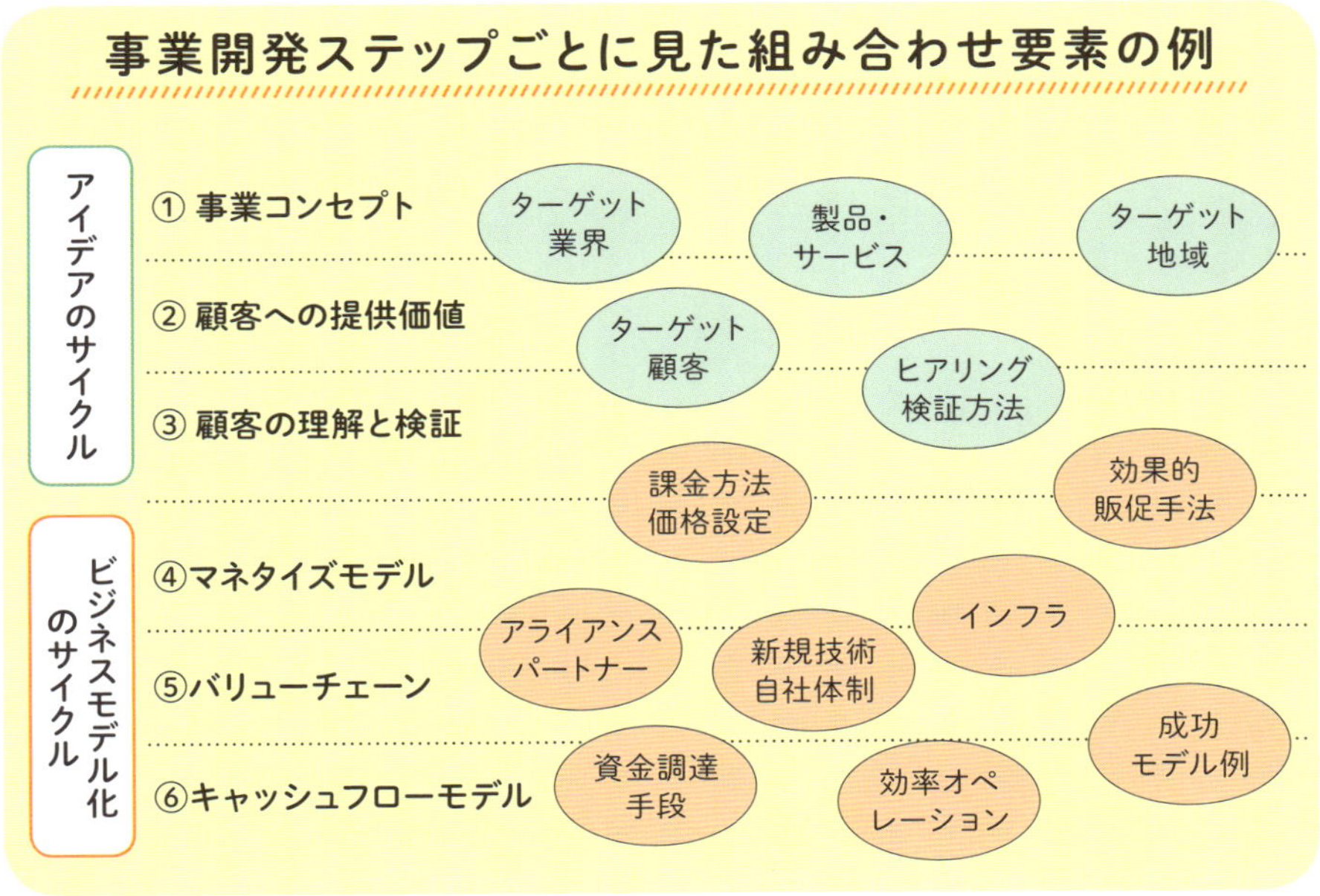

高くなるでしょう。一方で、既存の要素がアイデアに含まれていれば、**その部分は検証済み**なので、失敗のリスクを抑えられます。たとえばトヨタ生産方式は、アメリカのスーパーマーケットで消費者が欲しいものをレジに持っていく様子を見て、必要な分だけつくるという発想が生まれたといわれています。

このように、既存の要素から発想を得ている事例は数多くあります。たとえば、ＧＥの航空機エンジンの事例（12ページ参照）で解説したサービス型事業モデル（モノ売りではなくコト売りで儲ける）も、多くの製造業で同様の取り組みが進んでいます。

また一般消費財（いわゆる日用品）の分野でも、フリーミアムやサブスクといったマネタイズモデルが、顧客の納得感と企業の安定収益の確保につながりやすいため、さまざまな製品やサービスに広がっています。

インフラ普及が生む新しい可能性

このような組み合わせを考えるうえで、スマートフォンなどの**インフラや技術が生み出す新しい可能性**は無視できません。インフラの普及により、これまでできなかったオペレーションが可能になったり、顧客基盤の拡大のプラットフォームとして機能することで新しい事業がどんどん生まれたりします。古くは鉄道網や道路網の整備により、生産地と消費地の分離が可能になって都市が発展し、さらに宅配サービスとインターネットの普及でＥＣ（ｅコマース）が普及しました。

このように社会にインパクトを与えるインフラ・技術は、**およそ10年周期で登場する**傾向があるようです。たとえば、２０００年代はインターネット、２０１０年代はモバイル技術、２０２０年代は生成ＡＩが登場しました。これらのインフラは、年単位の時間をかけて社会に浸透し、多くの業界に新たな事業機会を生み出します。

インターネット時代にフリーマーケット市場で成長したサービスは「Yahoo!オークション」でしたが、その後のモバイル技術の普及で「メルカリ」が登場しました。

今後、生成ＡＩが普及すると「**フリマ×生成ＡＩ**」という組み合わせのサービスが登場するかもしれません。新しいインフラ・技術の登場により、**組み合わせによる事業開発の可能性はさらに拡大**していきます。

事業を構成する組み合わせの例

	GE 航空機	セブンカフェ	YouTube
① 事業コンセプト	航空会社の業績を向上させる機体サービス	コンビニ店頭でおいしいコーヒーが楽しめる	無料でコンテンツが楽しめる、収入が得られる
② 顧客への提供価値	燃費、稼働率、定時運航率の向上	利便性、高いコスパ、おいしさ	コンテンツ、投稿収入、広告による顧客獲得
③ 顧客の理解と検証	航空ビジネスの理解、機体稼働データの活用	来店顧客動向、店舗実験	視聴履歴の解析、課金効率の検証
④ マネタイズモデル	稼働時間課金、成果課金・保証	コーヒー販売、サブスク化	フリーミアム、広告収入
⑤ バリューチェーン	エンジン、ネットワーク、データ解析、予防保守、資産保有会社	コンビニ店舗網、POP、コーヒーサーバー	スマホ、データ解析、Google 広告インフラ
⑥ キャッシュフローモデル	初期投資、顧客基盤、稼働期間での回収	低原価、セルフサービス、共通固定費	顧客基盤、高視聴数、投稿型、広告収入

新しい可能性を生む「インフラの普及」

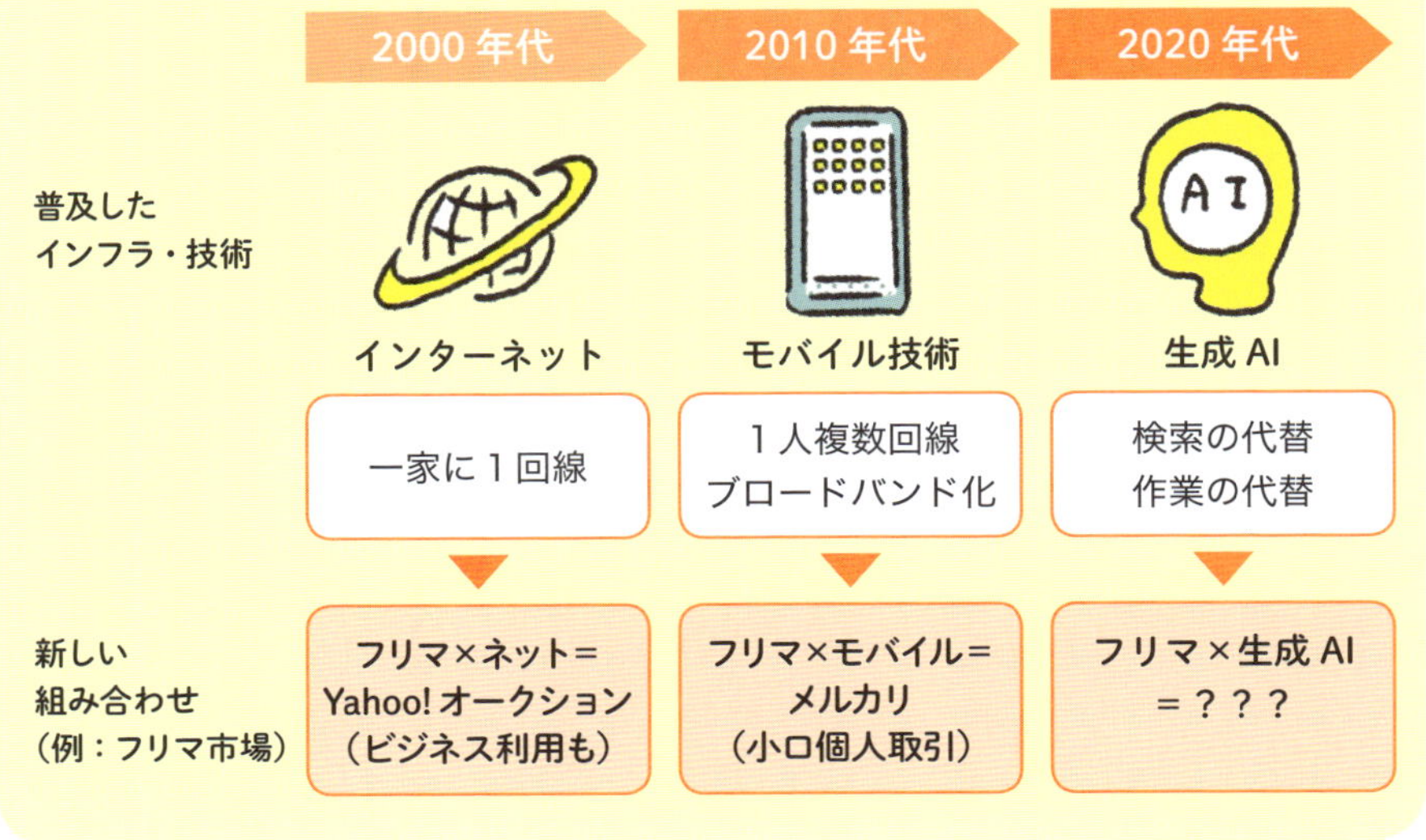

2

04 新しい組み合わせを見つける難しさ

新しい組み合わせがコツとわかっていても思いつかないことがあります。なぜうまくいかないのか、まずはその原因を知ることが大切です。

新しい組み合わせを発想できない原因

「既存の要素の新しい組み合わせ」により事業アイデアを発想しようとしても、実際にはそう簡単にできないようです。主な原因として、次の3つが挙げられます。

- **インプットが不十分**
- **固定観念にとらわれている**
- **1人で考えている**

まずはインプットです。組み合わせは、組み合わせるべき「ネタ」がなければできません。新しいインフラや技術、顧客の変化、他業界で成功しているビジネスモデル、新たなマネタイズの方法など、**組み合わせる要素の情報をインプットする**ことがまず必要です。

固定観念にとらわれやすい「フレーム」

仮にインプットが十分でも、固定観念にとらわれているとうまくいきません。人間の頭のなかには、分類ラベルの貼られた「引き出し」が複数あり、そのなかに情報や知識、記憶、考え方などが整理されています。この情報の固まりは「**フレーム**」と呼ばれ、その人のものごとの理解のしかたや考え方などを規定しています。

これは必ずしも悪いものではなく、業界の商慣習や技術利用のノウハウなど、過去の知識や経験がフレームに沿って整理されていると、効率的に仕事を進めることができます。しかし、**「新しい組み合わせ」を発想する場面では、このフレームが障壁**となります。

テスラのＥＶも、「車載用バッテリーの別途開発が必要」「リチウムイオン電池は発火リスクが高くて使えない」などと言っていては実現しませんでした。富士フイルムの化粧品事業も「これはフィルムの製造で使う技術」などと思い込んでいては実現しませんでした。

　固定観念にとらわれてしまう原因のひとつは、「その業界や既存業務のことしか知らない」ということです。そのため、新しい取り組みにもかかわらず、**従来の手慣れた方法に固執してしまう**のです。業界や事業によって仕事のやり方や技術、ビジネスモデルなどは多様にあると学んで理解することで、既存の進め方や考え方などが相対化され、新しい方法で取り組めるようになります。

　さらに重要なのは、**インプットを増やす**ことです。いつものメンバーと同じような議論をしていては、代わり映えのないアイデアしか出てきません。異なるインプットをもつ**異なるバックグラウンドの人たちのフレームや情報を、適切な手法と検討ステップでぶつけ合う**ことが重要です。これにより、効率的に固定観念を排除でき、新しいアイデアや実現方法が出てきやすくなります。

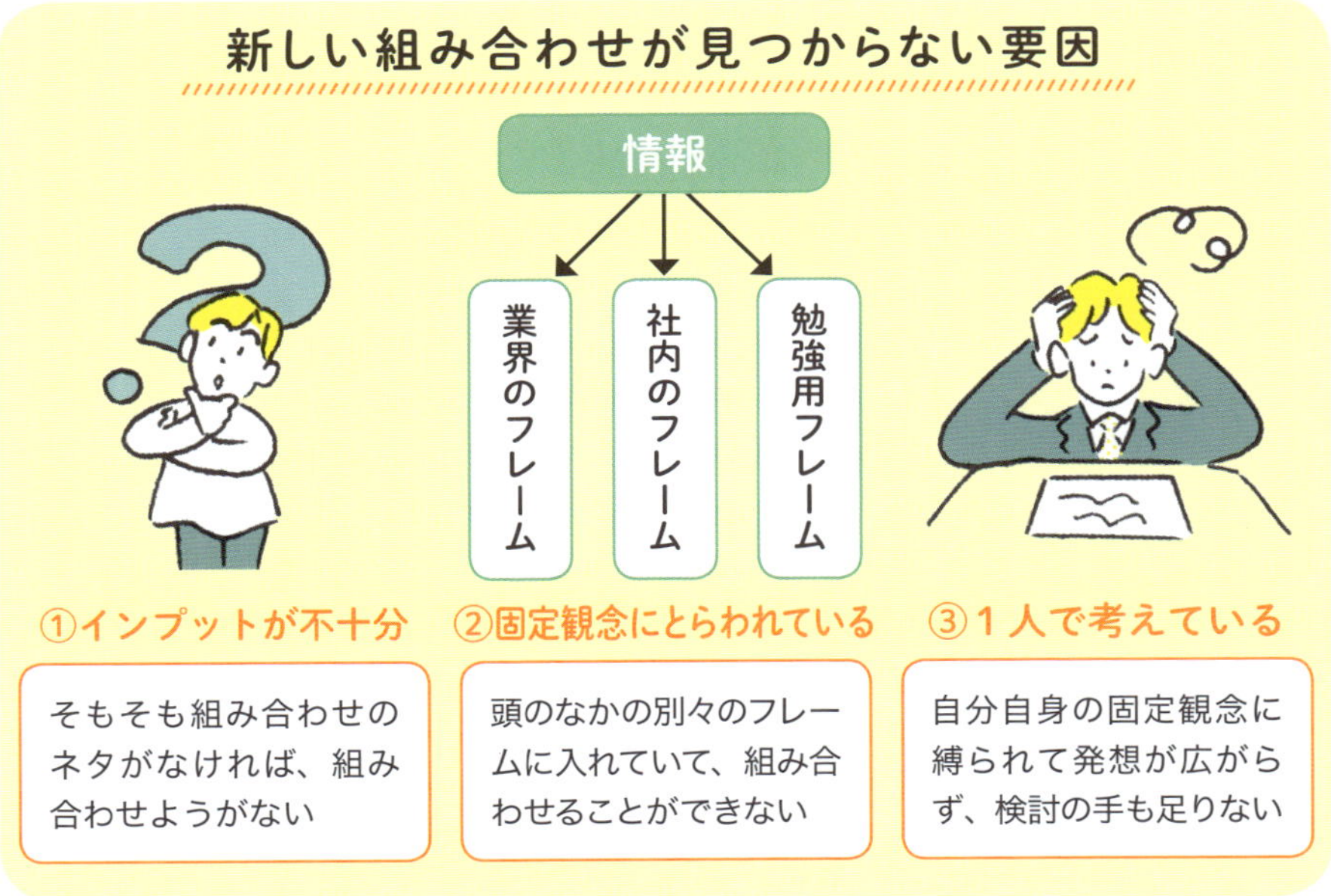
新しい組み合わせが見つからない要因
情報
業界のフレーム
社内のフレーム
勉強用フレーム
①インプットが不十分
そもそも組み合わせのネタがなければ、組み合わせようがない
②固定観念にとらわれている
頭のなかの別々のフレームに入れていて、組み合わせることができない
③１人で考えている
自分自身の固定観念に縛られて発想が広がらず、検討の手も足りない

イノベーションの普及パターン

事業アイデアの発想を妨げる原因のひとつに、技術普及や事業展開などに関する「**知見の不足**」があります。

古くは自動車やパソコン、インターネット、モバイル端末、AIに至るまで、ほとんどのイノベーションは「**S字カーブ**」を描いて普及しています。どんな技術も、最初は性能や品質が不十分ですが、あるタイミングで、①**その時点の低性能・低品質で十分な用途**から使用が始まります。その後、性能向上とコスト低下により順次、②**新しい用途の要求仕様を満たす**ようになっていきます。さらに、いずれかのタイミングで、③**企業やメディアに注目され、有望技術として資金投入やトライアルが活発になる**ことがあります。これは必ずしもうまくいくわけではありませんが、技術開発と用途開発が広く進むようになり、さらに、④**ドミナントデザイン（主流となったスペック）の登場や必要な周辺技術・インフラが充実**し、本格的な普及が進むというわけです。

このような知見から、新技術の活用のタイミングや各段階の事業機会など、多くの示唆が得られます。

有望なインプットを排除しない

このS字カーブで重要なのは、「**どの分野から普及が始まるのか**」「**いつ本格的に立ち上がるのか**」です。普及には、61ページ下図のような基本展開があります。

立ち上がりの決定要因として、⑴性能向上・コスト低下のほか、⑵規制の緩和・強化はとても重要です。たとえば交通法規が変更されない限り、自動運転車は公道を走れません。⑶事業インフラの普及は、たとえばAI開発では、開発ツールの普及や開発人材プールといった事業を行うためのインフラが挙げられます。それらがないと、社会に普及していきません。逆に、これらの条件が整えば、**事業が立ち上がるシグナル**というわけです。そのシグナルに気づけていたら、アメリカのDVDレンタル大手だったブロックバスターは、創業間もないネットフリックスからの買収要請を断わるようなことはしなかったのではないかと思われます。同社は、動画配信サービスの普及で縮小しました。

イノベーションの普及に関する知見は、多くの業界のトレンドを捉えるために重要なインプットといえます。

事業アイデアを発想する3つのポイント

イノベーションの普及と決定要因

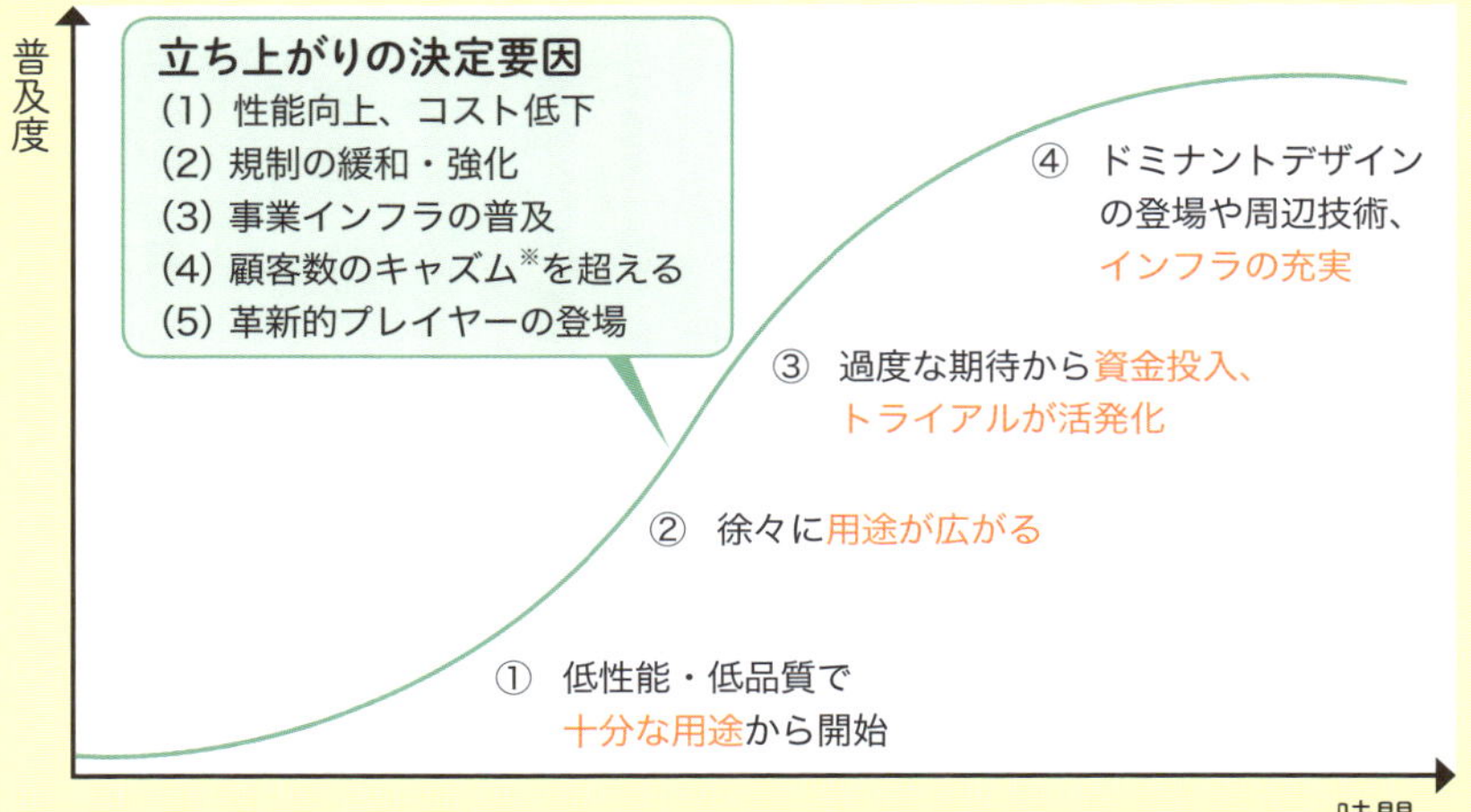

※キャズム：イノベーションの普及において、アーリーアダプター層からマジョリティ層へと需要が拡大していくことを阻む壁（深い溝）のこと

2

05

事業発想のアプローチ①
——インプットの着眼点

事業アイデアの新しい組み合わせを見つけるためには、十分なインプットがスタート地点です。では、どんなインプットが必要なのでしょうか。

環境変化がチャンスにつながる

もし世の中に何の変化もなければ、多くの事業機会は既存事業者に独占されてしまうでしょう。何らかの変化があることで、既存事業者の対応していない隙間ができ、新しい事業機会が生まれます。事業機会を的確に捉えたアイデアを発想するには、新しい要素の組み合わせを考えることが基本ですが、そのためには**情報のインプット**が必要になります。ここではまず、インプットの際に押さえておきたい3つの着眼点を解説します。

- **環境の変化（マクロの変化）**
- **現場・現物・現実の状況（ミクロの状況）**
- **他社・他業界の成功事例（パターン）**

1つめの着眼点は**環境の変化**です。これを捉えるためには「**PEST分析**」が役立ちます。これは、政治（Politics）、経済（Economy）、社会（Society）、技術（Technology）の4つの環境の変化が、自社にどんな影響を与えるのかを把握・分析する手法です。

政治なら政策の方針や各業界への規制、経済なら産業構造や景気・金融、各国の経済動向、社会なら人口動態や価値観、技術なら新技術の動向などの情報を収集し、その変化から新しい事業のヒントを得ます。

分析の際は、対象業界の変化だけではなく、**顧客候補が属する関連業界や、あらゆる業界を横断して影響する変化**を挙げることが大切です。顧客の業界や業界横断の変化は自社にも影響を及ぼしますので、しっかりと把握しておく必要があります。業界横断の変化は、近年でいえば、インターネットやAIの普及などが該当します。

現場・現物・現実とのギャップを捉える

2つめの着眼点は**現場・現物・現実の状況**です。PEST分析ではメディアからの二次情報が多くなりがちですが、二次情報は収集しやすい一方、一般論になりがちで、個々の現場の実態と異なる可能性があります。**自社の事業テーマや個別の顧客ニーズなどは、それぞれの現場・現物・現実の状況から把握する**ことが重要です。

実際に足を運んで顧客の声を聞き、現場・現物・現実をよく観察してみると、**PEST分析とのギャップ**に気づくことがあり、そこに事業機会のヒントがあります。

また既存事業者の多くは、既存事業の数字に追われてニーズの確認を怠りやすく、意思決定者と現場との距離も遠くなりがちです。そこに新規事業者が参入する余地が生まれるのです。

3つめの着眼点は**他社の成功事例**です。さまざまな事例を頭に入れておいて参考にすることで、「あのやり方を参考にできるのでは?」と検討を深めることができ、

PESTで捉える環境の変化の例

P 政治・規制の変化
- 気候変動、SDGs
- 再エネ推進
- 地域紛争・戦争
- パンデミック
- 業界規制の緩和・強化
- 手続きのオンライン化
- 働き方・子育て・介護
- 医療・診療

など

E 経済の変化
- 産業構造の変化
- 為替・株価・金利
- エネルギー価格の変動
- 物価・地価の変動
- インフレ・デフレ
- 増税・減税
- インバウンド
- 新興国の拡大

など

S 社会の変化
- 人口動態の変化
- 高齢化・就労年齢拡大
- Z世代、ダイバーシティ
- ワークスタイルの変化
- 健康・防災への意識
- 余暇時間の拡大
- メディア接触の変化
- 消費による幸福感低下

など

T 技術の変化
- 生成AI
- DX、デジタル化
- IoT、ブロックチェーン
- モバイル、ネットワーク
- VR/AR/MR
- ドローン、空飛ぶクルマ
- ロボティクス、自動運転
- 再生・バイオ医薬

など

事業アイデアの可能性を広げることができます。

業界外の変化にも着目する

特に対象業界外の変化や事例、ビジネスモデルに着目しましょう。対象業界内の変化や既存事業者の動向をインプットするだけでは、魅力的な事業アイデアは出てきません。もちろん、業界の常識やしくみ、顧客などを知ることは必要ですが、その業界の既存事業者と感覚が似すぎると、独自の視点を失うリスクもあります。そのため、これまで**業界になかった新しいインプットも得て組み合わせる**ことが重要です。

たとえば医薬品業界に着目する場合、単に「どうやって医薬品を売るか」だけを考えても、よいアイデアは出てきません。少し視点を離すと、「医薬品開発が希少疾患や難病にシフトしている」といった業界のトレンドに気づくかもしれません。さらに視点を離すと、「AIが医療分野にインパクトを与える可能性がある」ことに気づき、そこから新しいアイデアが出てくるでしょう。このように、狭い業界にとらわれず、**外側の変化にも着目することで、新たな発想が得られる**のです。

2つのインプットを使い分ける

情報のインプットの方法は、主に次の2つがあります。まずひとつは、**知りたい項目や内容が明確**な場合です。対象が明確なので、インターネット検索や、現場でのヒアリングが有効です。検索ワードをイメージしやすく、アポイントメントをとる相手も特定しやすいはずです。

もうひとつは、アイデアの**発想や判断のベースとなる知見やネタを探す**場合です。思いもよらないアイデアを探すため、調べる対象自体が不明です。その場合、**いつも異なる領域の情報に触れ続ける習慣をつける**こと、さらにその際に何らかのテーマに問題意識をもっている、いわゆる**「情報感度」が高い状態**になっていることが重要です。たとえば、日頃から「日本の子育て」について考えていると、日々のニュースからも子育ての方法や育児施設の状況、国の子育て支援策などの情報が耳に入ってくるようになるはずです。実際の情報源としては、メディアや書籍のほか、**同じ問題意識の知見をもつ人や異業種の知人との議論、情報交換**が効果的です。これらを活用して効率的なインプットを心がけましょう。

インプットすべき情報の例

① 環境の変化（マクロの変化）

PEST分析
・政治・規制（Politics）
・経済（Economy）
・社会（Society）
・技術（Technology）

それぞれ3階層で把握
・自社・業界内
・顧客や仕入先の業界
・業界横断

② 現場・現物・現実（ミクロの状況）

顧客の状況（Customer）
・顧客の要求と水準の変化
・顧客の栄枯盛衰
・カスタマージャーニー
・顧客、顧客の顧客の声、例
・実際の数値データ

自社の状況（Company）
・経営方針、ありたい姿
・他部門も含めた特徴
・強み、弱み
・現場や関係者の声、例
・実際の数値・データ

③ 他社・他業界の事例（パターン）

競合会社（Competitor）
・新規参入、代替品の状況
・経営方針、事業コンセプト
・ターゲット顧客とそのニーズ
・マーケティング、オペレーション
・マネタイズモデル

他業界の事例
・経営方針、ありたい姿
・事業化の発想
・ターゲット顧客とそのニーズ
・マーケティング、オペレーション
・マネタイズモデル

ギャップ？（①と②の間）　ギャップ？（②と③の間）

インプットの主な方法

1 知りたい項目や内容が明確

情報例
・市場・顧客の動向
・関連事業者の動向
・業界動向、競合状況
・社内状況、取り組み
・その他パブリックデータ

収集方法（例）
・**検索**：Google 検索、ChatGPT など
・**レポート／記事**：日経テレコン、SPEEDA
・**ヒアリング**：飛び込み、アポ取り代行会社など

2 発想のための知見を探す

情報例
・市場・トレンド、最新情報
・ニュース、現場レポート
・サービス動向
・事例、ケース
・フレームワーク

収集方法（例）
・**新聞／雑誌**：日経新聞、NewsPicks
・**オンラインメディア**：オンラインの経済誌
・**書籍**：アマゾン
・**友人知人**：SNS、勉強会
・**日常の気づき**

2

06 事業発想のアプローチ②——クロストライアル

固定観念があると、新しい組み合わせを考える弊害になることがあります。固定観念を排除する発想の工夫として「クロストライアル」を紹介します。

固定観念の壁を壊す工夫が必要

インプットを数多く行っても、それだけで「新しい組み合わせ」が出てくるわけではありません。前述したように、人間の頭のなかにはたくさんの引き出しがあり、そこに知識や記憶などが「既存の組み合わせ」として分類・整理されています。この**引き出しが固定観念の正体**です。

インプットした情報が引き出しの壁を越えて既存の知識と結びついてくれれば、新しい組み合わせを生み出しやすくなるのですが、この固定観念の引き出しの壁が厚く、簡単には新しい組み合わせが生まれないのです。

何もしないと、新しいインプットは頭のなかの引き出しにしまい込まれ、出番を失ってしまいます。そこで、引き出しの壁を壊し、新しいインプットを組み合わせようとする意思と工夫が必要になります。そのひとつが「**クロストライアル**」です。

クロストライアルで組み合わせる

クロストライアルを簡単にいうと、**インプットした「ネタ」を試しに組み合わせてみる**というものです。インプットした情報から気になるキーワードをリストアップし、その組み合わせをつくってみて、事業アイデアを考えていきます。

キーワードは、インプットした「社会の要請やトレンド」「注目すべき顧客の不満」「新しい顧客層の出現」「変化が予想される事業分野」「普及してきたインフラや技術」「興味深いビジネスモデル」などから挙げていきます。その際、抜け・漏れが少なくなるよう、PEST分析などのフレームワークを活用するとよいでしょう。

たとえば、インバウンド、農業、生成AI、ロボティクス、自動運転、サブスク、クラウドファンディング、シェアリング、オンライン診療など、出てきたキーワードを2つ、3つと組み合わせると、ユニークなアイデアが出てきそうに感じませんか。

- **インバウンド×シェアリング＝？**
- **農業×ロボティクス×サブスク＝？**
- **ヘルスケア×クラウドファンディング＝？**
- **不動産×自動運転＝？**

そうやって、それぞれの組み合わせで出てきたアイデア群から有効な事業アイデアにならないか、ひとつずつピックアップして検討していくわけです。

効果を実感できる「ビジネス大喜利」

筆者のワークショップでは、クロストライアルの効果を実感できるよう、**カードを使ったグループワーク**を

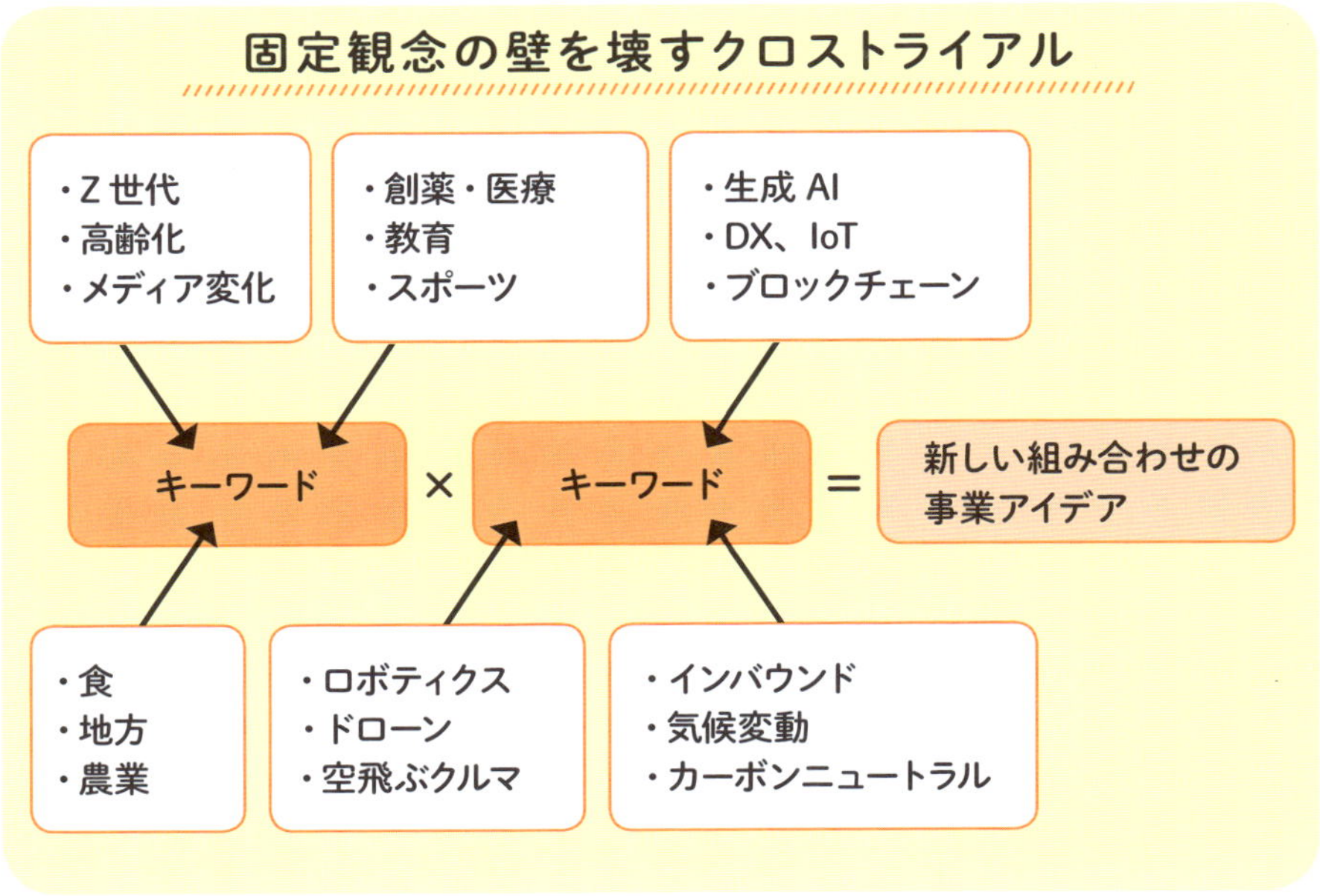

行っています。これは、ソフトバンクの創業者である孫正義氏が学生時代に発想力強化のために行っていたというものをアレンジしたものです。

具体的な方法を簡単に紹介します。

①3～5人で実施。1人につき8枚の白紙カードと、ホワイトボードを用意する。

②各自が注目のキーワードを8つ挙げ、それぞれ1つずつカードに記入する。

③記入後、カードを集め、すべてまとめてシャッフルし、上から2枚を引く。

④2枚のカードに書かれているキーワードのペアを、ホワイトボードに「△△×□□＝」と記入する。

⑤このペアから思い浮かぶ事業アイデアをひねり出す。

なぞかけの「△△とかけて、□□解く、そのココロは？」と同じ要領なので、「**ビジネス大喜利**」とも呼んでいます。効果的なアイデア出しを体感でき、実際におもしろい案も出てくるので、試してみることをおすすめします。

実施には、キーワード選びやアイデアキラー対策などの注意点もあります。ご興味のある方は拙著『事業開発一気通貫』（日経BP）をご参照ください。

ランダムな組み合わせで死角をなくす

発想とはキーワードの組み合わせです。キーワードが20個あれば、組み合わせは約200組になります。当然、意味のない組み合わせもたくさんありますが、インプットが適切なら、「これは有効かも」と思えるアイデアが一定の割合で含まれています。大切なことは、有効なアイデアに行き当たるまで、**組み合わせを根気よく試し続ける**ことです。

リストを眺め、「ありそうな組み合わせ」をピックアップしたほうが時間の節約になると思うかもしれません。しかし、「ありそうな組み合わせ」とは「ありきたりな組み合わせ」と同じことです。無意識のうちに固定観念にとらわれ、同じ引き出しに入っている組み合わせを拾っているだけなのです。

人間は、ある方向を向いていると、必ず「**死角**」が生じます。固定観念とは、あなたの興味や思考が向いている方向なので、死角が生じることは避けられません。新しい発想を生み出すには、ランダムなネタの組み合わせなどで固定観念を壊し、死角をなくす工夫が大切です。

クロストライアルの実施イメージ

キーワード出し（抜け・漏れを減らす枠組みの例）

	P 政治	E 経済	S 社会	T 技術
検討対象の業界 自社の業界	・ ・ ・	・ ・ ・	・ ・ ・	・ ・ ・
その顧客の業界 仕入先の業界	・ ・ ・	・ ・ ・	・ ・ ・	・ ・ ・
業界横断	・ ・ ・	・ ・ ・	・ ・ ・	・ ・ ・

▼

PEST、現場・他社事例
など

⇒

□ × □ ＝ アイデア
□ × □ ＝ アイデア
⋮

組み合わせるキーワードで応用が広がる

☑「機会と脅威」×「強みと弱み」とすれば「クロスSWOT」
☑「保有技術」×「業種分類」とすれば「用途開発」

2

07 発想や議論を活性化させるコツ

前節で事業アイデアの発想法について解説しましたが、ここでは発想や議論を活性化させるための実践的なノウハウを紹介します。

事業アイデアが出ない企業の「症状」

事業開発をしようにも、有効なアイデアがなかなか出てこないと悩んでいる企業も多いでしょう。そのような企業の会議には、次のような**共通の症状**があります。

・「空気」を読みすぎて発言しない

「うかつなアイデアを出すと馬鹿にされる」「弾けたアイデアを出すと不興を買う」と会議の参加者が消極的になっている。

・アイデアが出た瞬間に潰される

アイデアが出されるたびに、「以前にうまくいかなかった」「会社の方針とズレている」と上司などが反対意見を言うので、アイデアが出しづらい。

・たまたま出たアイデアに縛られる

よさそうなアイデアが出たら、すぐに深掘りを始めてしまう。あとでよいアイデアを思いついても、もとのアイデアを否定する感じがして発言しにくくなる。

・空中戦に終始してしまう

アイデアや意見は飛び交うものの、内容が深まらない。結局は上司や声の大きい人などの発言で何となく決まってしまう。

発想の連鎖反応でアイデアを広げる

このような症状を乗り越え、事業化に有効な新しいアイデアを生み出すためには、いくつかの実践的ノウハウが必要になります。

1つめは、**発想の連鎖反応を起こす**ことです。思いついたアイデア自体はイマイチでも、「それならこう発展させてみては？」などと、別のアイデアのもとになることがあります。このような連鎖反応があると発想が広がり、有効な事業アイデアに結びつきやすくなります。

この連鎖反応を起こすためには、まずアイデアを多く出して広げることが必要です。「運営が難しくないか？」「本当に儲かるのか？」などと、あとで検討すべき詳細にこだわってしまうと、ブレーキがかかってアイデアが広がらなくなります。むしろ**最初のアイデアは多少くだけたもののほうが、アイデア出しのハードルが下がり、新しいアイデアが出やすくなります**。

もちろん、アイデアをたくさん出したあとは、しっかりと検討して絞り込みます。ポイントは**アイデアの「発散」と「絞り込み」を同時に行わず、意識して区切って分ける**ことです。

チームアプローチでアイデアを検討

有効なアイデアを生み出す2つめのノウハウは、1人で考えず、**チームで行う（チームアプローチ）**ことです。

事業アイデアが出ない会議の症状
空気を読んで発言しない
アイデアを潰してしまう
たまたま出たアイデアに縛られる
空中戦に終始してしまう

どんなに優秀な人でも「死角」が存在します。しかし別の人なら、その死角に気づき、そこから完成度の高いアイデアに洗練させることができるかもしれません。人によって頭のなかの引き出しやインプットされている情報が異なるので、何人かで議論するほうが新しい組み合わせが見つかりやすいのです。

ここで注意したいのは、どんな人と議論するかです。議論の相手として望ましいのは次のような人です。

・いつもと違うメンバー

いつもと違うメンバーからは、異なる思考パターンや情報源などが提供され、新しい発想が生まれやすくなります。

・「共通言語」を踏まえたメンバー

思考パターンや情報源などは違っていても、「連鎖反応がある」「組み合わせが大事」といった発想の基本を共有しているメンバーと議論することで、アイデアの検討が効率的に進みます。

・前向きに考えるメンバー

アイデアはより多く出すことが大事なので、アイデア出しを盛り上げてくれる前向きなメンバーが必要です。

アイデアキラーに注意する

メンバー選びで特に重要なのは、せっかくの議論を台なしにしてしまう「**アイデアキラー**」を避けることです。アイデアが出ない企業では、アイデア出しで盛り上がっているときに水を差す人が往々にしています。こうした人は、優秀な人材がたくさんいる企業や、円滑な業務進行を重視する企業などによくいる傾向があります。

既存事業を円滑に進めるためには、問題点や不備などを指摘してリスクを回避し、できるだけ試行錯誤を排除して効率的に進めることが適切といえますが、そもそも「出たばかりのアイデア」に問題点やリスクは付き物です。そんなタイミングで厳しい評価やダメ出しをしても意味がありません。

発想や議論を活性化させるためには、まず**アイデアをたくさん出し、有望そうなアイデアを選別して、アドバイスを加えながら育てていく姿勢**が必要です。管理職がアイデアキラーになっているケースがよくあるので、最初のアイデア出しは若手社員のみで行うなどの工夫が必要でしょう。

発想の連鎖反応

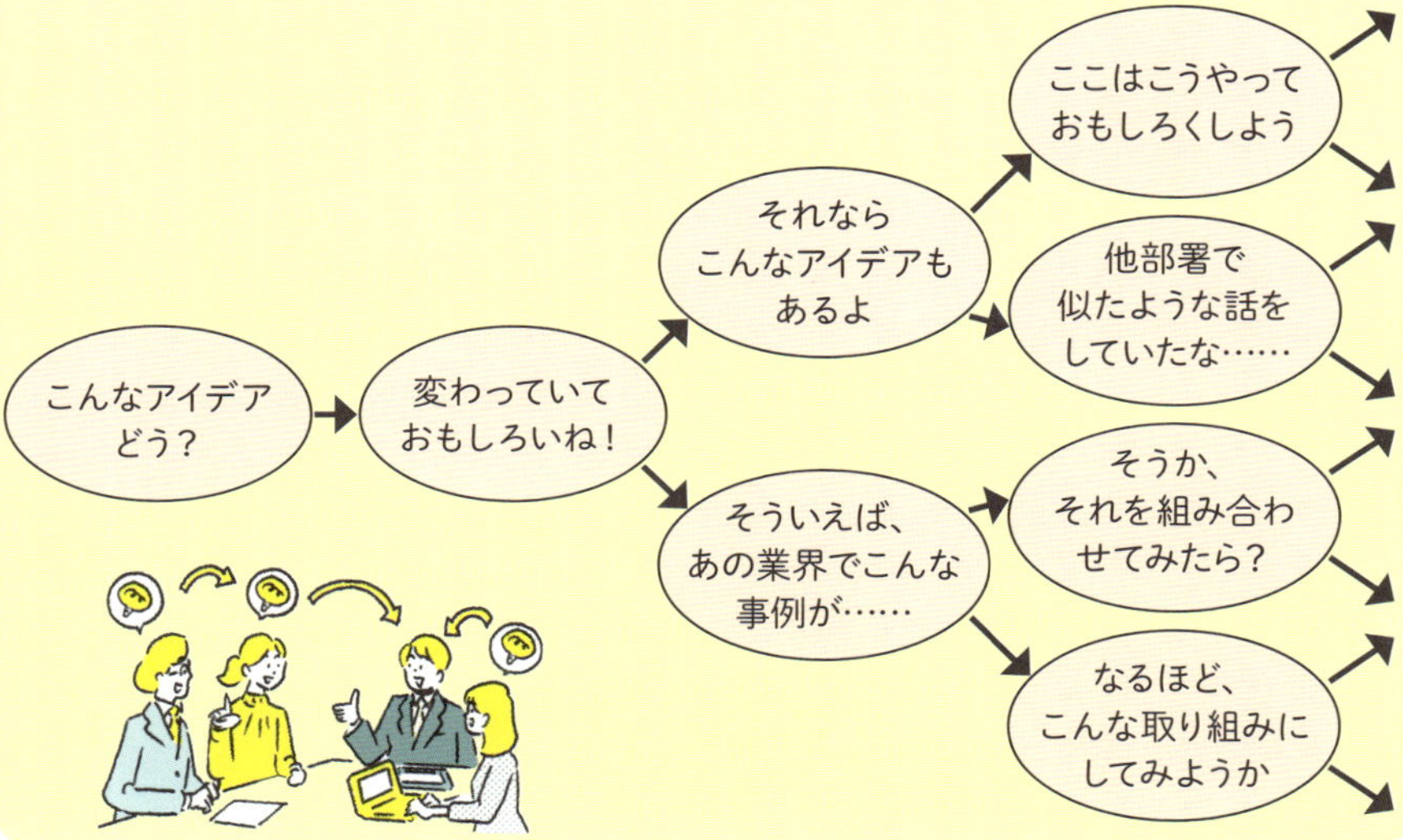

アイデアキラーの発言に注意する

アイデアを書き出しながら議論する

チームの議論でアイデアがたくさん出るようになったら、気をつけなければならないのが「**空中戦**」です。空中戦とは、アイデアや意見は飛び交うものの、言いっ放しで終わってしまう議論を指します。それではせっかくのアイデアが忘れられたり、出しただけになったりしてしまいかねません。

空中戦を防ぐためには、ホワイトボードなどを活用し、**アイデアを書き出しながら議論する**ことです。これが3つめのノウハウです。ホワイトボードにアイデアを書き出しておけば忘れられる心配はなく、アイデアがたくさん出ても一目瞭然に見渡すことができます。それらを見ながら議論することで、別のアイデアを連想したり、複数のアイデアを組み合わせたりしやすくなります。

もうひとつの大きなメリットは、「**第一印象に流されず、再検討できる**」ことです。革新的なアイデアは、一度聞いただけでは大したアイデアに思えなかったり、荒唐無稽なアイデアに思えたりすることがあります。しかし、そのアイデアを書き出してよく見てみると、「意外とおもしろいかも」と気づく場面もあるのです。

最大のポイントは「あきらめないこと」

有効な事業アイデアを生み出すためのポイントを挙げてきましたが、最も重要なのは「**あきらめないこと**」です。事業アイデアを生み出すことをあきらめてしまっては、連鎖反応もチームアプローチも書き出しの議論も役に立ちません。世の中にはたくさんの事業機会があるのに、2つか3つの事業アイデアしか思いつかないということはないはずです。事業アイデアは**とにかくあきらめずに考え、たくさん出す**必要があるのです。

事業アイデアを出すときは、できるだけ「**離れた関係にあるものの組み合わせ**」にトライしてみてください。離れた要素の組み合わせは、イノベーションの度合いが大きく、実現したときの成果も大きいからです。こうしたインパクトのあるアイデアも、あきらめずにたくさんの組み合わせを試すことで生み出せるのです。

また、このようなアウトプットの機会を積極的にもちましょう。発想のコツが身につき、問題意識のアンテナも立つようになって、発想力が上がってきます。

発想の生産性を上げる3つのコツ

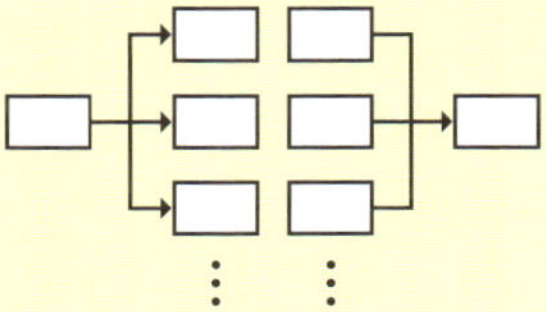

① 発散と絞り込みを分ける

アイデアや考えは発散と絞り込みの繰り返しで深まるが、同時に行わない

- 発想の連鎖を止めない
- 発散したら絞り込む

② 1人で考えない

1人で考えるより、他人と議論するほうがはるかに効率的で効果的

- 新たな問題に気づく
- アイデアの広がりが出る
- 納得感も深まる

③ 書き出して議論する

書き出すことで、効率的な議論や整理が可能になる

- 書き出せば忘れない
- 連想、組み合わせ、俯瞰ができる

インプットと発散でアイデアを多く出す

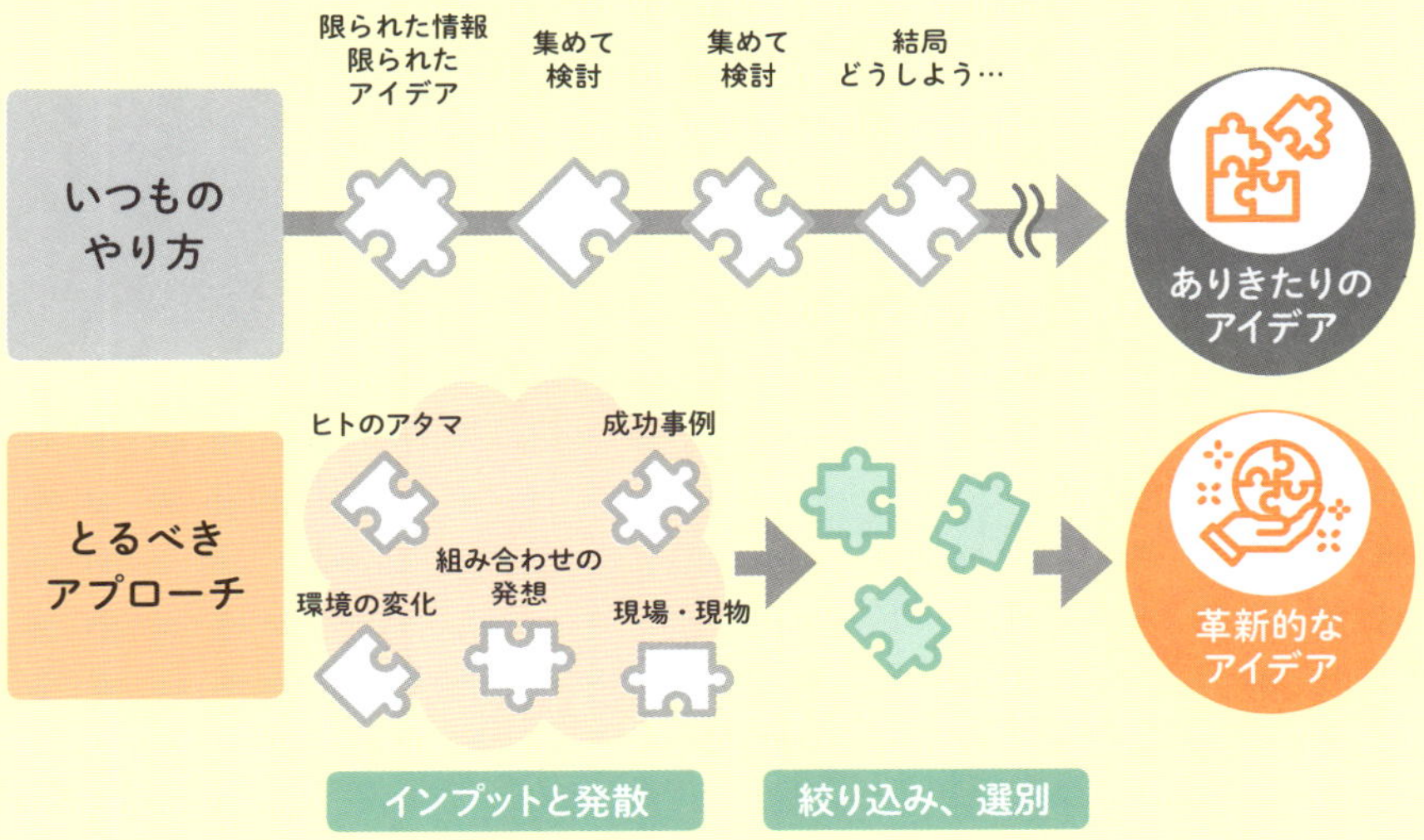

2

08 初期アイデアを選別する

事業アイデアの選別は、発想と同様に重要な課題です。可能性を秘めたアイデアを弾かないように注意しましょう。

間違いだらけのアイデア選び

せっかくアイデアをたくさん出しても選び方を間違えると、**有望な事業アイデアを弾いてしまう**ことになりかねません。実際によく聞く、一般的なアイデア評価の項目としては、次のようなものが挙げられます。

- **市場規模は大きいか**
- **実現性は高いか**
- **収益性も高いか**
- **新規性はあるか**

つまり、「市場が大きくて」「簡単にできて」「儲かって」「誰もやっていない」アイデアを選びたいというわけです。しかし、そんな事業が存在するはずがなく、万が一にあったとしても競合他社がすぐに注目し、激しい競争にさらされる可能性が高いでしょう。

革新的アイデアは荒唐無稽に見える

事業アイデアの初期の選別で難しいのは、**革新的なアイデアほど荒唐無稽に見える**ということです。

たとえば、「素人の作成した動画をアップロードして視聴させる」（YouTubeチャンネル）や、「何千個もの小型バッテリーを束ねて自動車を動かす」（テスラのEV）などは、発想の初期段階では雲をつかむような話でしょう。そんなアイデアのほとんどは会議でNGが出るに違いありません。

これらの事業アイデアには当初、市場の存在や技術の確立はありませんでした。しかし、そこに隠れた勝ち筋を見つけ、実現の工夫を積み上げていくことで、他社が手を出していない潜在的な市場の開拓に成功しました。

革新的な事業は、「**普通ではあり得ない発想**」「**思いもよらない組み合わせ**」から生まれます。そのタネを常識的な判断基準で切り捨ててしまっては何も生み出せません。一見ガラクタのように見えるアイデア群のなかに、磨けば光るダイヤモンドの原石が紛れているかもしれないのです。

アイデア評価の6つのポイント

初期のアイデアを目利きするポイントとしては、主に次のようなものが挙げられます（79ページ下図参照）。

※**①実現すると大きなインパクトがある**
②顧客や、その顧客の課題がイメージできる
③取り組む意義がある
※**④実現するためにはハードルがある**
⑤ハードルを解決する仮説がある
※**⑥発案者に情熱がある**

前半の３つが事業の内容、後半の３つが事業の実行の

革新的な事業の初期仮説は荒唐無稽に見える

YouTube	テスラ	Airbnb
素人のつくった動画なんて誰が見るんだ？	小型バッテリーなんて車載で使えるはずないでしょ？	自宅の空き部屋を見ず知らずの旅行者に貸すなんて！

ネットフリックス	アスタリフト（富士フイルム）	ウーバー
インターネット回線で映画なんて見ない。DVDで十分	フィルムの技術だし、化粧品になんて使ったことがない	どうやってドライバーと乗客を同時に集めるの？

項目です。特に重要なものが※印の①、④、⑥です。

まず「①実現後のインパクト」がなければ、そもそも実行する意味がありません。次の「②顧客と課題」は、いずれも次のステップで具体的に検討するので、ある程度イメージができればよいでしょう。「③取り組む意義」は、よく問われる重要項目です。7—05で詳しく解説します。「④実現ハードル」は「①実現後のインパクト」と合わせて検討しましょう。もしインパクトが大きければ、たとえ**ハードルが高くても頑張ってモノにできる**よう知恵と努力を注ぎ込んでみようという判断ができます。ハードルの高さだけを見て革新的な有望アイデアをばっさりと切り捨ててしまわないようにしましょう。

「⑤解決する仮説」は、インパクトのあるアイデアの高いハードルをどう乗り越えて成立させるのか、そこに知恵を絞ることこそが「事業を検討する」ということです。**非常識に思えるアイデアでも、すぐに捨てずに考えてみる**ことです。「実現不可能」「儲かるはずがない」と思ってしまうかもしれませんが、それは固定観念にとらわれていたり、実現方法を思いつかなかったりしているだけということもあります。その困難を解決できれば、それこそ真似できない強みになり得るはずです。

最後に重要なのは「⑥発案者の情熱」で、意欲があるかどうかです。事業開発にはたくさんのハードルがあります。事業を本当に実現したいという強い想いによって実現までの苦難を乗り越える気力がわいてきます。

事業コンセプトをまとめてみる

事業アイデアを選別したら、周りにもわかるようコンセプト案としてまとめてみましょう。この段階では、**あくまでも叩き台**です。どんなアイデアなのか、どこに可能性があるのか、どんな工夫があり得るのかなど、その時点で思いつく部分だけ、2行でも3行でもいいので書き出していきます。ここまでたどり着くアイデア数の目安としては、30～50件ほどの初期アイデアがあれば、そのうちの数件程度です。

これらを最初のタネとして、事業開発のステップに沿って周りとの議論や初期ヒアリング活動などを進めていきます。

ここからが、皆さんの「思いつき」が「実行に足る事業」へと進化していく旅の始まりです。

一般的な項目では初期アイデアの選別ができない

一般的な評価項目		革新的なアイデアの特徴
● 市場は大きいか、成長しているか ● 収益性は高いか、リターンは大きいか ● 自社の強みは活かせるか	⟷	● 埋もれたニーズに着目している ● 「もし実現できたら」大きなインパクトがある ● 普通では出ない異質な組み合わせ
● 本当に実現できるか ● 確実にできるか、リスクはないか ● 競合他社より優れているか	⟷	● 実現するにはハードルがある ● 内部からの反対が多い ● 既存業界の経験者が首をかしげる
● 新規性・革新性はあるか ● 真似されないか、参入障壁はあるか	⟷	● 困難を乗り越える初期仮説がある ● 発案者とその仲間が是非やってみたい

※すべて OK が必要

初期アイデアを選別するポイント

初期アイデアの選別の項目

初期アイデアの選別の項目	
☑ 実現すると大きなインパクト ☐ 顧客、顧客の課題がイメージできる ☐ 取り組む意義がある	そもそもの魅力がないとやる意味がなく、顧客イメージがないと検討もできない 組織や社会にとって意義があるか
☑ 実現するためにはハードルがある ☐ ハードルを解決する仮説がある ☑ 発案者に情熱がある	新しい取り組みにハードルは付き物。乗り越える労力に見合う事業アイデアの魅力があるか 苦労をしてでもやりたいかどうか

※ ☑ 特に重要な項目

まとめ

どの領域で何をするのかを考える

環境変化や顧客の状況などを組み合わせて発想しよう

事業アイデアの発想には、PEST の変化や顧客の状況、有効なビジネスモデルなどのインプットが不可欠です。それをもとにクロストライアルなどの発想法を活用してアイデアの数を出します。そのうえで革新的アイデアを排除しない適切な選定基準で、どの領域で何をするかを決めていきます。

インプット

新しい情報で新しい発想の準備をする

- 環境の変化
- 現場・顧客の理解
- 成功事例、フレームワーク
- 自社の状況

インプットを見直して問題意識を育てる

アイデア出し

発想法をもとにアイデアの数を出す

- クロストライアル
- クロス SWOT
- デザイン思考
- ブレスト、TRIZ など

事前準備が重要。アイデアキラーに注意

初期の選定

適切な基準で選ぶ

- 実現時のインパクトが大きい
- 実現のハードルが高い
- 担当者が是非やりたい

実現性重視では革新的な案は残らない

とるべきアクション

1. 一緒に考えてくれる仲間を探す
2. 問題意識、ネタを書き出す
3. アイデアをたくさん出す
4. 出たアイデアに優先順位をつける
5. 有望そうなアイデアはもっと調べる
6. コンセプト案として具体的に書き出す

第3章

顧客とプロダクトをイメージする

事業アイデアをブラッシュアップするには、まず「誰に」「何を」提供するかを考える必要があります。セグメンテーションやターゲティングなどで顧客を絞り込み、提供価値の仮説を立てましょう。

3

01

顧客への提供価値を考える

事業アイデアの候補が絞れてきたら、「誰に何を提供するのか」を明確にしましょう。これが事業開発の基礎になります。

「誰に」「何を」を提供するのか

「その事業の顧客は誰ですか」
「その顧客にどんな価値を提供しているのですか」

経営学者のピーター・ドラッカーは、企業家にアドバイスをする際、いつもこの2つの質問から議論を始めたそうです。彼は、ほとんどの企業の課題はこの2つの質問で明らかになると言っています。

「**誰に何を提供するのか**」は、企業にとって究極の問いです。どれほど立派な事業計画を作成しても、顧客がいなければビジネスになりません。また、提供する製品・サービスが不明確であれば、顧客がそれにお金を支払うのかがわからず、事業計画として説得力がありません。

この「誰に提供するのか」「何を提供するのか」という2つの要素をまとめて、「顧客への**提供価値（バリュープロポジション）**」と呼んでいます。提供価値は、新規事業の立案と既存事業の見直しのどちらにも共通する重要な要素です。「誰に何を提供するのか」が変われば、事業のすべてが変わるほどの大きな意味があります。

「誰」が顧客なのかを明確にする

事業アイデアを思いついたら、まず「顧客は誰なのか」を考えましょう。どんな事業も顧客がいなければ成立しませんし、どの顧客をターゲットにするかにより、事業内容そのものが変わってきます。

たとえば、「高齢者に向けた健康サービスの提供」という事業アイデアを考えたとしましょう。この場合、「誰」は「高齢者」となりますが、これでは広すぎます。

日本には65歳以上の高齢者が3500万人以上います。そのなかには、元気でアクティブに人生を楽しんでいる方もいれば、寝たきりで日常生活がままならない方もいます。さらには資産家もいれば、そうでない方もいますし、家族と同居している方もいれば、独居の方もいます。当然、それぞれの高齢者でニーズは異なってきます。

顧客イメージは具体的に捉える必要があるのです。たとえば、「夫婦で都心に住むアクティブシニア」とすれば、顧客イメージがより明確になり、ニーズもつかみやすくなります。アイデアの発想段階で思いついたものを、より掘り下げて具体化していきましょう。

「何」が明確にならない理由

「高齢者に向けた健康サービス」程度の定義では、「誰」だけではなく、**「何（健康サービス）」も不明確**です。健康サービスには、適度な運動を支援するサービスもあれば、健康食品やサプリメントの提供、健康情報の提供、検診データの管理といったものもあります。

「誰に」「何を」提供するのかを具体化する

誰に提供する？
ターゲット顧客（Who）

売り込んで開拓したい顧客層
- 利用・購入の期待度が高い
- 効率的に開拓できる
- その後の波及効果が期待できる

●具体化することでニーズが見える
●ヒアリングなどで調査・検証する

何を提供する？
提供する価値（What）

得られる利益・メリット
- 経済的・心理的な側面を重視
- 顧客の視点で納得できる
- マネタイズモデルと統合する

●製品・サービスの具体化につながる
●提供するバリューチェーンにつながる

実は「何」が明確にならない理由のひとつは、やはり**「誰」があいまい**だからです。たとえば介護サービスなら、要介護認定を受けた高齢者やその家族が顧客になるでしょうし、健康増進サービスなら、アクティブシニアや富裕層の高齢者などが顧客になるでしょう。もうひとつは、**ターゲットとする顧客の理解が不足している**からです。顧客の悩みやニーズなどが把握できていなければ、提供するサービスの中身が決まらないのは道理です。

もちろん、アイデア出しの際に詳細にこだわりすぎると、それがブレーキとなってアイデアが出なくなる可能性もありますので、初期段階では大雑把でもかまいません。ステップ②「**顧客への提供価値**」でアイデアを具体的で明確なものにしていきましょう。

アイデアのサイクルを回す

発想の起点はさまざまです。**環境変化**によって顧客の需要は絶えず変化していますので、そこから発想し、どんなターゲット顧客に何を提供するのかを考えます。

一方、**顧客の行動**を観察することでインサイト（気づき）や、事業アイデアが生まれることも少なくありません。その場合、そのターゲット顧客の仮説に基づいてヒアリングやカスタマージャーニー（3―06参照）などの調査を行います。そうすることで、潜在ニーズが明らかになり、それを満たす製品・サービスのコンセプトが生まれます。

もちろん環境変化が起点の場合も、次に顧客の仮説がないと観察できないので、基本的には「**①事業コンセプト→②顧客への提供価値→③顧客の理解と検証**」のサイクルを回し、明らかになってきた顧客理解をもとに再び「①事業コンセプト」を検討するというサイクル（23ページ参照）になります。

このように発想には2つの起点があり得ますし、顧客の可能性やニーズなどが1回の検討ですべて見通せるわけではありませんので、このサイクルは1回だけ検討して終わりではなく、**繰り返して行う**必要があります。

「アイデアのサイクル」では、実際に顧客の声などを聞いて理解を深め、MVP（最低限の試作品など）により手間やコストをかけずに検証を行って、アイデアを形にしていきましょう。これは「リーンスタートアップ」や「デザイン思考」のアプローチと同様です。

発想の起点はさまざま

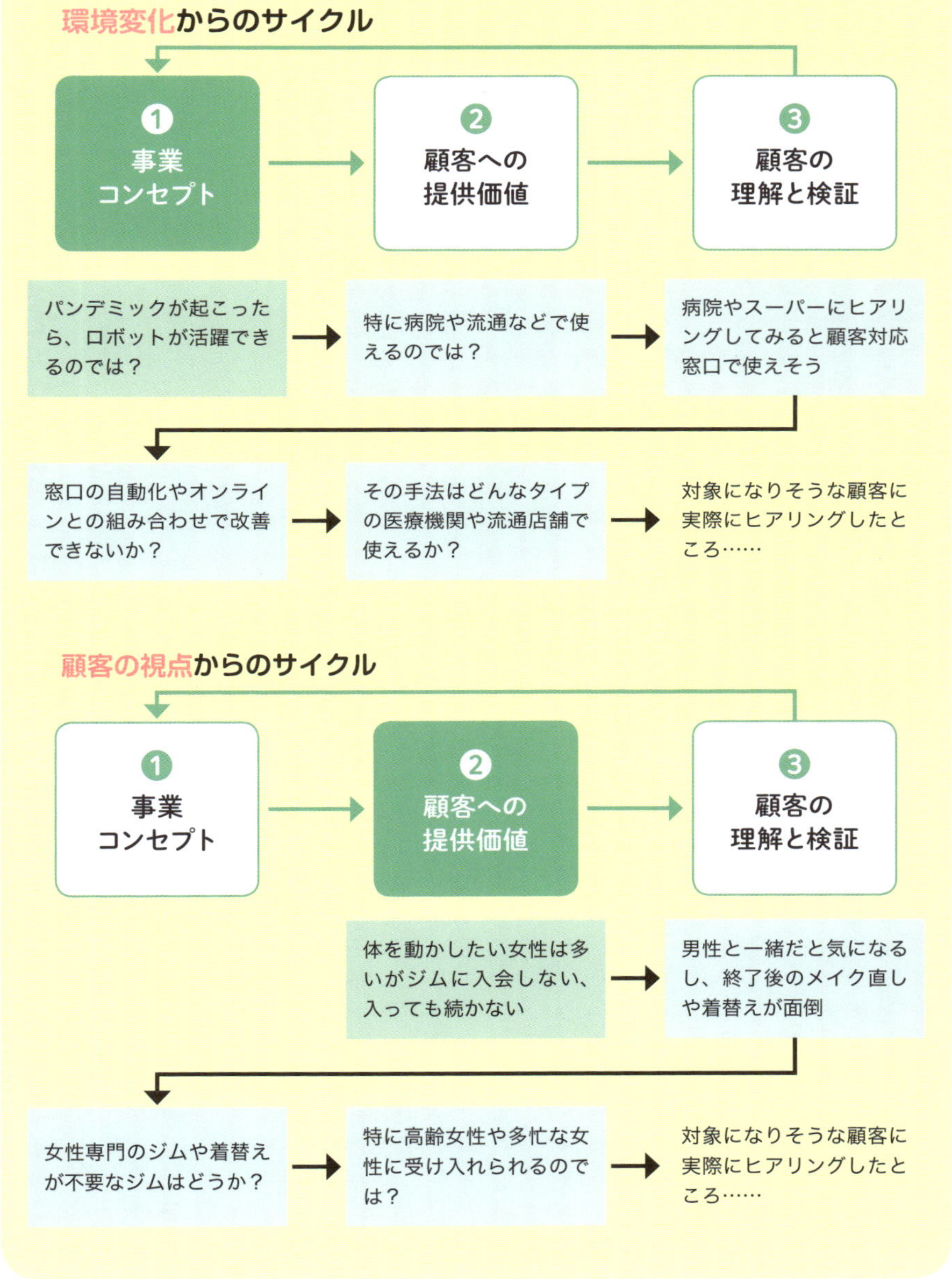
環境変化からのサイクル
1 事業コンセプト
2 顧客への提供価値
3 顧客の理解と検証
パンデミックが起こったら、ロボットが活躍できるのでは？
特に病院や流通などで使えるのでは？
病院やスーパーにヒアリングしてみると顧客対応窓口で使えそう
窓口の自動化やオンラインとの組み合わせで改善できないか？
その手法はどんなタイプの医療機関や流通店舗で使えるか？
対象になりそうな顧客に実際にヒアリングしたところ……
顧客の視点からのサイクル
1 事業コンセプト
2 顧客への提供価値
3 顧客の理解と検証
体を動かしたい女性は多いがジムに入会しない、入っても続かない
男性と一緒だと気になるし、終了後のメイク直しや着替えが面倒
女性専門のジムや着替えが不要なジムはどうか？
特に高齢女性や多忙な女性に受け入れられるのでは？
対象になりそうな顧客に実際にヒアリングしたところ……

3

02 顧客市場を絞り込む①——なぜ絞り込むのか

顧客を絞り込むと、市場が小さくなる傾向があります。それなのに、なぜ絞り込みが大切なのでしょうか。

STPで顧客と提供価値を明確化

顧客への提供価値の明確化とは、マーケティングにおける「**STP**」のことです。これは「**セグメンテーション（市場の切り分け）**」「**ターゲティング（ターゲット顧客の選定）**」「**ポジショニング（競合との差別化）**」の3つのステップの頭文字をとったもので、市場を効果的に開拓するためのアプローチです。初期の事業アイデアで不明確であった顧客を、次の流れで具体化していきます。

①市場を同じニーズの固まりで細分化する
②そのなかからターゲットにする顧客を絞り込む
③競合との差別化のポイントを明確にする

マーケティングでは「製品（Product）」「価格（Price）」「プロモーション（Promotion）」「流通（Place）」の4つの要素を組み合わせて戦略を考える「**4P**」というフレームワークがありますが、4PはSTPのあとの話です。マーケティング設計の基盤となるSTPがあいまいなまま4Pを検討しても、効果は限定的です。

顧客を絞り込んでニーズを際立たせる

過去にヒットした製品やサービスの多くを見てみると、**顧客の絞り込み**が適切に行われています。

- **アマゾン：**研究者やエンジニア、医師などの専門書ユーザーから開拓
- **フェイスブック：**大学生向けの交流サイトとして開始
- **テスラ：**ハリウッドのセレブなど、支払い余力があり、

環境意識の高い富裕層から開拓

　このような大企業でさえ当初は顧客を絞り込み、ニーズを満たす製品・サービスを提供し、確実な実績をつくることから始めています。その実績が周辺の顧客を納得させ、結果として大きな市場を形成する波及効果を生んだのです。

　顧客は絞り込めば絞り込むほどニーズが際立ちます。もっといえば、**ニーズが際立つよう顧客の絞り込みを行う**ことが必要です。たとえば、「高齢者」というだけでは退職したばかりのアクティブシニアや寝たきりの高齢者など、イメージはさまざまでニーズがはっきりしませんが、「一人暮らしの高齢者」に絞り込めば、「買い物や食事づくりなどが大変」といったニーズが際立ってきます。「中小企業」というだけでは社員数のイメージが人によって5人から1000人まで幅があります。そこを「5～20人までの中小企業」といった具合に**「解像度」を上げる必要**があるのです。

　事業開発においては、ターゲット顧客の絞り込みをしっかりと行うことが不可欠です。

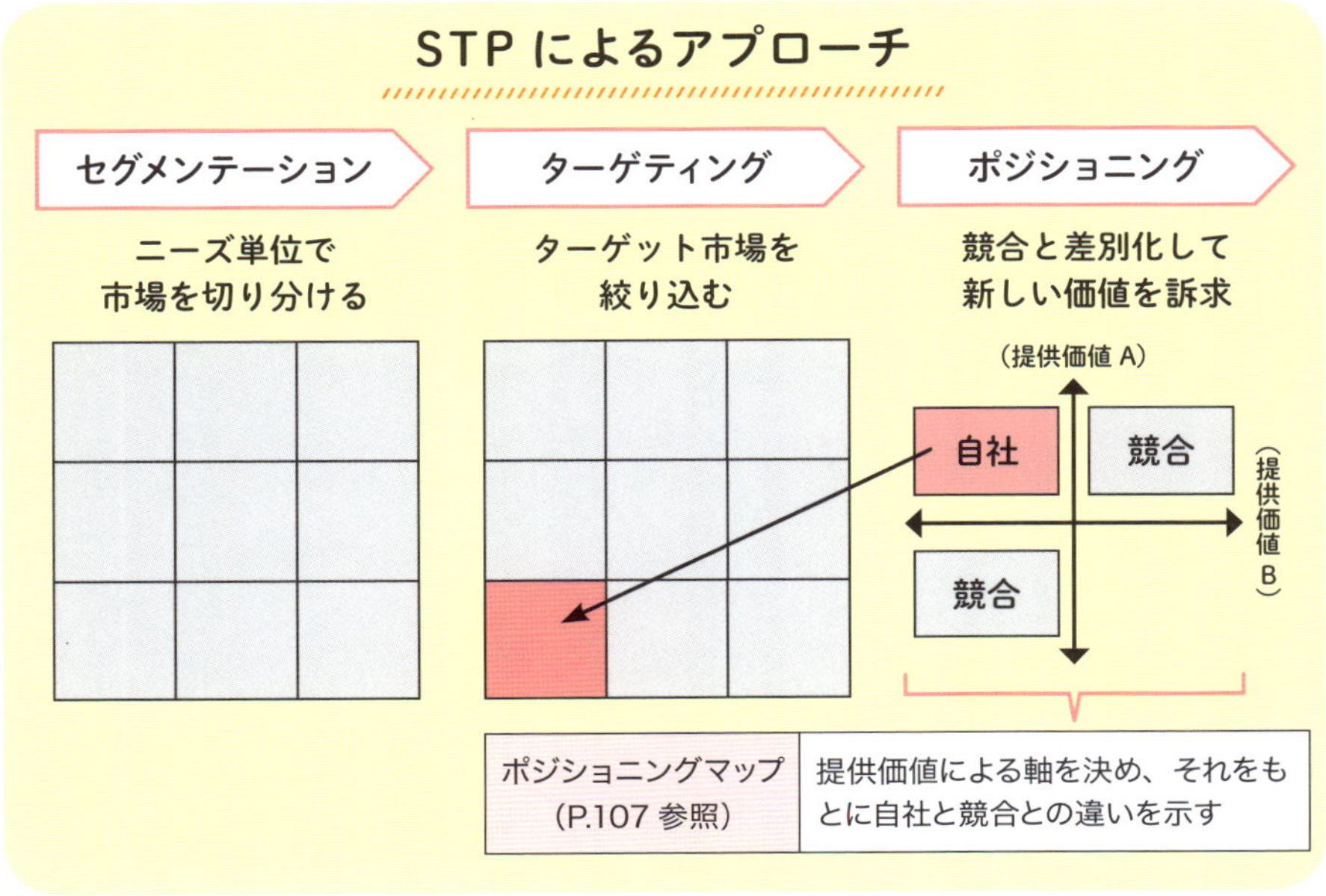

絞り込む切り口を検討する

顧客の仮説づくりは「どんな人・地域・時期などを狙うとニーズを満たせるのか」といったことからスタートします。ここで重視するのは「**セグメンテーションの切り口**」です。セグメンテーションでは、消費者であれば性別、年齢、居住地、可処分所得、興味・関心など、法人であれば業種、規模、展開地域、経営課題などが一般的によく使われます。ただし、発想した事業アイデアに関して、セグメンテーションの切り口を検討する際には主に次の3点を考慮しなければなりません。

①その切り口で**ニーズのある顧客とない顧客の切り分け**ができること（「感度のよい切り口」といいます）
②切り分けた**顧客にアクセスする方法**があること
③単一の切り口では絞り込みが不十分になるため、**複数の切り口を組み合わせる**こと

たとえば「海外滞在型リゾートツアー」の事業アイデアなら、そのターゲット顧客は資金と時間があり、旅行好きであることが求められます。ただし、労働所得が多い顧客では働く時間が必要ですから、不労所得の多い富裕層でなくてはなりません。さらに、読む旅行雑誌のタイプがわかれば、広告出稿なども検討できます。

顧客を絞り込まないことの弊害

この顧客の絞り込みが不十分なせいで、検討がうまくいっていない事例が多く見られます。ビジネスですからできるだけ多くの売上を上げたいわけですが、**絞り込むと市場は小さくなります**。それを避けようとして中途半端に市場を広げてしまうと、適切な絞り込みではなくなってしまうのです。

絞り込みが必要な理由は、**それぞれの顧客のニーズが異なるから**です。それを絞り込まないと、さまざまなニーズが混在することになり、「結局ニーズがあるのかわからない」「どこから手をつけてよいのかわからない」「多様なニーズを取り込んだ結果、どの顧客も購入まで至らない」といったことが起こります。また、オペレーションやマーケティングの勘所も絞れず、費用対効果の悪い施策に資金を投入してコストがかさんでしまう可能性もあります。このようなことを起こさないためには、次節で解説する「**2段階のターゲティング**」が必要です。

一般的なセグメンテーションの切り口

	個　人	法　人
基本属性	性別、年齢、家族構成、 学歴、宗教　など	企業規模、組織タイプ、 社歴（伝統的 / ベンチャーなど）
経済的特性	収入・資産、可処分所得、 業種・職業、ライフスタイル	売上規模、収益性、保有資産　など 産業・製品、ターゲット顧客（B2B/B2C）
地理的特性	国・地域、 都心・郊外・過疎地　など	国・地域、 消費地（近郊・遠隔地）　など
行動特性	重視する価値、市場での影響力、 購入スタイル（つど購入 / まとめ買い）	戦略方針、市場での影響力、 意思決定スタイル、発注スタイル
購買特性	ロイヤリティ、知識格差、切迫度、 購買頻度、購買経験、購買契機	ロイヤリティ、知識格差、切迫度、 購買頻度、購買経験、購買タイプ

使い方

❶「感度のよい切り口」になっている　❷ 顧客への「アクセス方法」がある
❸「複数の切り口」を組み合わせる

セグメンテーションの例

事業コンセプト

海外滞在型
リゾートツアー

● 期間：2か月
● 料金：300万円/人

顧客の仮説

富裕層
（資産３億円以上）

＋

時間がある
（リタイアメント）
（不労所得）

＋

旅行好き
（旅行雑誌の読者）

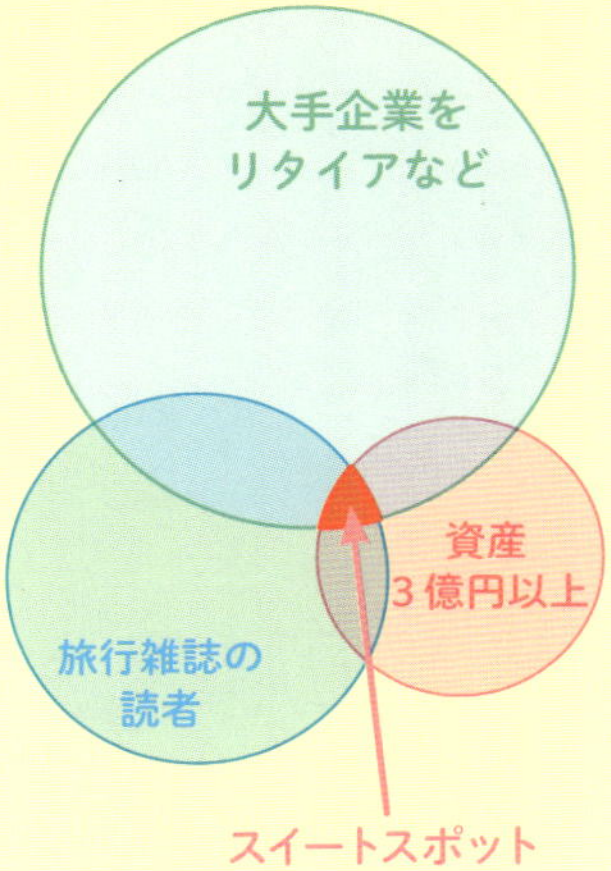

3

03 顧客市場を絞り込む②——2段階のターゲティング

事業のターゲットとなる顧客を絞り込むと同時に、事業の成長性を確保する必要があります。2段階のターゲティングでその両立を図ります。

ターゲティングを2段階で行う

顧客市場を切り分けるセグメンテーションができたら、次は顧客層を絞り込むターゲティングです。ここでは**ターゲティングを2段階で行う**ことで顧客の絞り込みと事業の成長性の確保を両立させることができます。

第1段階の「**初期ターゲット**」では、新しい価値を認めてくれる顧客市場に絞り込みます。ここでは市場規模の大小を気にする必要はありません。市場規模は小さくてもニーズが強くて顕在化させやすい、獲得による波及効果が期待できるといった観点で絞り込みます。事業を着実に立ち上げ、実績をつくることが目的です。

第2段階の「**成長ターゲット**」では、初期ターゲットでの実績やノウハウをもとに、一定の規模や成長性が期待できる市場に展開します。

まずはアーリーアダプターから切り崩す

初期ターゲットで狙うべきは「イノベーションの普及理論」でいう「**アーリーアダプター**」です。

アーリーアダプターとは、製品やサービスが出てきたとき、新しいからと避けることなく使ってみて、よければ周りに広めてくれる人たちです。市場にはアーリーアダプターが十数パーセント程度いるといわれています。このアーリーアダプターの影響により、それに続くセグメントであるマジョリティ層が動かされます。新規性の高い事業ほど、このアーリーアダプターを見つけてトライアル使用を促し、**その満足の向上により周りへの紹介や口コミなどを誘発させる**といった展開が基本です。小さい市場であれば、投資額も少なくて済みます。

このように、小規模でも実際に事業が始動すると、組織にはさまざまな「資源の蓄積」がされます。まず「**市場の存在証明**」と「**事業運営の実績**」が必要です。これがあることで、当面の投資や事業推進について、組織内の合意が得られやすくなります。

また、事業に必要な「**ノウハウや強み**」「**資産や組織**」も重要です。高い再現性で事業を運営でき、顧客に提供できている組織こそが事業の価値の源泉です。これらは始動して初めて生まれるものです。市場の大小にこだわって議論しているうちは何の実績も生み出せません。

ターゲットを絞り、実績をつくる

まず「初期ターゲット」で実績をつくり、そこから「成長ターゲット」に展開して育てていきます。最初から大きな市場を狙うと、ニーズの薄い人たちもターゲットとすることになり、効率が悪くなります。また事業開始当初は、まだ**技術や体制が不十分**で、多くの顧客のさまざ

2段階で行うターゲティング

② 成長ターゲット
- 大きな成長が見込める顧客市場
- 実績をもとにアプローチ
- 成長ストーリーをもとに展開

① 初期ターゲット
- 新しい価値を認めてくれる顧客市場
- 実績をつくりやすい、ハードルを乗り越える
- 波及効果が期待できる

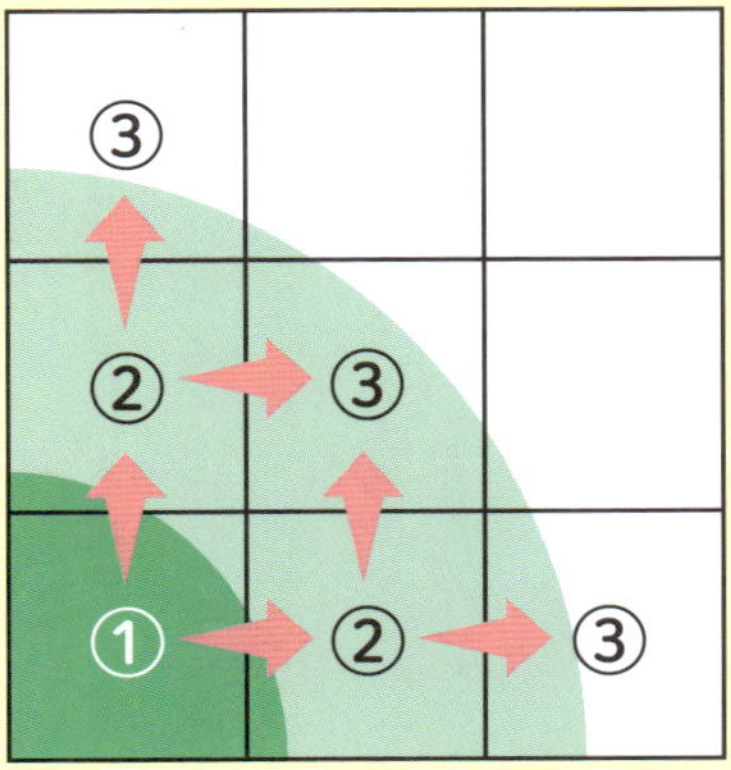

☑ まず絞り込んだ市場で実績をつくる
☑ 次のターゲットをその周辺市場に拡大させ、事業成長を目指す

まな課題やニーズのすべてに対応することは困難でしょう。その場合、**対象や課題を絞り込んだほうが解決しやすい**ことがあります。たとえば、世の中のいじめ問題をすべて解決することは困難でも、地域、施設、学年、状況・原因、個別事例などに絞り込めば、有効な方法を見つけやすくなるでしょう。

本当に必要な人とその属性を見極め、事業内容を適合させることで、使ってもらえる確率を上げていきます。そのプロセスで得た実績やノウハウをもとに、大きな成長が見込める「成長ターゲット」に展開していくのです。

まったく新しいサービスには懐疑的な目を向けてしまう一方で、実績が出てよい評判が聞こえてくると、「そんなに実績があるのなら使ってみようかな」と思いはじめるというのはよくあることです。

成長ストーリーをつくる

2段階のターゲティングは、次のような多くの成功事業で見られます。

- **アマゾン：**書籍EC（専門書）→エブリシングストア
- **フェイスブック：**学内サイト→世界最大の実名SNS
- **テスラ：**超高級スポーツカー→高級セダン→低価格車

アマゾン立ち上げ期の最大の課題は「クレジットカードの登録」でした。まだEC自体がない時代で、名前も知られていない企業では誰もカード登録をしてくれません。そこで当時のネットユーザーの大半を占めていたエンジニアや研究者、医学関係者などの最大の悩みである「専門書がすぐに買える」という価値に集中。どうしても必要なサービスとしてカード登録の壁を突破しました。

フェイスブックも同様で、同社はまず大学生向けの交流サイトからスタートしました。当時はインターネットで個人情報を公開するのは危険とされており、SNSも匿名サイトばかりでした。しかし、同じ学内の学生なので個人情報を公開する抵抗が小さく、また若者なのでリスク意識も低かったのでしょう。実際に使ってみると実名制のメリットが評判になり、全米に広がる間に同社はプライバシーポリシーや情報管理機能の実装、トラブル発生時の対処法を確立し、目途が立った段階で一般ユーザーに開放して世界中に広がりました。

初期ターゲットと成長ターゲットをイメージし、それをつなぐ「成長ストーリー」をつくったということです。

アーリーアダプターから切り崩す

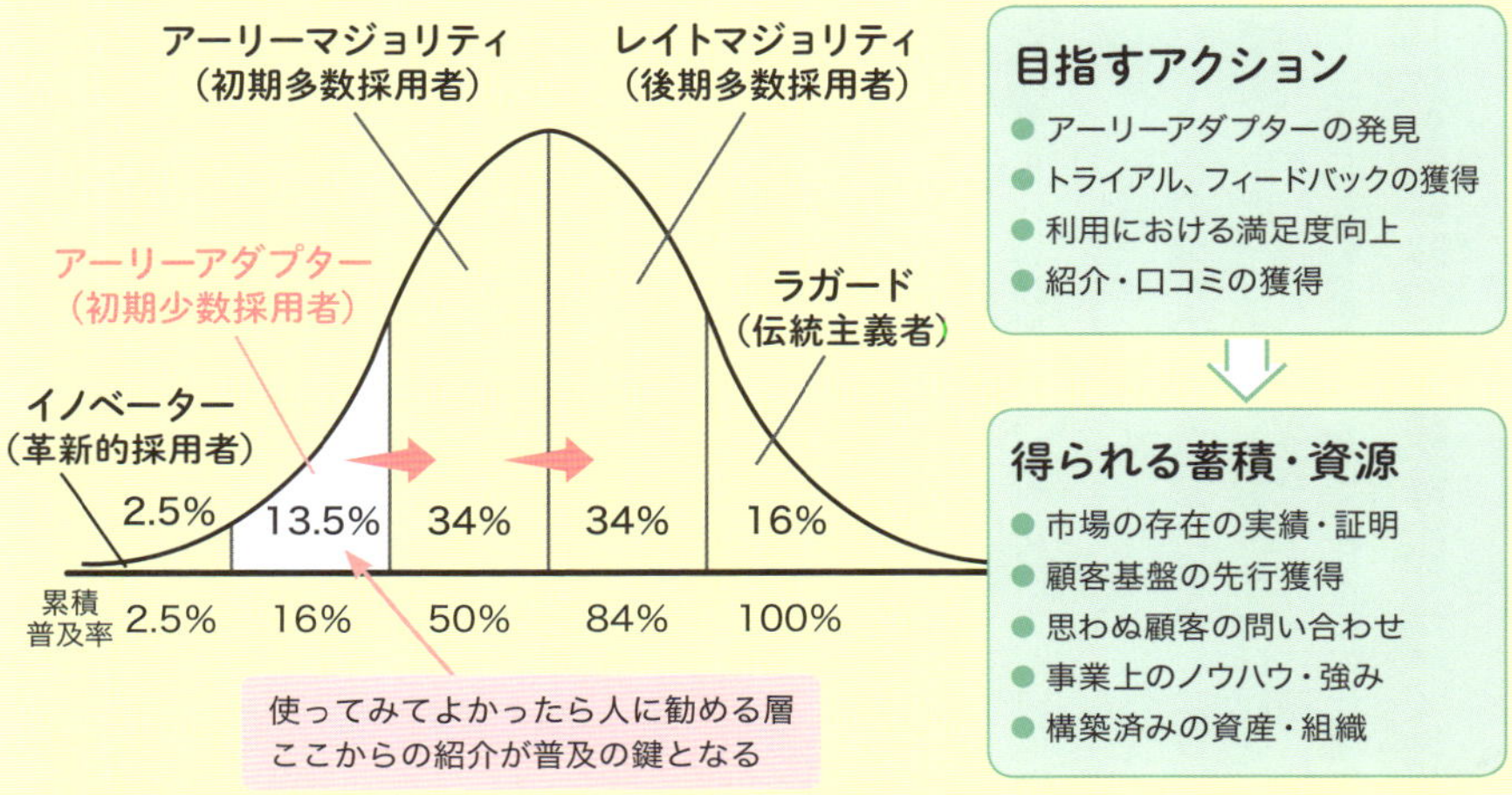

出典：エベレット・ロジャーズ『イノベーションの普及』（翔泳社）を参考に作成

成長のストーリーを描く

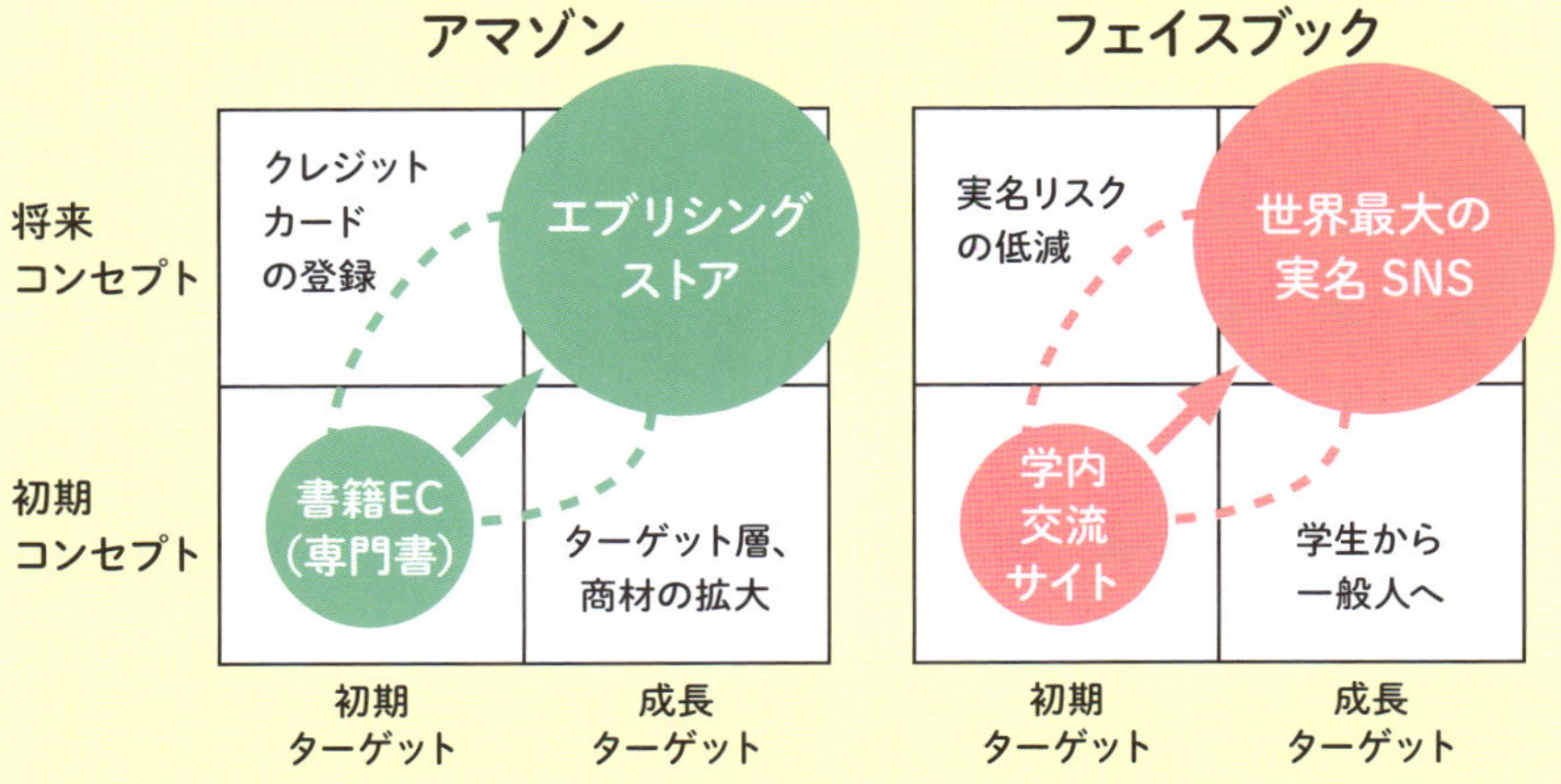

☑ 絞り込んだ初期市場で課題を突破して実績をつくる

3

04 翻訳アプローチで顧客の仮説を立てる

顧客市場の絞り込みにおいては、具体的な顧客の仮説を立てることが重要です。その際に有効な手法が「翻訳アプローチ」です。

ニーズのありそうな顧客候補を見つける

セグメンテーションでは、**ニーズのある顧客がしっかりと切り分けられている**ことが重要です。89ページで紹介した一般的な切り口は、初期ターゲットの仮説を議論するには便利ですが、実際の検討ではもっと具体的な定義が求められます。たとえば「働く女性」といえば、一定のニーズの傾向は把握できますが、個別アイデアへのニーズの有無はそのなかでも違いがあるでしょう。

そこで有効な手法が「**翻訳アプローチ**」です。これは、製品やサービスに対する顧客ニーズをもとに、**抽象的なセグメントから具体的でアクセス可能なセグメントに翻訳する**というものです。たとえば「カフェイン入りのガム」という事業アイデアなら、「カフェイン入りのガムを求めるのはどんな人か」と考えて翻訳するのです。思いつくものとしては「眠気を抑えたい人」ですが、さらに具体的に「眠気を抑えたい人はどんな人か」と翻訳を重ねていきます。そうすると、「長距離トラックの運転手」や「受験生」などが顧客候補として出てきます。

このように、「その事業アイデアはどんな人が求めるのか」と翻訳を繰り返すことで、**ニーズのある顧客の仮説をできるだけ具体的に立てていく**のです。

顧客候補にヒアリングに行く

ここまで具体化できたら**ヒアリング**に行くことができます。長距離トラックの運転手には、サービスエリアや運送会社に行けば会えそうです。受験生には、予備校や模試の会場に行けば会えるでしょう。商品サンプルを渡すなどテストマーケティングもできるかもしれません。

できるだけ早い段階でターゲット顧客の仮説を立ててヒアリングに行くことは、事業開発を円滑に進めるうえで必要不可欠です。その顧客を理解すると同時に、そのアイデアが有効かを確認するためには、実際に**ターゲット顧客に事業アイデアをぶつけてみる**ことが大切です。翻訳アプローチを使って具体的なターゲット顧客を挙げ、実際に聞きにいくというように、アクションをつなぎながら、事業開発のステップを進めていくわけです。

翻訳アプローチの進め方

翻訳アプローチは次の順序で行います。

①その事業コンセプトの特徴は何か

事業アイデアを発想したときに思い浮かんだ**利用シーンや機能、価値**などを思い出して言語化します。

②その特徴を求めるのはどんな顧客か

まず抽象的な表現でよいので数を出し、**セグメンテーションの切り口や5W1H**（いつ・どこで・誰が・誰に・

翻訳アプローチによるターゲティング

製品・サービスへのニーズや価値観を、抽象的なセグメントから具体的でアクセス可能なセグメント（現実的セグメント）に翻訳する

何を・どうやって）などを参考に具体化します。

翻訳アプローチを行う際には、その時点である程度、顧客イメージが頭に入っている必要があります。消費者向けの場合は日常生活で見聞きしたことや自分自身が当てはまることがあるかもしれませんが、法人顧客向けの場合は世の中のさまざまな業種や職種の状況がすっと思い浮かぶ人は少ないでしょう。そこで、企業の業種分類や業務タイプのリストを見ながら発想します。

たとえば、「会社四季報」の業種分類や個別の上場企業のページをめくり、事業アイデアを思い浮かべながら**顧客になる可能性があるのかどうかを考えます**。全上場企業とその情報が載っているので、顧客となる業種や職種の候補を見逃すリスクを抑えることができます。そして出てきた顧客候補を、ニーズの明確さやアプローチのしやすさ、実現ハードルの高さなどの取り組みの優先順位を想定して、取り組みやすいものから難しいものへ、**時系列で並べていきます**。そうすることで、初期ターゲットから成長ターゲットに至るロードマップの原案が設計できます。これらはアイデアの発想と同様に、グループでのワークショップ形式などで行うのがおすすめです。

顧客の構造を考える

ターゲット顧客を洗い出す過程で、「**顧客の構造**」が見えてきます。顧客は、ターゲットとする市場のなかにさまざまな形で存在します。

まずは**「顧客」と「顧客の顧客」に分かれる**ケースです。つい直接の「顧客」に意識が向きがちですが、直接の顧客にとって重要な「顧客の顧客」を直接理解して事業を設計する必要があります。

次に、**顧客が「支払者」と「受益者」に分かれる**ケースです。たとえば民放テレビでは、受益者である視聴者からは対価をとらず、無料にして視聴を拡大させることで、商品認知などを期待するスポンサーからの収入を確保するというものです。

最後に、**顧客同士が取引を行う**ケースです。メルカリなどがその代表例です。提供価値は取引の密度、つまり取引成立が期待できることにあるため、同時に集客するなどの工夫が必要です。

翻訳アプローチを検討するなかで顧客の構造などをイメージし、事業の骨格を考えていきます。

捉えておくべき「顧客の構造」

①「顧客」と「顧客の顧客」（直列構造）

「顧客」の先の「顧客の顧客」を想定して事業を構築
例：多くの法人事業など

▼

「顧客の顧客」を優先して理解、それを踏まえて「顧客」に提案

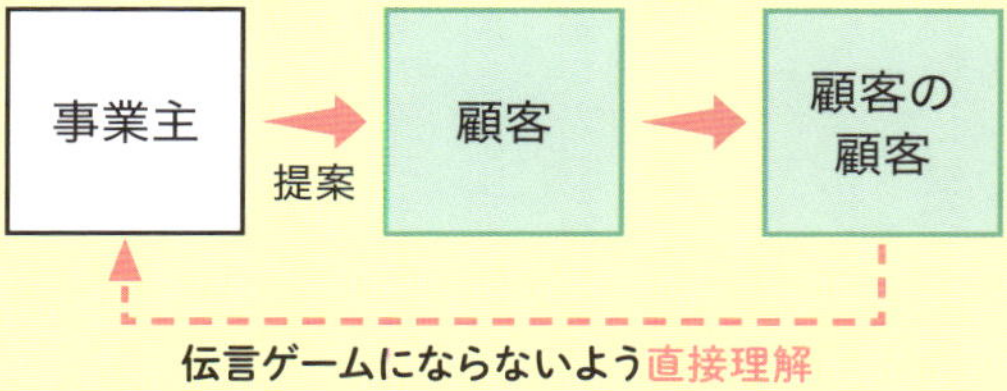

② 支払者と受益者（並列構造）

顧客が「支払者」と「受益者」に分かれる構造
例：メディア、福利厚生、教育など

▼

「受益者」を優先して理解・獲得し、「支払者」に価値を提供

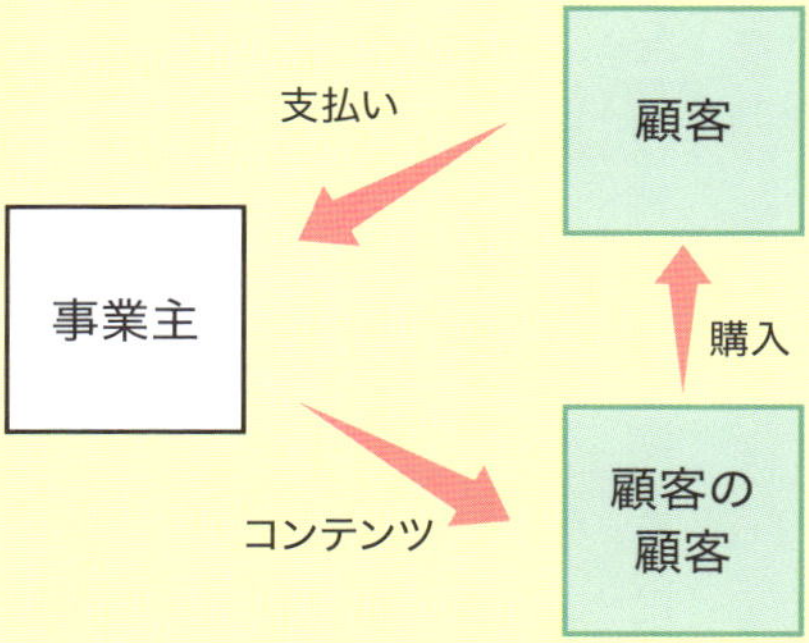

③ 顧客間取引（仲介構造）

顧客同士をつなぎ、その間の取引を活発化させる

▼

取引の密度を高めるため、多くの顧客を同時に集める必要がある

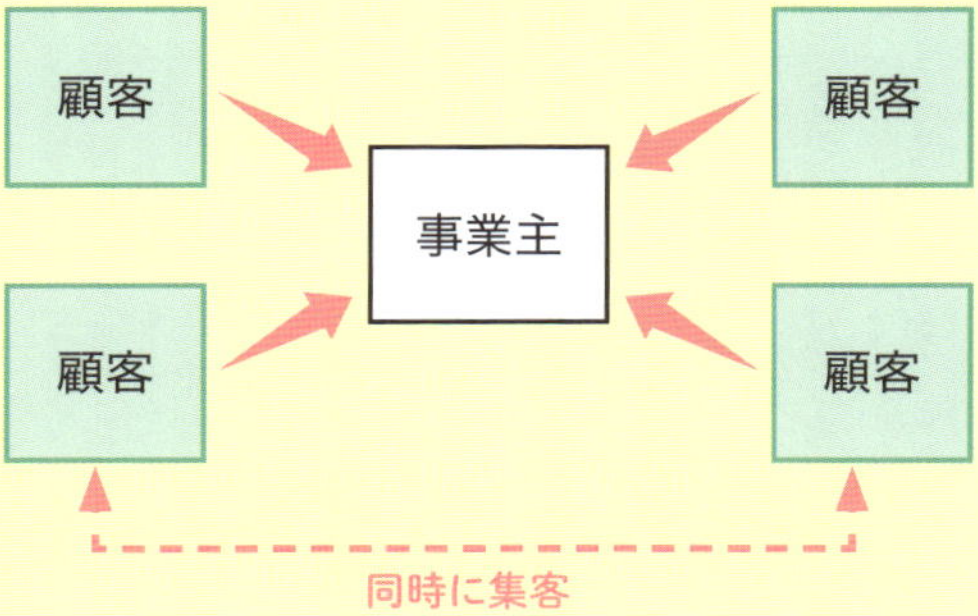

3

05 提供価値を明らかにする

顧客に「何を提供するのか」は、製品やサービスを説明するだけでは不十分です。顧客にとっての「価値」を明らかにしていきます。

顧客は「価値」を買っている

「誰に提供するのか」と同時に考えなければならないことは「**何を提供するのか**」です。これには、**製品・サービスそのもの**、**具体的価値**、**根源的価値**の3つのレベルがあり、検討の際はその深さを意識する必要があります。

22ページで紹介した「ドリル機」の例で説明すると、売る側はドリル機を売っているつもりですが、顧客は「穴を開けること」を求めてお金を支払うわけです。本来、顧客が穴を開けることで「何をつくりたいのか」（具体的価値）によって売るべきものは異なり、つくったもので「何を実現したいのか」（根源的価値）を考えることで、さらに新しい機会の発見につながります。

この3つのレベルでは、具体的価値で定義することがポイントです。製品・サービスそのものでは顧客の観点が不足しますし、根源的価値では抽象的すぎます。

提供価値の3つのタイプ

提供価値をタイプで見ると、「**機能的価値**」「**心理的価値**」「**経済的価値**」の3つがあります。

機能的価値は、製品・サービスの機能やスペックです。たとえば、「この自動車の最高速度は時速250km」といったものです。しかし、日本でそんなスピードを出すことはできないので、その速度に実利的な価値はありません。それでも、高額な自動車を購入する人がいるのは、心理的価値があるからです。「あんな自動車に乗っていてスゴイ」「お金持ち」と他人に思ってほしいのです。それを所有することで得られる**満足感や自己実現にお金を支払っている**わけです。

３つめの経済的価値は、収入増加やコスト削減、効率向上などです。「儲かる」ことは万国共通の価値ですから、顧客を動かすインパクトになります。

これら３つのうちで重要なものは、心理的価値と経済的価値です。既存のサービスであれば、顧客にも知識があるので、機能的価値だけを表現してもそれが自身にどんなメリットがあるのか、顧客側でイメージできます。しかし、新規性の高いものはそうならず、この**機能的価値が顧客の経済的・心理的価値にどうつながるのか**を、売る側が具体的に示す必要があるのです。

顧客の絞り込みとその理解が不可欠

ここで難しいのは、機能的価値は顧客が誰でも変わりませんが、**経済的価値や心理的価値は顧客によって内容や程度が大きく変わる**ということです。たとえば、生産工程の検査効率を向上させる測定機器を考えてみましょう。機器自体は同じでも、大工場で生産規模が大きく、

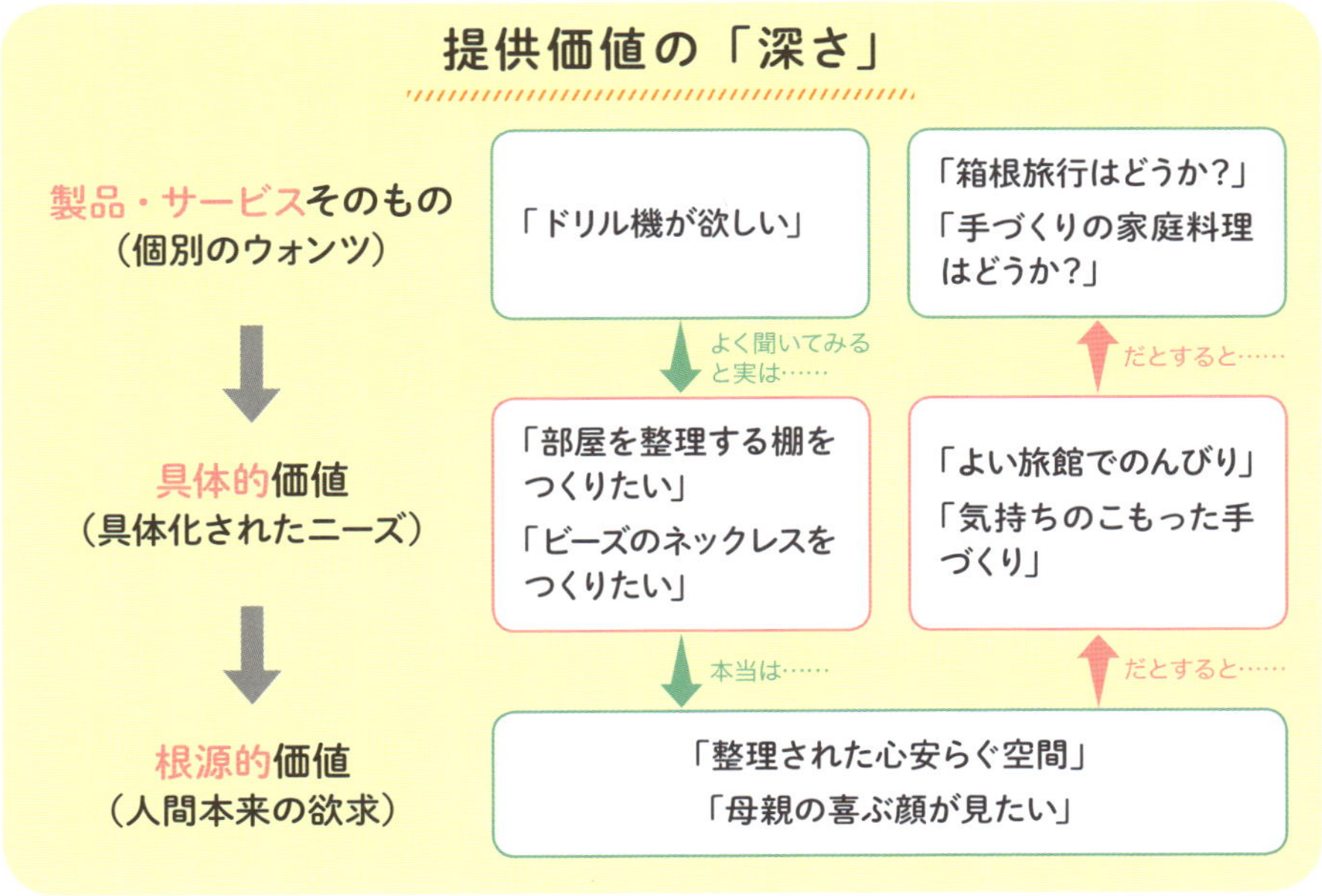
提供価値の「深さ」

製品・サービスそのもの
（個別のウォンツ）

具体的価値
（具体化されたニーズ）

根源的価値
（人間本来の欲求）

「ドリル機が欲しい」

よく聞いてみると実は……

「部屋を整理する棚をつくりたい」

「ビーズのネックレスをつくりたい」

本当は……

「整理された心安らぐ空間」

「母親の喜ぶ顔が見たい」

だとすると……

「よい旅館でのんびり」

「気持ちのこもった手づくり」

だとすると……

「箱根旅行はどうか？」

「手づくりの家庭料理はどうか？」

作業員もたくさんいる場合と、そうでない小さな工場の場合では、その機器が生み出す効率向上やコスト削減の効果が大きく変わることは想像できるでしょう。ここでも**セグメントの明確化や絞り込み、顧客の理解が重要**なのです。顧客がどんな状態にあるのか、業務の進め方やコストのかけ方、そういった点がわかって初めて、このサービスやプロダクトの価値を明確にできます。

できる営業担当者の条件のひとつに、**顧客の代わりに社内稟議書《りんぎしょ》が書ける**というものがあります。稟議書には「これを導入したい」→「費用はこれだけかかる」→「一方、売上がこう上がる、コストがこう下がる」→「だからすぐに回収できる」などと書くわけです。つまり、顧客のビジネスのあり方やコストのかけ方について深く理解していないと書けないのです。顧客への提供価値を明確にするためには、まずその顧客を明確に理解できていることが必要というわけです。

提供価値を顧客の言葉で表現できるか

そのうえで、その**提供価値を顧客の言葉で表現**します。たとえば高齢者に、「〇万画素のカメラ」と説明してもピンとこないかもしれませんが、「運動会で走っている遠くのお孫さんがきれいに撮れます」といえば随分反応が違うはずです。そのほか、「1千曲をポケットに」（アップル・iPod）、「すべての書籍を60秒以内に入手できるようにする」（アマゾン・キンドル）などは顧客の利便性がすぐにイメージできるメッセージです。このような簡潔な表現は、ほかの人にも伝えたくなり、口コミの拡散効果も期待できます。価値の表現のしかたは、特に意識する必要があります。

提供価値を考えるフレームワーク

最後に、提供価値を考えるフレームワークをいくつか紹介しておきます。「**バリュープロポジションキャンバス**」は、価値を「ペイン（悩み）の解消」と「ゲイン（利得）の獲得」に分けて検討するものです。また「**消費財の4C**」として「カスタマーバリュー（顧客価値）」「コスト」「コンビニエンス（利便性）」「コミュニケーション」、「**産業財のQCDS**」として「クオリティ」「コスト」「デリバリー」「サービス」などが挙げられます。これらのフレームワークをヒントに提供価値を考えてみましょう。

提供価値の「タイプ」

機能的価値

機能、性能、品質、価格、情報、
信頼性、保証など

経済的価値

消費財
- 費用節約、時間短縮
- 収入増、資産継承
- モチベーション、健康維持　など

産業財
- 売上（価格×顧客数）、品質、ノウハウ
- コスト・労力削減、時短・迅速化
- 需要予測、予兆検知、安定稼働
- 成果保証、株価向上　など

心理的価値

消費財
- 安全、安心、癒やし
- 満足感、優越感、娯楽、美観
- つながり、帰属意識
- 自己表現、自己実現　など

産業財
- 環境対応、ブランド力向上
- 事故・盗難防止
- 不正防止、訴訟リスク減　など

バリュープロポジションキャンバスとは

提供価値を「ペイン（悩み）の解消」と「ゲイン（利得）の獲得」に分けて検討する

顧客セグメント
“ 仮説をもとに下に展開する ”

- ① 顧客が解決したい課題
- ② 顧客のゲイン（利得）
- ③ 顧客のペイン（悩み）

顧客への提供価値
“ 仮説をもとに下に展開する ”

- ④ 製品やサービス
- ⑤ 顧客のゲインをもたらすもの
- ⑥ 顧客のペインを取り除くもの

② ⇔ ⑤、③ ⇔ ⑥

出典：アレックス・オスターワルダー『バリュー・プロポジション・デザイン』（翔泳社）を参考に著者作成

3

06 提供価値を具体化する

提供価値を具体化するには、まず「カスタマージャーニー」で顧客行動を観察・理解することが大切です。

顧客の視点で考える

顧客の視点で価値を考えるにはどうしたらよいでしょうか。測定機器やファクトリーオートメーション機器を提供しているキーエンスは「**パーチェスポイント**」を重視しているそうです。セールスポイントは「売り込みたい機能」（機能的価値）ですが、パーチェスポイントはこれを「**顧客の購入理由」（経済的・心理的価値）として翻訳**したものです。「着脱可能」「高精度」などは機能ですが、断線時に短時間で交換できるので「生産ラインを止めなくていい」や、高精度で不良品を防げるので「顧客のクレームが減る」ということは「顧客の視点による価値」です。

売る側が伝えなくてはならないことは「売る側が何を提供できるのか」ではなく、「**顧客が何を受け取りたいのか**」ということです。これにより、顧客に寄り添った製品・サービスの企画やそのレベルアップにつながるのです。

顧客行動を理解する

顧客への提供価値を明確化するために重要なことは**顧客行動の理解**です。顧客の仮説を立てた段階では、その顧客について、ほとんどわかっていないことが多いでしょう。その顧客が実際にどんな行動をとっているのか、どんな業務にどれくらいの人員やコストをかけているのか、それにより売上や利益がどれくらいあるのかといったことをしっかりと理解する必要があります。

先ほど挙げたキーエンスでは、営業担当者が顧客の現場に密着します。ヒアリングや打ち合わせはもちろん、デモ機も渡すだけではなく、実際に持ち込んで実演します。そうすることで、どんな検査にどれくらいの工数をかけているのか、漏れが発生するとどれくらいのクレームがあり顧客を失うリスクがあるのかがわかり、不良品や顧客喪失の低減、コストの低減、納期の短縮など、経済的価値を定量化するための情報が揃います。

このような情報があると、**顧客側の経済的価値を理解した価格設定**が可能になります。さらに、他社・他業界の製造現場の優れた検査方式などがわかっていれば、それとの比較により、顧客自身も気づいていない**潜在ニーズを見つける**ことにもつながります。

顧客を観察するカスタマージャーニー

このように、顧客行動を理解し、課題を見つけ出す手法が「**カスタマージャーニー**」です。ポイントは、**何らかの仮説や問題意識をもって顧客を観察する**ことです。

たとえば、アマゾンが登場する前は、本を買うのに書

顧客の視点で価値を言い換える

	セールスポイント		パーチェスポイント
生産ライン用センサー	着脱交換が簡単にできます！ これまでより検知精度を高めました！ 汚れ防止コーティングをしています！	▶	断線時のライン停止が短時間で済む 不良品を防ぎ顧客のクレームが減る メンテナンスフリーで省人化できる
家庭用エアコン	赤外線センサーで床の温度を測ります！ 機器内の清潔さを自動で保ちます！ 冷房と暖房を自動で切り替えます！	▶	家族に暑がりも寒がりもいるから助かる カビくさくないので子どもも安心 面倒くさくないからいいね

店巡りをすることが当たり前でした。そうした時代に「本の購入で困っていませんか？」と聞いても、「書店に行って本を買うのが不便」などという答えは返ってきません。「それはそういうもの」であったからです。

しかし、アマゾンはインターネットで何かできないかと考えます。そのうえで、本を買う人の行動を改めて観察してみると、さまざまな妥協点が見えてきました。そこから、当時のインターネットの初期ユーザーであったエンジニアや研究者の最大の困りごととして「専門書が見つからない・買えない」ということが特定できたのです。それらは物理的な書店を前提とすると「しかたがない」と妥協するしかないのですが、オンライン検索、巨大な物流倉庫、配送網を組み合わせると、解決策（バリューチェーン）が見えてきます。

顧客理解によるこの気づきがなければ、「世界最大の書店、欲しい本が必ず見つかる」という価値を掲げることはなかったはずです。経営資源のない創業当初に膨大な品揃えを実現するのは大変なことであったでしょう。しかし、これが「顧客価値の生命線である」という理解があったので、ブレずに取り組めたわけです。

もし彼らが販売量の多いタイトルなどに絞っていたら、アマゾンは立ち上がらなかったでしょう。そこには見知らぬ企業のサービスに自分のクレジットカードを登録してもよいとまで思わせる**真剣な困りごとはない**からです。

第三者の視点で顧客を観察する

顧客の行動や業務などは、その業務が発生した時点での**技術やインフラなどの制約を受けます**。その後の環境の変化で新しいやり方が生み出されていきますが、多くの顧客は技術やインフラの専門家ではありませんから、そのままのやり方を続けている例がほとんどです。

そこに、第三者である皆さんが初期のアイデアや環境の変化、他業界の事例を念頭に、これまでのやり方を続けている顧客の行動や判断を詳細に観察・理解し、そこに具体的な価値提供の機会を見つけるわけです。

このようにすることで、アイデア段階では「利便性向上」「業務効率化」といった抽象的な提供価値のイメージが、「専門書が必ず入手できる」、「5人分の工数が減る」といった具体的価値に特定できるのです。

カスタマージャーニーで気づきを得る

- 第三者の視点
- 問題意識
- 環境変化
- 他社事例

カスタマージャーニーでギャップ、気づきを得る

アマゾン創業時の例

本を買う人が経験するプロセス（インターネット普及前）

初期顧客の行動・判断	出かける	書店を選ぶ	店頭で本を探す	本を買う	持ち帰る	読む	本の感想を伝えたい	次の本のニーズが生まれる
見つけた妥協点	時間がない、面倒	よい書店が近くにない	欲しい本が見つからない	値段が高い	重い、面倒		伝える相手や場がない	関連書は自分で調べる
インターネットを使えば……	自宅で購入可能		圧倒的な品揃え 検索・推薦機能		宅配		読者の書評コーナー	おすすめ新刊お知らせ

初期顧客であるエンジニアや研究者の最大の悩みごと

3

07

ポジショニングを明らかにする

新しい事業を世の中に広めるためには、競合や代替品との差別化を図ることが必要です。ポジショニングで独自の提供価値を見つけましょう。

差別化できる提供価値を見出す

次はSTPの最後である「**ポジショニング**」です。ポジショニングのフレームワークのひとつである「**ポジショニングマップ**」は、自社の製品・サービスと競合・代替品との違いを、顧客への提供価値（ベネフィット）の観点から示したもので、2軸を組み合わせて自社と競合の位置付けを表現します。ここでのポイントは、次の3点に合致するベネフィットの軸を見つけられるかどうかです。

①ターゲット顧客が魅力を感じる
②競合が対応していない・できない
③自社が提供できる・その見込みがある

まず重要なのは、「**ターゲット顧客が魅力を感じる**」ことです。「低価格」は多くのビジネスで重要な価値ですが、たとえばベンツのポジショニングの軸としてはふさわしくありません。ベンツの顧客は高くても「高級感」や「居住性」を求めるのです。これにより、競合も変わってきます。低価格車は競合ではなく、ほかの高級車と価格とは**別の提供価値でどう競争するのか**を考える必要があります。

またテスラのように、競合がすぐに対応できないような軸を実現することで、市場での独自のポジションを築くことも可能です。ここでユニークな軸が出てこないとすれば、顧客の絞り込みやカスタマージャーニーによる顧客理解が不十分なのかもしれません。

戦略キャンバスで考える

2軸で表現するポジショニングマップのほか、3つ以上の提供価値を検討する「**戦略キャンバス**」もあります。たとえばQBハウスは、1000円・10分のヘアカットを売りに全国規模のチェーン店になりました。戦略キャンバスでは、横軸に提供価値の仮説として価格や待ち時間などを並べ、各項目の高低をプロットし、それらを結んで折れ線にします。これを「バリューカーブ」といいますが、一般的な理髪店とは明確に異なります。

これは初期ターゲットを「**時間のないビジネスパーソン**」と「**お金のない学生**」に絞ったからです。もし顧客を絞らずにヒアリングしたら、「きちんとセットしてほしい」「髪を洗ってほしい」など、一般的な理髪店への要望に埋もれてしまったはずです。さらに彼らは成長ターゲットを、**高齢者や親子連れ**に広げています。こういった保守的な層は、店舗数が拡大し、街でおなじみの店にならないと取り込めなかったのでしょう。

ターゲットを絞り込むことで提供価値が鮮明になって新しいビジネスが生まれ、さらにはそれが実績となって

競合・代替品とのポジショニングを考える

競合や代替品は何か、何の価値で差別化するのかを検討する

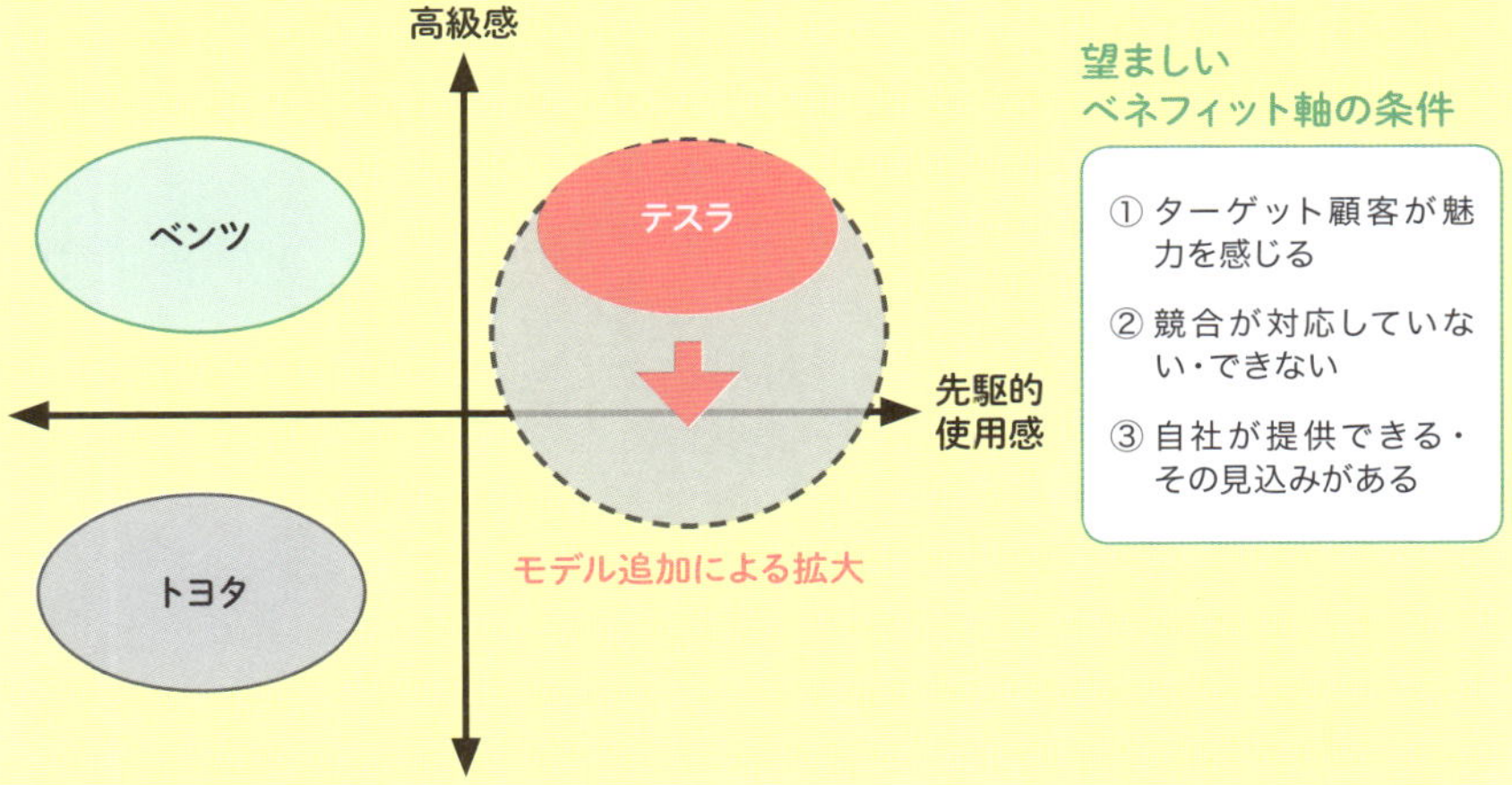

成長ターゲットに広がり、規模が拡大した例です。

競合・代替品との違いに注目する

実際に競合をリサーチすると、同じような事業を行っている企業が見つかるかもしれません。しかし、手遅れとあきらめる必要はありません。**事業開発の各ステップが1つでも違えば別事業**です。差別化のポイントは、似ているところではなく、**違いに注目する**ことです。競合が取り込めていない新しい顧客、同じ顧客でもこれまでにない軸、同じ軸でも運営の工夫で効率化、といったポジショニングやバリューチェーン、マネタイズモデルの違いで大きな成果を上げることが可能です。

先行者がうまくいっていてもいなくても、あきらめる必要はありません。実際、先行者が必ずしも勝つわけではなく、後発企業が成功する例は少なくありません。先行者の成功と失敗を分析し、事業検討に役立てます。同じところばかりに注目してチャンスを見逃さないようにしましょう。

また相手がスタートアップであれば、大企業としては提携やM&Aも考慮に入れます。資金や販路などスタートアップは足りないものだらけですから、お互いにメリットのある関係がつくれるかもしれません。

代替品の存在を忘れない

「**代替品**」は同じ顧客に同じ価値を提供する別の手段や業態のことです。たとえばマクドナルドの代替品にはコンビニ弁当、社員食堂、手づくり弁当といった、外食ではないが空腹を満たす手段を相手に、顧客ニーズを取り合っています。代替品があることで顧客がニーズを感じないケースもありますが、実はもっとよい代替品が提供されれば、妥協が解消されてあっさりと乗り換えが起こり、大きな市場獲得につながることも多いのです。

競合や代替品が存在する市場で顧客に選んでもらうためには、「**顧客に意味のある軸**」を改めて明確にしたうえで、新しい技術やインフラ、マーケティングやオペレーションの工夫をもとに、左図のようなアプローチで勝負することが重要です。これは立ち上げ期だけではなく、事業がうまくいくと既存の競合や新規事業者が類似の事業で参入してくる可能性が高まります。これについては第6章の「バリューチェーン」で解説します。

QB ハウスの戦略キャンバス

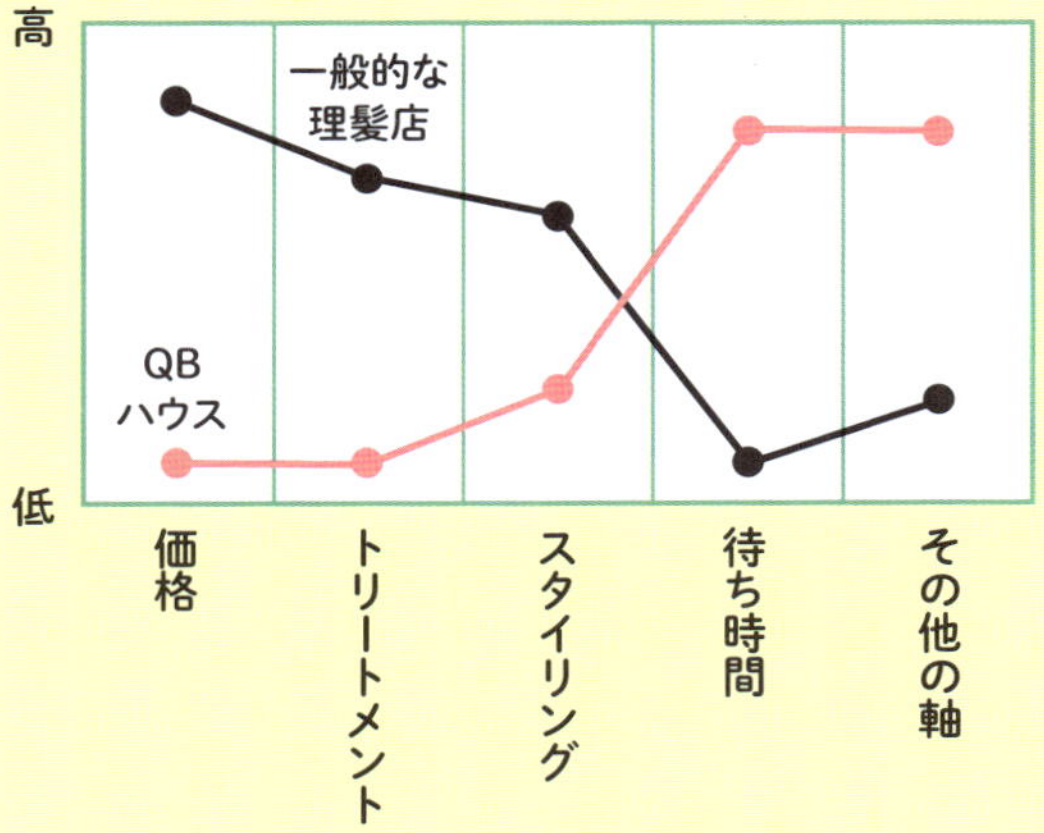

出典：W・チャン・キム、レネ・モボルニュ『[新版] ブルーオーシャン戦略』（ダイヤモンド社）を参考に作成

初期ターゲット

ターゲットを絞って明確な提供価値を実現

- 時間のないビジネスパーソン
- お金のない学生

▼

成長ターゲット

店舗網と実績をもって保守的な層に拡大

- 高齢者
- （親に連れられた）子ども

競合・代替品との違いを生み出すアプローチ

競合・代替品を捉える

うまくやっている競合

- ポジショニングや事業開発のステップでの差別化、対抗策
- スタートアップなら提携やM&A

うまくできていない競合

- 反面教師としてポジショニングや事業開発のステップに反映
- M&Aで資源を取り込む

代替品の存在

- カスタマージャーニーなどで顧客の妥協を見つける
- 代替品にない価値を訴求

ポジショニングの工夫の例

① 新しい顧客層を見つける

- ハイエンド → ローエンド（その逆）
- プロ → セミプロ、アマ（その逆）
- 未利用セグメント

② これまでにない軸で勝負する

- 妥協で気づいていなかった
- 競合が実現できない
- 真似をしたら損をする

③ 既存の軸で工夫する

- 圧倒的なレベル差
- 「合わせ技で一本」（高品質×低価格など）

08 市場規模を試算する

3

事業アイデアが具体化してくると、その売上規模の大きさも気になってきます。市場規模の見積りとともにざっと試算してみましょう。

売上規模のイメージをつかむ

事業アイデアが固まってきたら、それを実行に移すかどうかの判断基準が必要になります。そのひとつに**事業で期待できる売上や利益**があります。利益はステップ⑥「キャッシュフローモデル」で検討しますが、売上規模のイメージは早めにもっておきましょう。

たとえば、売上100億円の事業というと、どんなイメージでしょうか。売上規模は「**顧客数×客単価**」で計算されます。「顧客数」はターゲット顧客の設定によりますし、「客単価」は提供価値の大きさによります。10社から年間1社10億円を得ても、100万人から年間1人1万円を得ても100億円になりますが、それぞれの事業は大きく異なるでしょう。こうした売上規模のイメージと、これまでに検討してきたターゲット顧客やその提供価値を比較し、検討に値する事業になるのか、発展させるためにはどうすればよいのか、場合によっては事業コンセプトにまで立ち戻って考えることも必要です。

TAM、SAM、SOMによる推計

市場推計としてよく使われるようになった「**TAM**」「**SAM**」「**SOM**」について、その定義と計算のコツを紹介しておきます。TAMは、その事業が**関連する領域全体の市場規模**です。事業アイデアの聞き手が、その事業の関連領域をイメージしやすいように工夫します。SAMは、その事業が将来取り込める可能性のある**成長**

ターゲットを含めた市場規模です。そしてSOMは、当面ターゲットとする**初期ターゲットの市場規模**です。SAMとSOMでは、事業の検討を進めるうえで、ターゲット顧客の現実感や実現性を示したいところです。

たとえば、自宅を宿泊施設として提供するAirbnb（エアビーアンドビー）の例でいえば、TAMは宿泊予約市場全体、SAMはオンラインによる格安ホテルの予約市場、SOMは当時存在しなかった民泊の市場です。

実際の推計では、TAMやSAMでは既存の統計や調査が存在することが多く、それらを一部修正して使ったりすることができます。ただ、SOMレベルに具体化すると、既存のデータは存在しないことが多くなります。その場合は関連のありそうな統計データや調査レポートなどの数字を拾ったり、サービスシーンや提供価値を想定したりしながら推計することになります。

市場推計を3つのベースで試算する

市場規模の推計には、「**人数ベース**」「**件数ベース**」「**金額ベース**」の3つがあり、事業開発のステップの進捗によって使い分けます。市場とは顧客の集合体ですから、

そのアイデアの事業イメージをつかむ

その事業で売上100億円を達成するには？（顧客数×客単価）

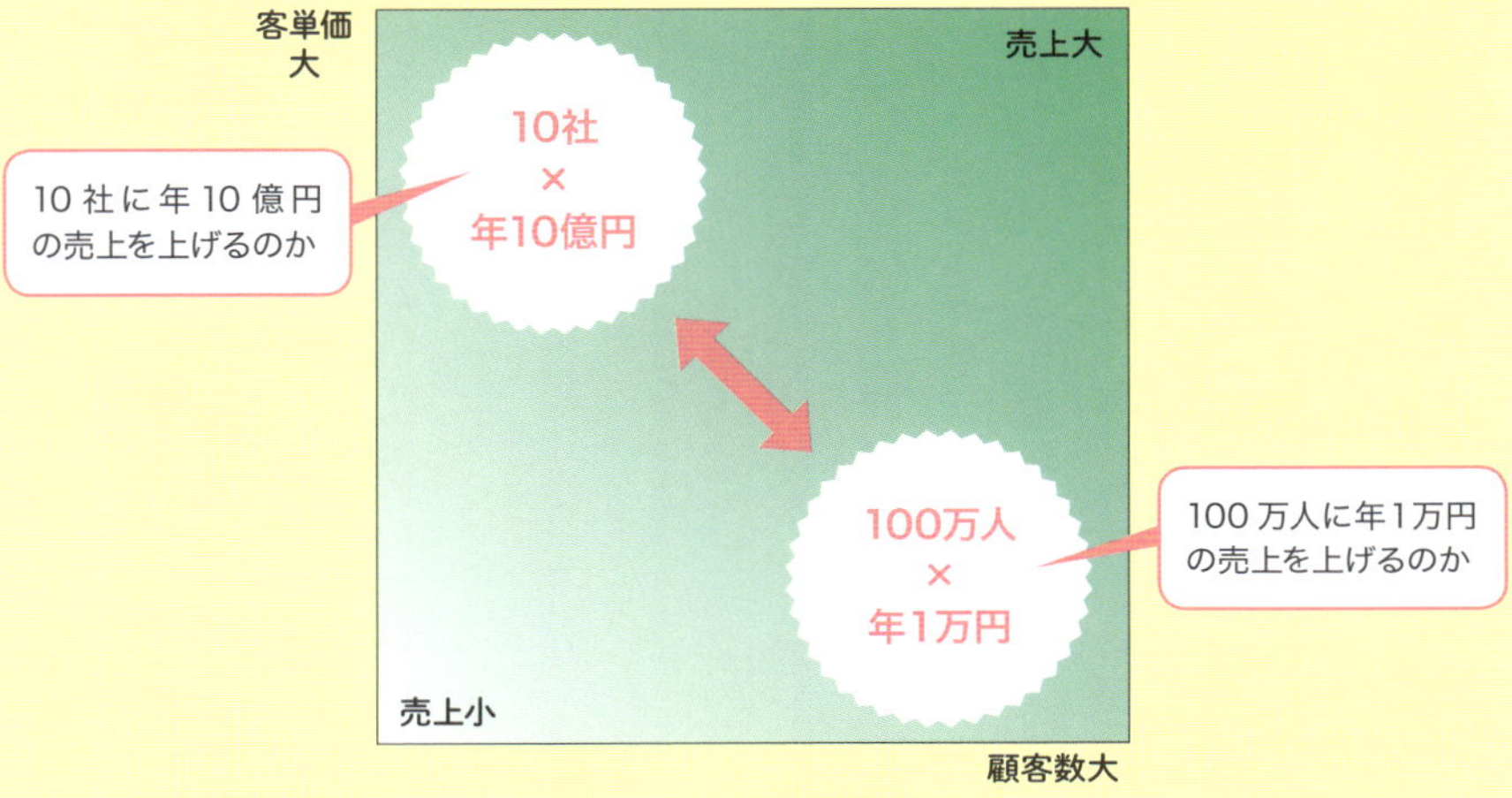

基本となるのは顧客数（人数）です。さらに事業によっては、1顧客が複数購入したり利用したりすることがありますから、この延べ件数を足し上げたものが件数ベースです。これに1件あたりの単価を掛けると、金額ベースの市場規模が算出されます。また、件数と金額を「客単価」としてまとめることもあります。

客単価となると、マネタイズモデル（いくら取るのか）が必要になりますので、顧客への提供価値を検討する時点では、あくまで**提供価値から想定した仮置きの数字で試算**し、見通しを確認することになります。もちろん、検討の進捗に合わせ、しっかりと試算の精度を上げていく必要があることはいうまでもありません。

潜在市場を深く開拓することを目指す

新しい取り組みを考える際、捉えるべきものは「**潜在市場**」です。潜在市場とは「顧客になる可能性のあるターゲットすべて」です。そもそも新しい取り組みは、市場での売上が立っていない状態ですし、既存事業で売上が立っていたとしても、**まだ掘り起こせていない市場や顧客層の開拓を考える**ことは成長戦略上とても重要です。

また「市場規模」と「事業規模」を混同しないよう注意しましょう。事業規模とは、**市場規模に自社シェアを掛けたもの**で、「売上規模」と同じ意味です。当該市場で自社シェアをどれくらい伸ばせるのかは、この後のマネタイズモデルやバリューチェーンなどの議論により、最終的には売上見込みとして「キャッシュフローモデル」で検討します。市場規模といいながら、自社シェアを掛けて小さくしてしまうことのないよう注意しましょう。

「小さい市場」を見誤まらない

ここで改めて強調したいのは、「目先の市場が小さい」からといって、その事業に魅力がないことを意味しているわけではないということです。

新しい取り組みから大きな市場を開拓するためには、**サイズは小さくても実績を積み重ねる**ことが重要です。

特定の顧客には通常と異なるニーズがあり得ます。そうした具体的で明確なニーズをもったターゲット顧客を見つけ、一点突破で実績とノウハウを蓄積し、それをもってヨコ展開をするという2段階のターゲティングで大きな市場を開拓していくわけです。

TAM、SAM、SOMによる推計の違い

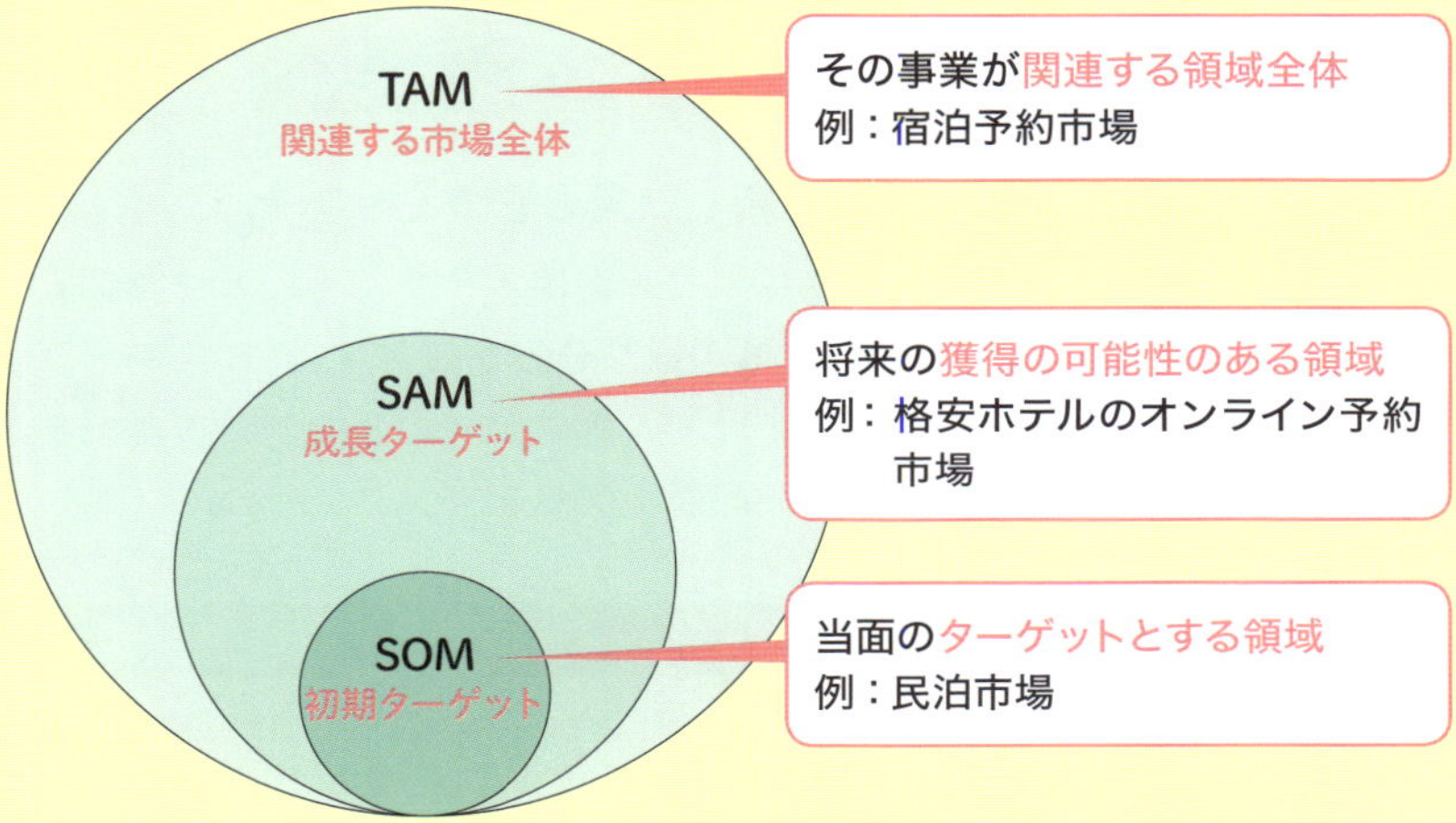

☑ 関連するマクロ数値がある場合は「トップダウン推計」
☑ 関連する数値がない場合は具体的な事業内容をもとに「ボトムアップ推計」

市場推計の3つのベースの関係

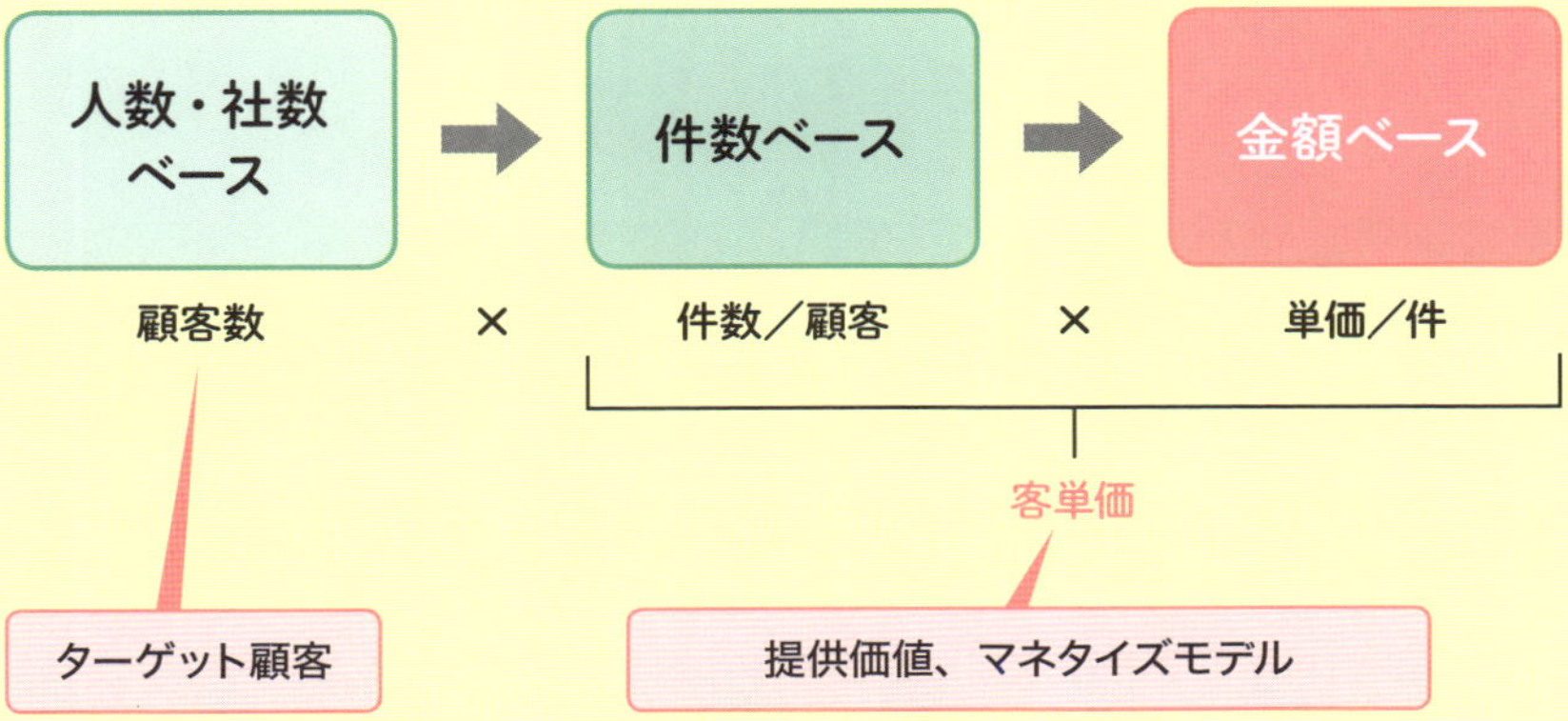

まとめ

誰にどんな価値を提供するのかを考える

既存の需要ではなく新しい需要をつくり出そう

事業アイデアが出たら、できるだけ早く顧客仮説を立て、ヒアリングに行けるようにしましょう。ターゲット顧客の絞り込みが鍵です。カスタマージャーニーによって顧客の理解を深めることで、提供価値の仮説が出てきます。競合品や代替品との違いも明確にする必要があります。

顧客ターゲット

ターゲット顧客の仮説を具体化する

- 翻訳アプローチ、セグメンテーション
- 支払者と受益者、顧客の顧客
- 2段階ターゲティング
- 成長ストーリー

ヒアリングに行けるレベルに具体化する

カスタマージャーニー

顧客候補の行動を時系列で把握する

- 日、週、月、年のサイクル
- 発端から順に確認
- 属性による違い、分岐点を意識
- 第三者の視点で考える

顧客の理解で「事業コンセプト」も進化する

提供価値

顧客候補への提供価値の仮説を考える

- 潜在ニーズ、顕在ニーズ
- 経済的価値、心理的価値
- 競合・代替品との違い
- ポジショニングマップ

顧客の観点で提供価値を表現する

とるべきアクション

1. 事業コンセプトが刺さる顧客仮説を挙げる
2. 成長ストーリーで顧客仮説を並べ替える
3. 顧客仮説から価値仮説を考える
4. 競合品、代替品を調べる
5. ポジショニングで差別化軸を整理する
6. 市場規模を推計して取り組みを見直す

第4章

顧客の理解と検証をもとに改善する

顧客を深く理解できているかどうかが事業の成否を分ける鍵となります。顧客を絞り込み、事業コンセプトを練ったら、ヒアリングに行きましょう。そのフィードバックにより事業アイデアを改善していきます。

4

01

顧客の潜在ニーズを掘り起こす

顧客は自分が求めているものを表現できるとは限りません。こちらが顧客を理解し、形にして検証するというサイクルを繰り返す必要があります。

顧客にニーズを聞いてもわからない

自動車を世の中に広めたヘンリー・フォードは「交通手段が馬車であった頃、顧客に望むものを聞いたら、もっと速く走れる馬が欲しいと答えていただろう」と言っていました。アマゾン創業の際も同様で、インターネットが何かわからない顧客にヒアリングしても「もっと大きな書店や図書館が欲しい」という答えしか返ってこなかったでしょう。

アップルの創業者であるスティーブ・ジョブズが言うように、「顧客の欲しいものを聞いてみても、そんなものは本当は求められていない。彼らが思いもつかないものを提供しなければダメだ」ということなのですが、「彼らの思いもつかないもの」をどうやって考えるか、つまり**「潜在ニーズ」をいかに捉えるか**ということが問題になります。

アイデアを示してニーズを捉える

「これが欲しい」と顧客が自覚・理解しているものは**「顕在ニーズ」**です。自覚しているのですぐに答えられますが、そのチャンスは限られます。もし本当に切実な困りごとであれば、すでに何らかの手を打っている可能性が高いでしょうし、もし解決が難しそうなことであれば、「しかたがない」と妥協してしまっていて、聞かれたときには答えとして挙がってこないでしょう。**顕在ニーズが顕在化している時間は短い**のです。

ヒアリングしても「別に欲しいものはない」「困っていない」という答えが多いのも、この妥協が原因です。顧客は事業開発の専門家ではなく、技術にも詳しくないため、限られた知識をもとに「(できるはずがないから)間に合っている」と言っているのです。

顧客の潜在ニーズを掘り起こすには、**こちらのアイデアをぶつける**しかありません。事業開発者や技術者などが「実はこんなことができます」と提案したり、そのプロトタイプを示したりすることで「こんな方法があるんだ!」「これは確かに使えるね!」といったサプライズが生まれます。これが、潜在ニーズが顕在化する瞬間です。「人は形にして見せてもらうまで、自分は何が欲しいのかわからない。とにかくつくって見せて『どう思う?』と聞くしかない」(スティーブ・ジョブズ)のです。

顧客の理解と検証を繰り返す

顧客ニーズを顕在化させるアクションを整理すると、次の3つのステップがあります。

①顧客理解のヒアリング
②プロトタイピング

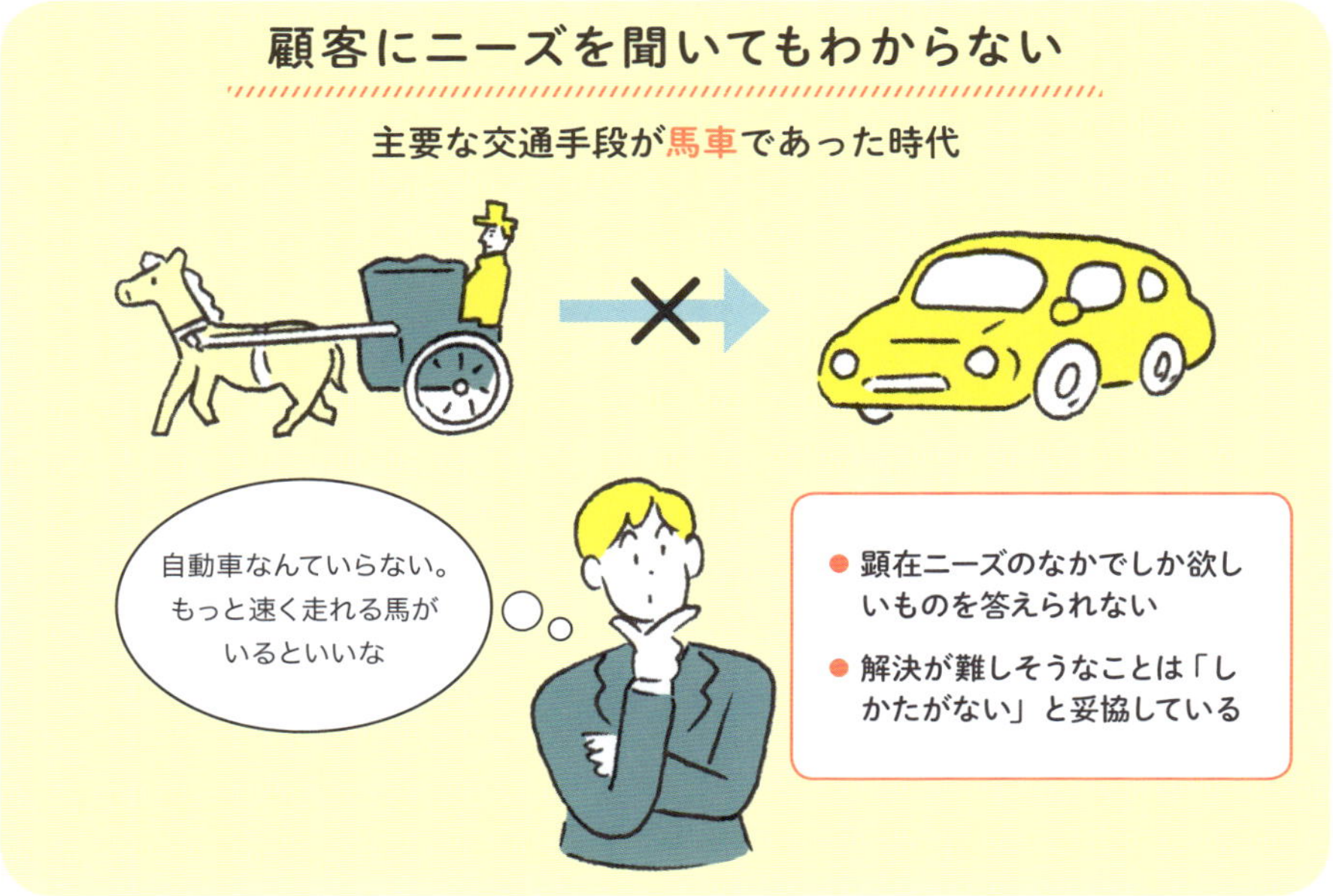

顧客にニーズを聞いてもわからない
主要な交通手段が馬車であった時代
自動車なんていらない。もっと速く走れる馬がいるといいな
● 顕在ニーズのなかでしか欲しいものを答えられない
● 解決が難しそうなことは「しかたがない」と妥協している

③顧客検証のヒアリング

まず必要なのは「**顧客の理解**」です。事業コンセプトや顧客への提供価値は、あくまでその時点でわかっていることをもとにした「**仮説**」であり、まだ抽象度が高い状態です。したがって、それを顧客にぶつけられるように具体化した「**提案**」にしていくためには、3―06で説明したカスタマージャーニーなどによる「顧客の理解」が不可欠です。そのうえで、事業コンセプトで検討した環境変化や着想、新しい技術などをもとに「よりよい提案」を再度検討し、それを実際の製品・サービスの具体的な内容に落とし込んでいくのです。

その具体的な提案の内容によっては、1つの事業コンセプトから複数のオプションが生まれるでしょう。これらを「**プロトタイプ（試作品）**」といいます。このプロトタイプを顧客にぶつけてみて、有望なオプションがあるか、顧客の利便性や経済性が上がるか、さらにそれに対価を支払うかなどといった「**顧客への検証**」を行い、その反応をもとに修正を繰り返していくわけです。検証結果によっては、顧客や価値の仮説、さらには事業コンセプトにさかのぼって修正する必要があります。

迷ったら「事実」で決める

このような検証を行わないと、説得力のある事業計画にはなりません。いくら事業コンセプトやターゲット顧客、実行方法などをていねいにまとめてみても、実行したいことを羅列しただけでは、単なる「思い込み」でしかありません。意思決定者や協力者は、実際に検討を行ってきた事業開発者より情報量が少なく、情報や根拠付けが不十分という理由で事業化判断が行われてないこともあります。したがって、何らかの提案を行う際は、**相手の判断材料となる検証をできる限り行い、きちんと伝えていく**必要があります。そうしないと、「そうかもしれないね」「それって本当?」で終わってしまいます。

ステップ①、ステップ②と検討を進めていくなかで、実現できそうな見込みはあるものの、「本当にそうなのか」「たくさんの選択肢のどれが望ましいのか」など、事業開発を行うチームとしても迷う点はたくさん残っているはずです。やってみなくてはわからないことは当然残りますが、特に重要なポイントは「事実」に基づく検証を行って決めていきたいものです。

アイデアをぶつけて潜在ニーズを掘り起こす

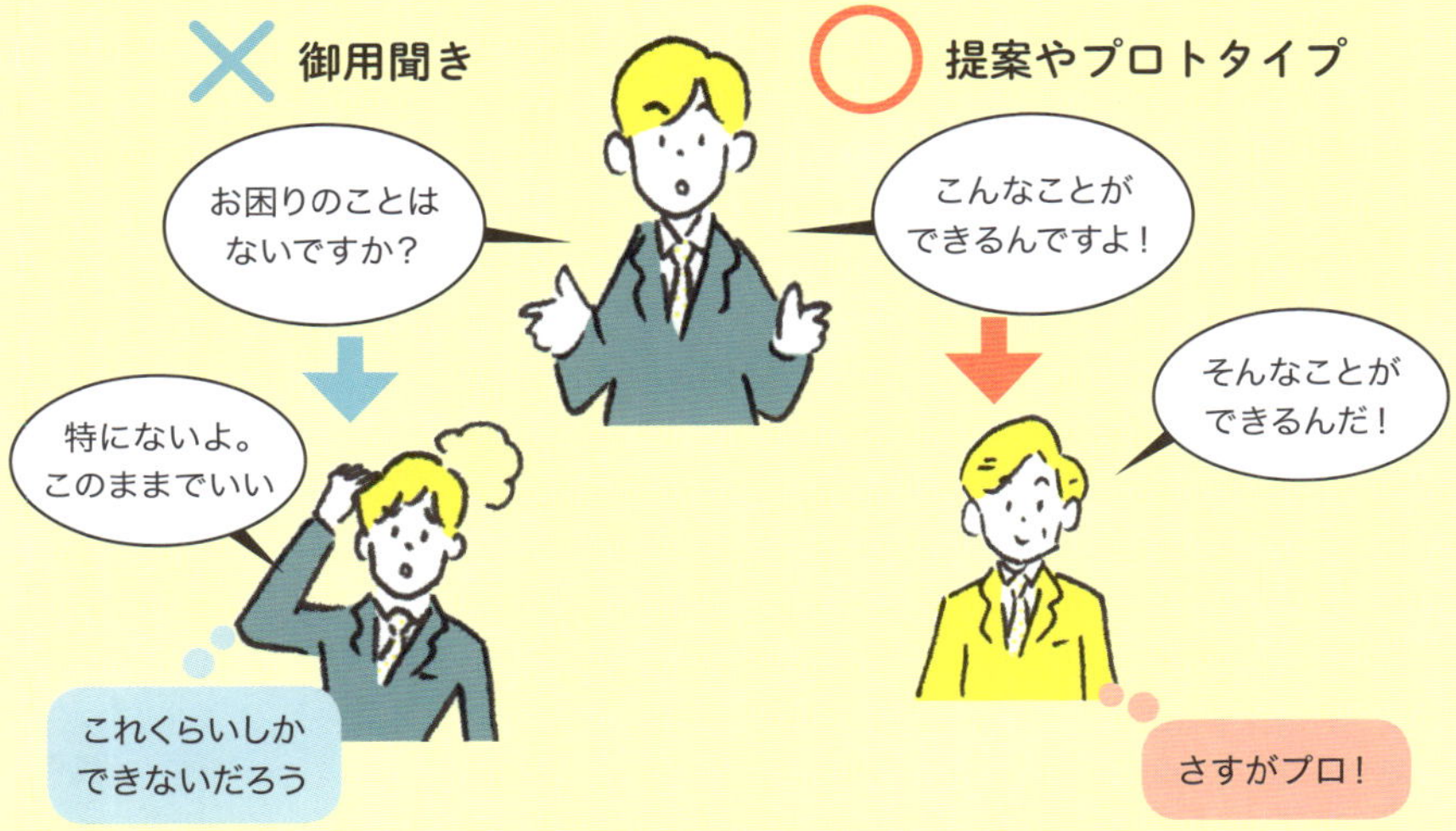

顧客の理解と検証を繰り返す

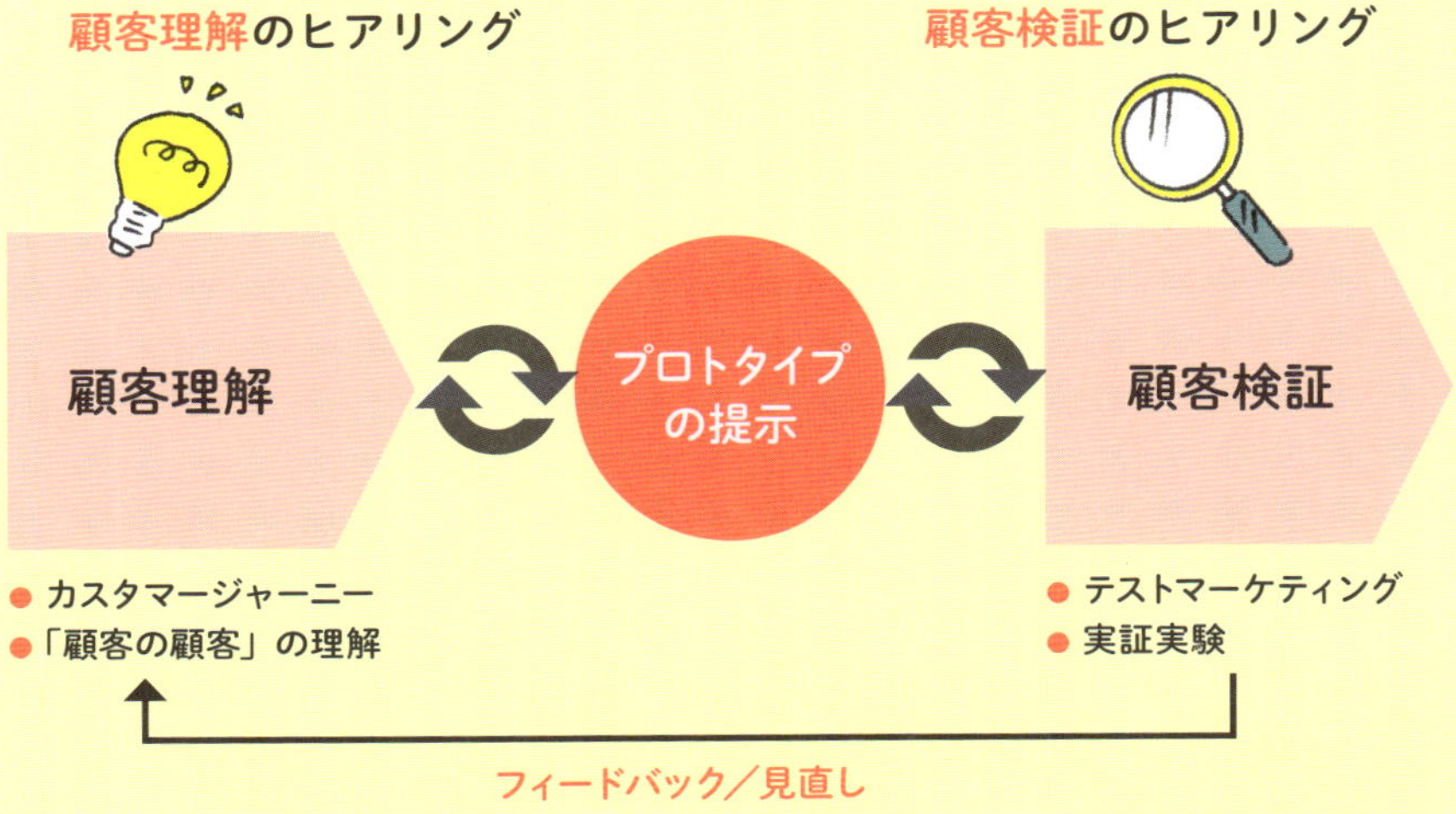

4

02

顧客の声を聞く

ターゲットとする顧客にはさまざまなタイプがあります。効果的に顧客を理解して検証するために、顧客のタイプを意識してヒアリングをしましょう。

ヒアリング対象となる3つのカテゴリー

事業開発において、ヒアリングする主な対象者には「①ターゲット顧客の候補」「②類似の事業者」「③社内外の協力者」の3つのカテゴリーがあります。顧客候補にヒアリングするのは当然ですが、②と③も重要です。3―07のポジショニングで解説したように、既存の事業者や代替品の提供者は競合になる可能性がありますが、実際に話してみると業界の事情や制約に縛られて困っているというケースもあります。もしかすると、**協力し合える可能性**が生まれるかもしれません。

①と②のヒアリングにより、事業コンセプトや顧客への提供価値が具体化され、また③のヒアリングを加えることで、次章以降に解説する「マネタイズモデル」や「バリューチェーン」の設計への見通しが立ちます。

注意すべき「顧客のタイプ」

ヒアリング対象のなかで特に重要なものは顧客候補ですが、一言で「顧客」といっても、取り組む事業によっていくつかのタイプに分かれます。まず「まだ世の中に存在しない事業」の場合、聞きにいくべきは「①**潜在顧客**」です。まだ市場がなく顧客自身もニーズに気づいていない状態であり、顧客はどこにいるのか、どうやったら潜在ニーズを掘り起こせるのか、仮説を立ててヒアリングに行き、検証する必要があります。

「すでに存在するものの自社には新しい事業」の場合、

これに「②**顕在顧客**」が加わります。他社が先行していて市場はできているが、その市場で支配的なプレイヤーが存在しないか、存在しても新しい切り口の価値を提供しようとするときは、この顕在顧客の理解が必要です。

さらに「すでに取り組んでいる事業の見直し」を行う場合も、①や②の獲得が売上拡大につながることはいうまでもありませんが、日頃からやり取りしている「③**既存顧客**」でも、環境変化を踏まえて改めてヒアリングします。たとえば、顧客内部の日頃取引が少ない部署がどんな業務で、どんな価値を生み出しているのかを理解することが、事業機会の発見につながることがあります。

ヒアリングの優先順位

このほか、第3章で紹介したように「支払者と受益者」「顧客と顧客の顧客」などに顧客が分かれる場合は、それぞれ顧客候補としてヒアリングする必要があります。

そのとき、支払者と受益者のどちらから先にヒアリングすべきでしょうか。こう聞くと、「お金を支払っている支払者のほう」という回答が多いのですが、**受益者から聞くのがよい**でしょう。なぜ支払者がお金を支払うの

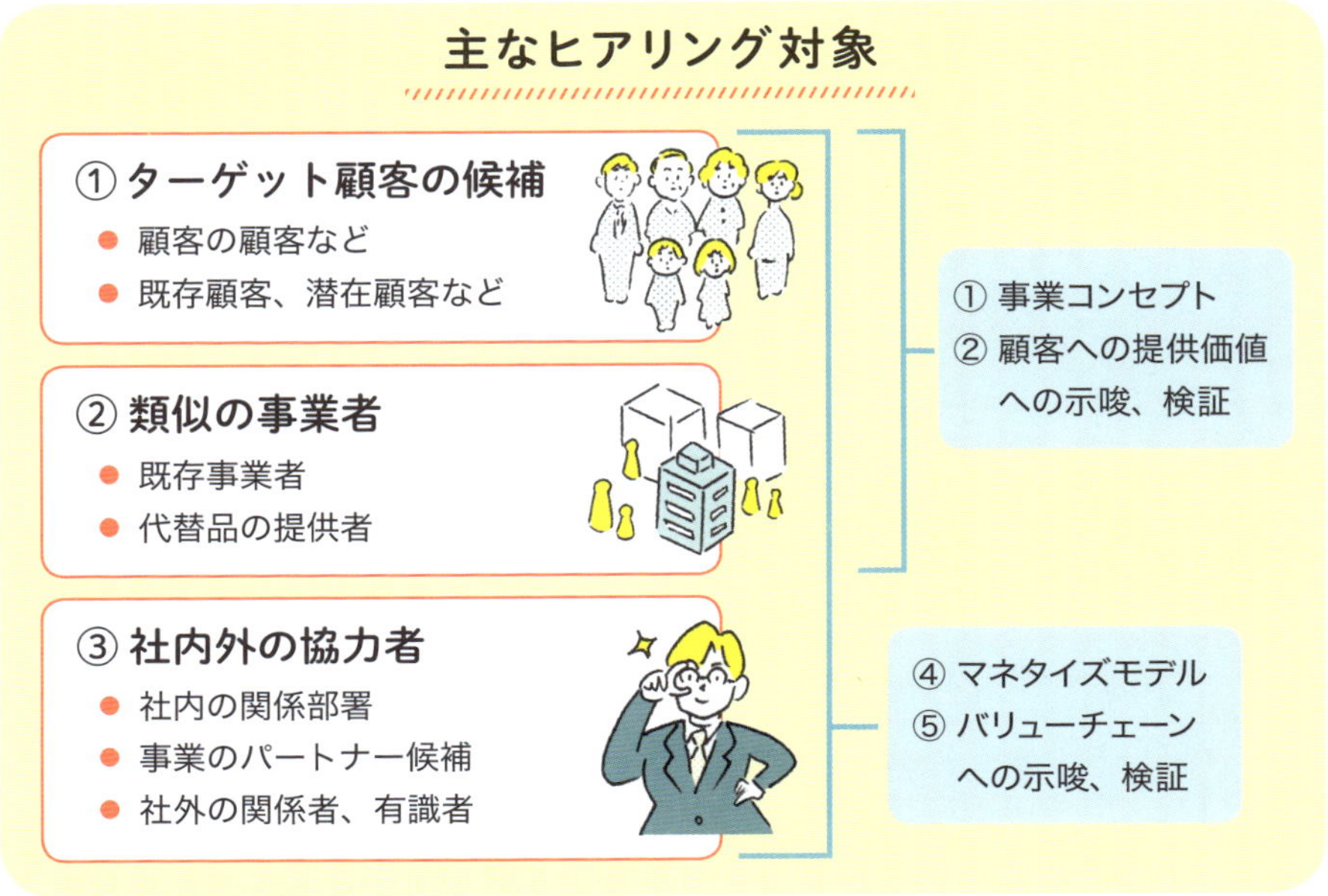

かというと、そのサービスを通じて受益者に何らかの影響力を行使したいからです。つまり、最終的には受益者の理解によって支払者は対応を変えていかなければならないので、まずは受益者の理解を深めたうえで支払者にヒアリングしたほうが効率的です。

同様に「顧客」と「顧客の顧客」も、直接支払いをする「顧客」からスタートしがちですが、**「顧客の顧客」が優先**です。「顧客」は必ずしも「顧客の顧客」を理解しているとは限りません。そのため、先に「顧客」に聞いてしまうと、顧客の思い込みや勘違いに引きずられるリスクがあります。したがって、まず「顧客の顧客」が求めていることを第三者の視点で理解したうえで、「顧客」の理解を深めるというアプローチが効果的です。

ヒアリングのタイミングと件数

顧客の理解と検証のために、ヒアリングにはどんどん行きたいものです。タイミングはできる限り早く、アイデア出しの直後や、**どんな事業アイデアで進めるのかを検討する段階**からです。3―04の「翻訳アプローチ」でニーズのありそうな顧客に目星をつけるわけですから、早い段階から聞きにいけるはずです。

件数は事業アイデアの目途を立てる段階で**数件**、一定の検討を踏まえて意思決定者に検討の継続判断を仰ぐ段階で**数十件**、企業としての投資判断で少なくとも**100件**以上のヒアリングなどによる根拠付けが必要です。

ところが、ヒアリングやインタビューをおろそかにしている例が多くあります。「プランがまだ完璧でない」「聞きにいっても否定的な反応をされるかも」などと言って机上で検討しているだけではどうにもなりません。

ヒアリングやグループインタビューなどは、事業開発の基本です。たとえば「本当に顧客がつくのか」という本質的な質問に対しては、顧客の生の声なくして、「顧客の反応がこうだから大丈夫」などと答えられません。

事業開発を進めるためには、**顧客からフィードバックをもらい、見直しや改善をしていく以外に道はない**のです。

検討していた事業アイデアに対して、仮に「そんなものは求めていない」という声があったとしたら、その場で「なぜ不要なのか」「どんな内容なら受け入れられるのか」などの質問をしてみましょう。必ず見直しや改善のヒントが得られるはずです。

ヒアリングすべき顧客のタイプ

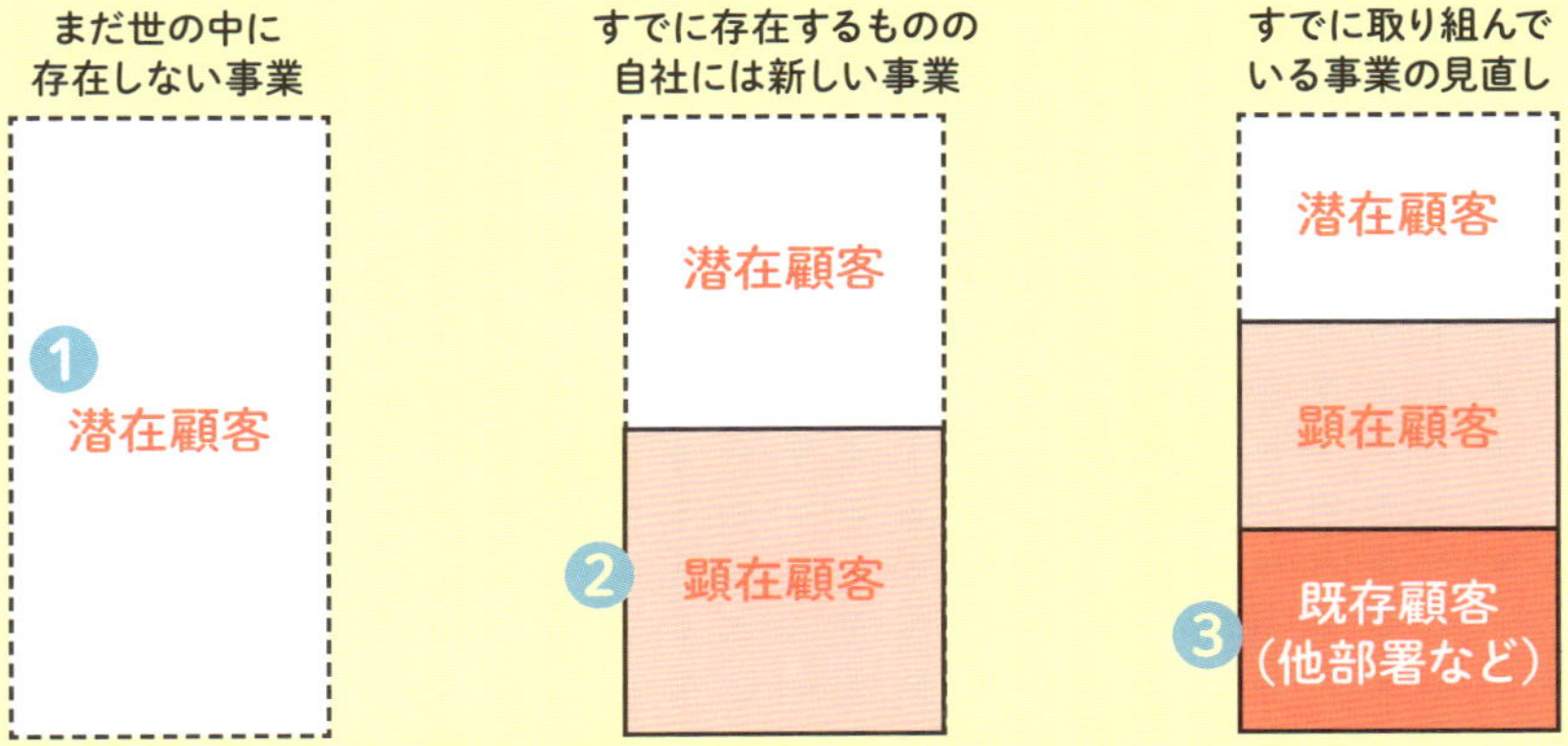

☑ このほか、「支払者と受益者」「顧客と顧客の顧客」など(第3章)にも留意してヒアリング対象を選ぶ必要がある

ヒアリングのタイミングと件数

アイデア初期選定

検討開始1か月程度まで

▼

チーム内の検討
(時間投入)

数件
顧客候補が中心

検討推進の判断

検討開始4～6か月後まで

▼

意思決定者の継続判断
(追加調査予算)

数十件
顧客候補、関係者も

本格投資の判断

検討開始12か月後程度まで

▼

企業としての投資判断
(事業化投資)

100件超
顧客候補、関係者も
テストマーケ、アンケートなども

4

03 顧客の理解を深める

顧客を理解することはすべての事業の原点です。何をどうすれば理解したことになるのでしょうか。

ビジネスと意思決定のしくみを理解する

日々の業務で「**顧客を理解しよう**」という言葉を見聞きすることは多いでしょう。事業開発でも同様に、顧客の理解は重要です。それでは、具体的に何をどうすれば顧客を理解したことになるのでしょうか。主に法人顧客を例にすると、大きく3つのポイントがあります。

1つめは「**顧客のビジネス**」の理解です。どんな事業を行っているのかはもちろん、顧客の顧客にどんな価値を提供しているのか、取引先との関係や競合状況、新規参入や代替品など、顧客を取り巻く状況や環境変化を押さえることで**顧客の抱えている課題**が浮き彫りになります。いわゆる「ファイブフォース分析」の枠組みです。

2つめは「**意思決定のしくみ**」で、誰が何を根拠にどのように決めているのか（意思決定者、意思決定のプロセス、意思決定の基準）です。意思決定者が管理職であったとしても、現場の意向が反映されるケースもありますので注意が必要です。これらのうち、特に重要なのは「**意思決定の基準**」であり、コストや効果、スピードなどが挙げられます。顧客が何を重視するのか、どんな価値を求めているのかなどのニーズを理解し、提案する必要があります。

カスタマージャーニーで価値を具体化

顧客をより深く理解するポイントの3つめとして「**業務プロセス・行動プロセス**」が挙げられます。これらの理解には、3−06で説明したカスタマージャーニーを使います。顧客に困りごとやニーズを聞くのではなく、**提供する側が顧客の行動を理解し、解決策を考える**アプローチです。

顧客はさまざまなプロセスを経て生み出された成果物を、顧客の顧客に提供することで、売上や利益を得ています。検討中の事業コンセプトや、その背景となる技術や社会の変化などを念頭に、そのプロセスに対して、「そのアイデアを顧客が取り入れたら顧客はどう便利になるのか」を考えてみると、**顧客が気づいていない具体的な改善点**が見えてきます。

さらに、**提案による改善効果**も具体化できます。たとえば、「検査工程の自動化で納期20％短縮、売上30％拡大が見込める」、さらに「導入による利益向上額が○○なので、導入コストを見込んでも△か月で回収可能」などといった説明ができると説得力が大きく高まります。

このように顧客への提供価値の具体化は、のちのステップの「マネタイズモデル」や価格設定の判断材料にもなりますので、とても重要なアクションです。

顧客理解の3つのポイント

顧客のビジネス

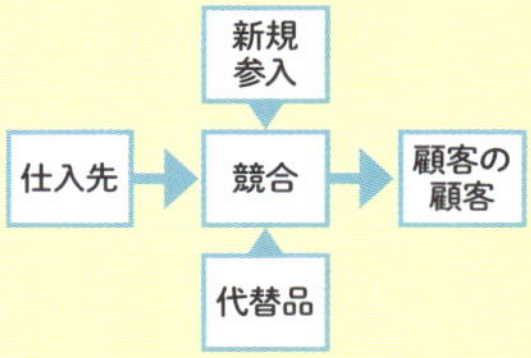

顧客を取り巻く事業の状況を把握（ファイブフォース分析）

- 顧客の顧客、競合、仕入先
- 収益性、独自性
- 環境変化（PEST など）

意思決定のしくみ

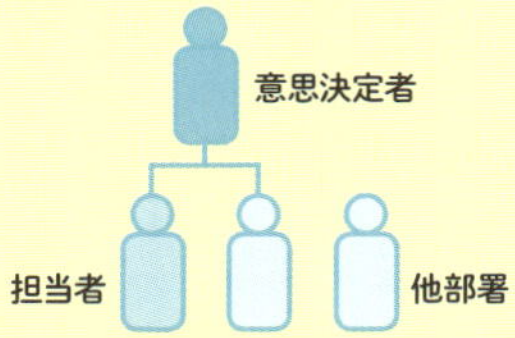

方針や採用条件を把握

- （実質的な）意思決定者
- 意思決定のプロセス
- 意思決定の基準

業務・行動プロセス

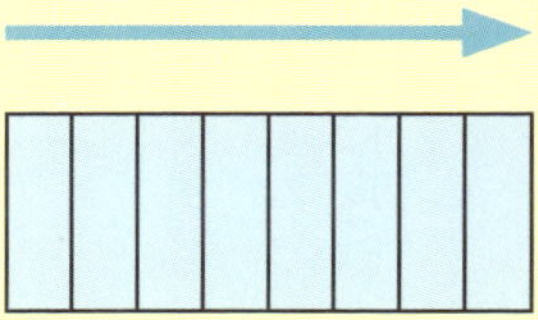

関連する業務における一連の行動を把握

- 実際の行動に着目
- 顧客や技術の変化を踏まえて改善の仮説を考える

ヒアリングによるカスタマージャーニー

カスタマージャーニー実施のポイントを整理しておきます。顧客行動の理解は本来、現場で観察することが望ましいのですが、時間の負担が大きいことや、相手の許可が必要なこと、さらには観察により行動が変わる可能性があることなどを踏まえ、初期段階では**ヒアリングによる簡便な方法**がよく使われます。

具体的には、その顧客行動の**発端から始め、時系列で順に聞いていきます**。たとえば、「どういうときに◯◯が必要になりますか」「その次はどうしますか」「その次は……」と聞いていくわけです。時系列で聞いていけば、話が飛んだときに気づくことができ、質問する側としても漏れがなくなります。質問票を用意する方法では、質問票の作成時に漏れてしまった内容がポイントであった場合、そこを聞きそびれてしまいます。また聞かれる側も、時系列であれば行動を思い出しやすく、負担なく具体的な内容を話すことができます。

このように時系列で押さえて抜け・漏れをなくす効果は有用で、第6章のバリューチェーンでも活用します。

カスタマージャーニーの留意点

カスタマージャーニーは、**複数の時間軸**で行ってみましょう。どのサイクル・期間で見るかにより、得られる内容や知見などが変わってきます。たとえば医師の行動の場合、1日のサイクルでは朝起きてから病院に行って診療を行い、家に帰るまでとなりますし、キャリア全体では医学生から病院勤務、そして開業して引退するまで、40年以上にわたって捉えることになります。

さらに、**複数の相手にヒアリングする**ことも重要です。事業アイデアを具体化する手法なので、ターゲットとなる顧客や行動を絞っていくのですが、ヒアリング対象が1人だけでは、その人のバイアスが色濃く残ってしまいます。たとえば、5〜6件ほど聞くと、おおよその傾向やパターン、バリエーションが見えてくるようになります。「顧客」と「顧客の顧客」など、複数の顧客のタイプ別にヒアリングが必要な場合もあります。

このようにターゲット顧客の理解を進め、その知見をいかに具体的な解決策に結びつけていくのかを試行錯誤しながら検討していくわけです。

カスタマージャーニーから提供価値を具体化

顧客の行動を事実として把握し、それを解釈していかに解決策に結びつけていくかを考える

カスタマージャーニー（顧客の行動）

営業 → 受注 → 製造計画を立てる → 原料調達 → 製造 → 検査 → 在庫管理 → 出庫・配送 → 顧客サポート

↕

環境変化アイデア仮説

新しい技術などの環境変化を踏まえると
別の方法でもっとうまくできるのではないか？

↓

生まれる価値の具体化・定量化

この提案は○○プロセスをこのように改善でき、
削減できる工数や成果への影響を考えると経済的価値は○○円

カスタマージャーニーの進め方（ヒアリングの場合）

1. 対象となる行動の「発端（最初のシーン）」を思い浮かべてもらう
2. 「次に何をするか」を時系列で終わりまで、抜け・漏れなく洗い出す
3. 複数の時間軸を設定して分析してみる（日、週、月、年単位）
4. 複数のセグメントの相手にヒアリングする

	行動1	行動2	行動3	行動4	…
行動 具体的行動 ・重要度、工数など ・背景、留意点など					
洞察 変化とのギャップ 課題、妥協、悩み					
示唆 解決方法 提供価値 タッチポイント					

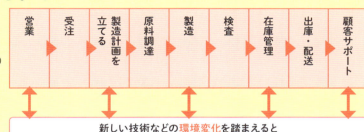

4

04

プロトタイプで解決策を具体化する

顧客とその課題の理解が深まったら、その解決策を具体化していきます。具体化ではプロトタイプを作成し、イメージしやすくしていきます。

利用シーンを思い浮かべて具体化

前節で解説したように、顧客も気づいていない、あいまいな「ニーズのようなもの」を見つけ、確度を高めていくためには、具体的な提案を顧客にぶつけ、その反応で検証していく必要があります。そのために重要なのは「**それを実現する具体的な内容は何か**」ということです。ここで、改めて事業コンセプトを発想したときのアイデアに立ち返ってみましょう。

アイデアの発案時点では、機器やアプリ、サービス、店舗などの形態を想定していたかもしれません。そこからさらに一歩進んで、これまでのターゲット顧客とその理解をもとに、顧客がどんなシーンで使うのか、それにより行動をどう変化させたいのか、変化させてどんな価値を実現したいのかなどを念頭に置き、**解決策の具体化**を行います。この具体化のレベルが高いほど、ヒアリング対象から有用な反応が得られますが、最初から精度の高いものを考えようとしても発想が追いつかない、検討がなかなか進まないという悩みもよく聞きます。

手を動かしてアイデアを表現してみる

具体化のポイントは、最初から完成品を目指して**つくり込みすぎない**ことです。デザイナーやクリエイターの仕事ぶりを見てみると、とにかくたくさんデッサンしてみる、粗い段階で複数のオプションを出してみるという行動が目にとまります。事業開発も同様に、事業コンセプトを発想したときの漠然としたイメージや、顧客への提供価値を議論したときに浮かんだ利用シーンなどを思い出しながら、**文章に書き出したり絵に描いたりしてみましょう**。他人と相談しながら行うのもよい方法です。しゃべっているとイメージが浮かびやすくなります。ホワイトボードを使うのもよいでしょう。

まずは細かいことを気にせず、**数多く表現してみる**ことです。アイデアを具体化していくうちに複数のパターンやバリエーションが出てくるのは自然な流れです。A案、B案、C案と候補を広げてリストをつくり、一つひとつ肉付けをしていきましょう。たとえば機器であればどんなデザインや機能をもたせるのか、サービスであれば何を提供して何を体験してもらうのか、想像力を働かせて表現していきます。そうしてある程度の形にしたら、顧客検証や技術検証を行って絞り込んでいくのです。

プロトタイプで具体的にイメージさせる

プロトタイプがどのような形になるのかは、事業アイデアや検証の内容によって変わります。物理的な製品の場合はイラストや工作、モックアップ（模型）など、サー

ビスの場合はサービス内容を表す提案書やチラシ、動画などです。いずれの場合も、**ヒアリング対象が具体的な内容や形態などをイメージでき、判断できるようにする**必要があります。たとえば、「乳児向け見守り端末」のアイデアを「小型IoT機器がバイタルデータを感知し……」などと説明すると、「そんなものを子どもにつけたくない」と思われてしまいそうです。そこを「ぬいぐるみがお子様の健康を見守るもの」などと表現できれば無用な反発を防げます。

また、**利用シーンをイメージさせる**ことも重要です。ヒアリング対象にその状況を想像してもらいながら、リアルな検討を促します。そのうえで、顧客にどんな経済的・心理的価値をもたらしたいと考えているのか、噛み砕いて伝えます。なじみのない製品やサービスはメリットを実感しにくいので、説明を工夫しましょう。

最後に、利用するために必要なコストや負担なども伝えます。たとえば**価格**です。「無料ならいいが、有料ならいらない」ということもあり得ます。また、**使いこなすまでに習熟が必要**な場合なども、それがハードルにならないか、しっかりと確認しておきたいところです。

初期段階では手間やコストをかけない

不確実性の高い初期段階では、可能な限り**プロトタイプを作成する手間や時間、コストを省き**、その分、多様なアイデアを試してみましょう。1枚の説明資料をつくる程度であれば大きな手間になりませんが、動画を撮ったりモックアップをつくったりするとなると、試せるアイデアの数は減ります。手間や時間、コストを抑えて失敗時のダメージを小さくし、**何度も検証しやすくする**のです。そうしてフィードバックを受け、見直しを繰り返すなかで有望なアイデアが残ってくるはずです。

また、具体的なイメージが伝わるようビジュアル化するなどはよいのですが、あまり**枝葉末節にいかないように注意**しましょう。初期段階で製品の色やデザインなどを詰めるのは重要度が高いとはいえません。そのアイデアは顧客への提供価値を実現できるのか、顧客に受け入れてもらえるのか、しくみとして物理的に成立するのかなど、検証すべき重要な論点に集中しましょう。論点を見極め、それを**効率的かつ実質的に検証する手段を考えられるのかどうか**は、事業開発の重要なスキルです。

プロトタイプで提示すべきこと

具体的内容・形態

ヒアリング対象が
理解しやすいように
具体化する

利用シーンの想定

状況を想像して
もらってリアルな
検討を促す

提供価値・ベネフィット

経済的・心理的価値を
噛み砕いて伝える

利用上の負担

費用や習熟などを
踏まえた判断を聞く

プロトタイプ作成の留意点

手間やコストを省く

不確実な段階では
極力、手間と時間、
コストを省く

試行回数を増やす

PMF（P.18 参照）の
手応えがあるまで極力、
試行回数を増やす

論点の検証に集中

枝葉末節のこだわりを
捨て、重要論点の
検証に集中する

4

05 顧客にアイデアをぶつけて検証する

解決策が具体的になってきたら、顧客にそのアイデアを提案し、ターゲット顧客や提供価値の仮説を検証します。

解決策を顧客候補に提案してみる

検討中の事業アイデアがターゲットとする顧客のニーズに合っているのかどうかを検証するには、**プロトタイプ**を提示して反応を見るとよいでしょう。特に潜在ニーズは水面下の氷山のようなもので、**カスタマージャーニー**による顧客理解とプロトタイプによる顧客検証で掘り起こす必要があります。検証した提供価値をもとに再度プロトタイプを修正し、顧客にぶつけることを繰り返してニーズを顕在化させ、事業実現の可能性を広げていくわけです。

ちなみに、「これが欲しい」と顧客が明言しているニーズの場合でも、把握しやすい分、**競合の参入が激しくなります**し、それを顧客に実際に提案しても「やっぱりいらない」と言われることもあります。やはり顧客の理解と検証は必須といえるでしょう。

アーリーアダプターを見つける

顧客の検証では、ターゲット顧客の適切さ、課題やニーズの所在と強さ、提案への反応、利用・支払いの意向などを確認していくわけですが、最も重要なのが「**アーリーアダプターの発見**」（90ページ参照）です。

アーリーアダプターは、まだ実績のない製品やサービスであっても、まず使ってみて、よければ周りに広めてくれる顧客層です。ここで採用が進むと、実績がないと使ってくれない**マジョリティ層への波及効果**が期待できるため、市場形成の足がかりになります。このようなアーリーアダプターの発見には、実際に提案をぶつけてみて、その反応を確認するしかありません。「実績の有無を気にしない」「内容をきちんと確認して判断する」ことがアーリーアダプター見極めの条件となります。

ニーズのある顧客はどこにいるのか

顧客候補にプロトタイプをぶつけると、さまざまな反応があります。たとえば、10社にヒアリングして8社から不要と言われた場合、その結果をどう評価するでしょうか。「この案では難しい」と判断してしまいがちですが、アーリーアダプターは市場の15％程度といわれていますので、反応としてはそれくらいが相場なのです。大事なのは「ニーズがあるかないか」ではなく、**「ニーズのある顧客がどこにいるのか」**を探すことです。

どんなアイデアでも、この広い世の中に使いたい人とそうでない人がいるのは当たり前です。「ニーズの有無」というようにゼロイチで決まるものではありません。新しい事業を生み出す際は、「使わない」と言う顧客に注目する必要はなく、「使う」と言う顧客がどんな人でど

プロトタイプで潜在ニーズを掘り起こす

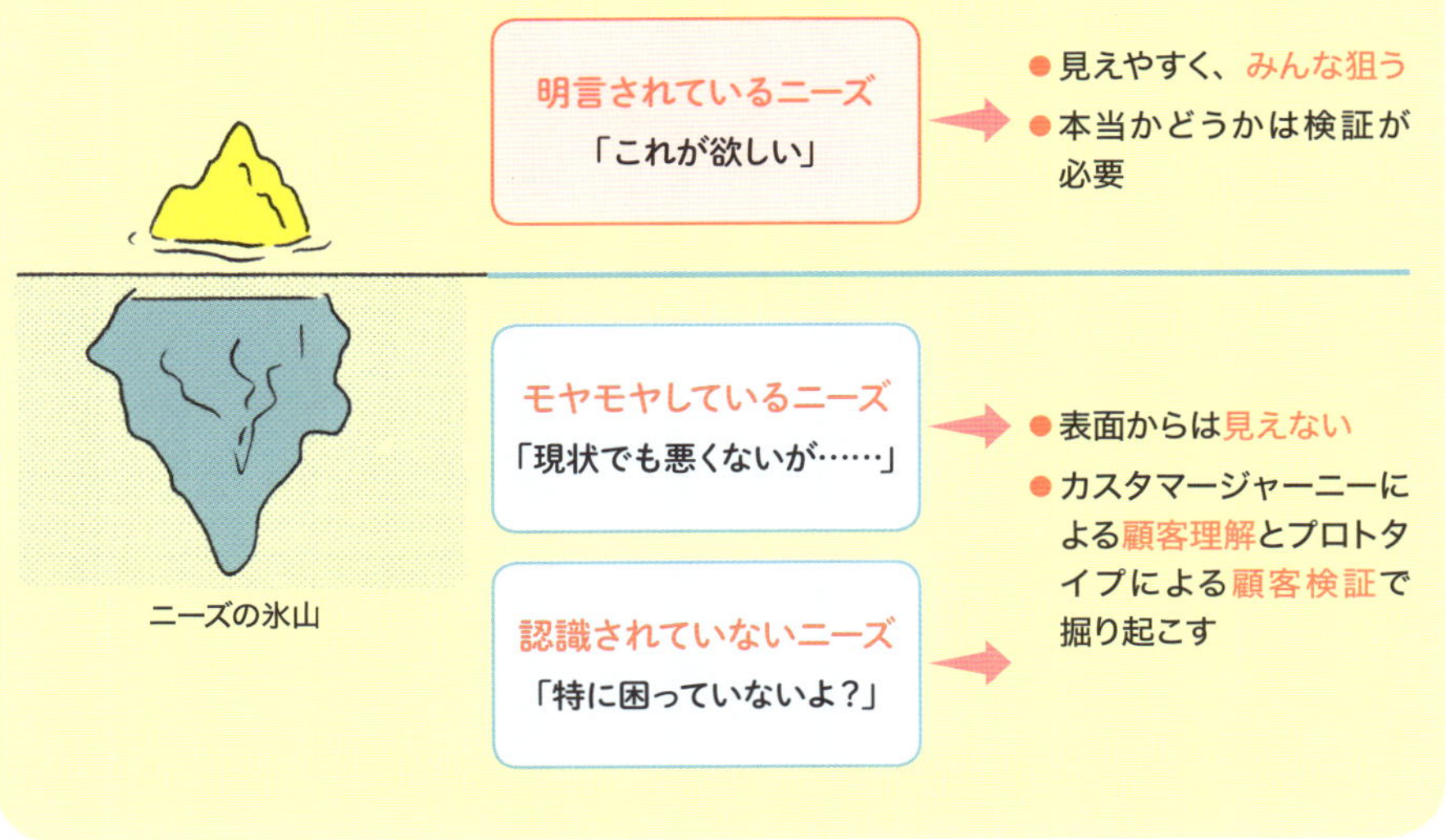

こにいるのか、使う理由は何なのかなどを掘り下げ、アイデアとターゲット顧客の仮説の見直しを繰り返すというのが正しい行動です。

検証の過程では、アーリーアダプターを見つけることが大きな一歩です。少数の行動が波及効果を生み、大きな市場の変化を引き起こすことになるため、この**アーリーアダプターからのフィードバックをもらって改善していく**ことが重要です。

アーリーアダプターの発見の取り組みは事業実現の可能性とターゲット顧客の確度を高める要因になりますし、実証実験などに協力してもらえれば実績にもなります。貴重なアーリーアダプターとしてその後もフォロー・協力してもらえるような関係を築くことが大切です。

逆にアーリーアダプターが見つからないとなると、事業の見通しが立たないということになってしまいます。

顧客の声に混ざるノイズを切り分ける

真面目な事業開発者ほど、顧客の声を重視するのですが、顧客の声には**ノイズが混ざっている可能性**もあるので注意が必要です。ヒアリングをして「採用意向がある」と言われた場合でも、念のため、その背景となる属性や具体的な理由などをしっかりと確認しましょう。

なかには、「一生懸命に取り組んでいるのだから否定してはかわいそう」と感じて、あえて肯定的な反応をする顧客もいます。そんな「**優しい嘘**」の可能性がある場合は、「厳しい意見もありがたいので是非本音でお願いします」としっかりと伝えておくことが必要です。

実際、「**本音**」や「**無意識の行動**」を把握するのは難しいものです。「使う」と言われても、その理由や背景をきちんと聞いたうえで、額面どおりに受け取ってよいのかを判断する必要があります。また「使う」と言った相手が、もしターゲット外の顧客であった場合、ターゲットの仮説を見直す必要があるかもしれませんので、その顧客の属性や背景などは特に注意して聞くようにしましょう。

また「使わない」と言われた場合は、使わない理由などをもとに仮説の見直しを進めます。ただし、その相手がターゲット外の顧客であれば、ニーズがないのは当たり前です。特に既存業界の顧客や専門家などは新しいアイデアに否定的な傾向があるので注意が必要です。

アーリーアダプターを見つける

把握・検討すべきこと
事業コンセプト、ターゲット顧客、提供価値

- 使う理由・使わない理由
- 使う層の属性の具体化
- 価値を感じる利用要因・阻害要因

→ 仮説の見直し

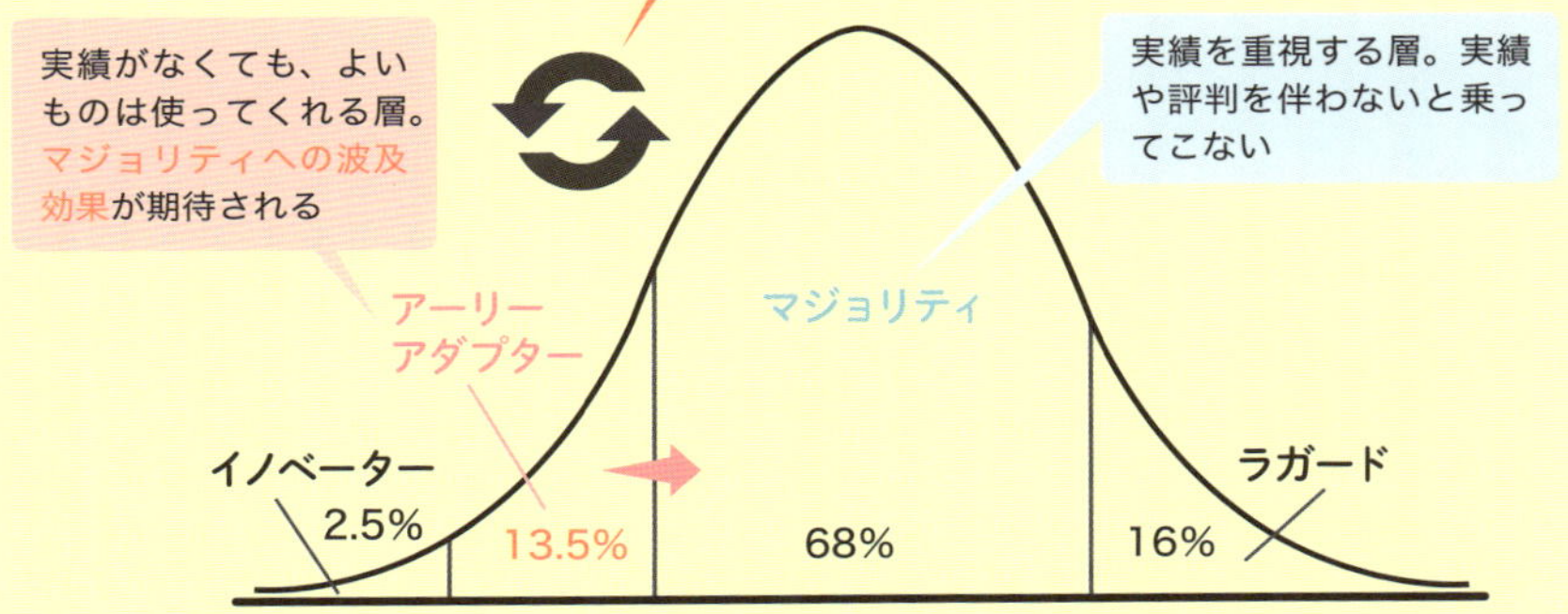

顧客の声を判断する

ニーズがあると言われた場合（採用意向あり）

ターゲット顧客の仮説どおりなら……

- 採用意向を生んでいる属性を再確認
- 具体的な使う理由とその背景を確認
- アーリーアダプターとして今後もフォロー

→ ただし「優しい嘘」に注意

ターゲット外の顧客なら……

→ ターゲット顧客の仮説を見直す必要があるかもしれない

ニーズがないと言われた場合（採用意向なし）

ターゲット顧客の仮説どおりなら……

- 念のためターゲット内かどうか、属性確認
- 提示した情報に不備はないかを確認
- 使わない理由は何か、その背景は何か

ターゲット外の顧客なら……

→ ニーズがないのは当たり前
→ 既存業界の顧客や専門家は新しいアイデアに否定的な傾向がある

4

06 アイデアの検証と改善を繰り返す

事業コンセプトやターゲット顧客、提供価値の仮説を「確信」に高めるためには、顧客への検証とその結果をもとにした改善を繰り返す必要があります。

検証と改善で仮説から確信に至る

事業アイデアをどれほど慎重に検討して仮説を立てたとしても、実際に顧客にぶつけてみると**仮説は往々にして外れます**。せっかくコストをかけて本格的に開発したあとから、顧客に「やっぱりいらない」と言われては目もあてられません。そうならないよう、何度もプロトタイプをぶつけて検証と改善を繰り返すことが必要です。

顧客の課題を解決するプロダクトは何なのか、受け入れてくれるのはどんな顧客なのか、その**仮説の精度を高め、実際に顧客検証を繰り返して受け入れてもらえるようにする**必要があります。その先に、18ページで説明したPMF、プロダクトがターゲット顧客の課題を解決している状態があります。

裏を返せば、検証と改善を繰り返して精度を高めない限り、いつまで経っても仮説から抜け出せません。検証前のアイデアは「思いつき」でもよいですが、検証と改善を繰り返し、「これなら絶対に使う」という顧客の声や実際の引き合いを着実に積み上げ、確度を高めることが重要なのです。

こうした取り組みこそが、事業開発者の「思いつき」を「確信」に至らせる道です。根本的な問いである「顧客は本当に使ってくれるのか？」にきちんと答えて実際に事業を立ち上げていくためには、これ以外の方法はありません。

複数の仮説から絞り込む

仮説から確信へ到達させるうえでのポイントは、複数の事業アイデア、複数のターゲット顧客、複数のニーズの**仮説をリスト化し、潰し込んでいく**ことです。

ありがちなのは、顧客理解だけを根拠に机上で1つのアイデアに絞り込み、検証に入るというケースです。アイデアが絞り込めていない状態はとてもストレスが高いものなので、早く絞り込みたい気持ちはよくわかります。しかし、その事業アイデアに可能性があるのか、ターゲット顧客は妥当なのか、顧客は価値を感じてくれるのかは、実際に**顧客に仮説・プロトタイプをぶつけてみて初めてわかるもの**です。

初期段階の仮説は情報不足で確度が低く、それがNGと判明してから別のアイデアと顧客候補でやり直していては、時間がいくらあっても足りません。そこで、より効率的に仮説を検証するために、**複数の仮説を同時に検証して絞り込む**ことを考えましょう。

事業コンセプトは1つでも、それを具現化したときの仕様や機能、ターゲット顧客、提供価値については、複

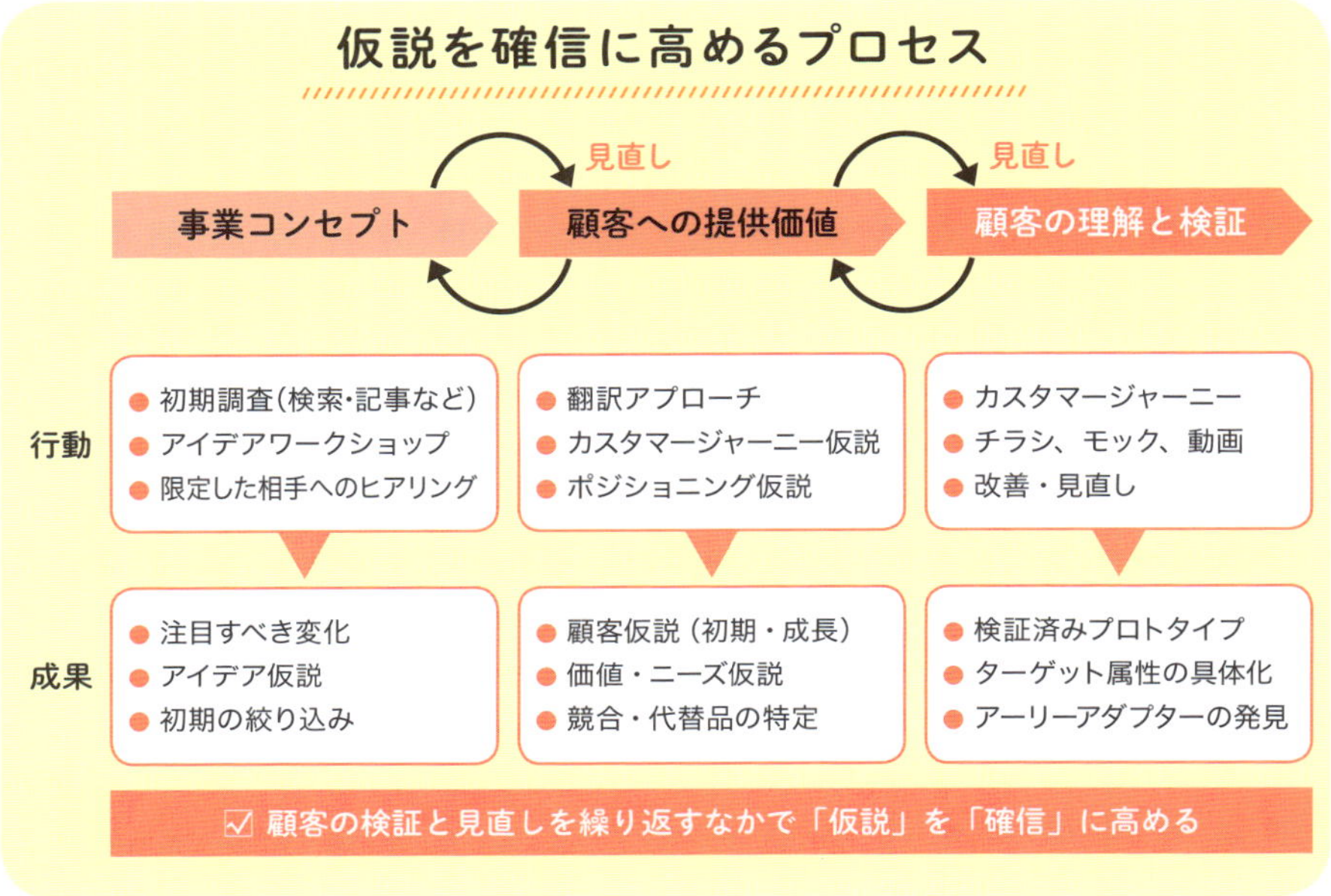

数の仮説が出てくるはずです。それらをA案・B案などとリスト化し、それぞれを並行して検証し、潰し込み、修正・見直しを行うのです。そうすると、ターゲット顧客が共通する場合は、ヒアリングの際に複数のプロトタイプを提示できるので、効率的に検証できます。

確度に応じて検証方法を選択する

実際の検証では、その時点の確度や論点を踏まえ、いろいろな方法を選択できます。以下、確度が低いときに使われるものから順に紹介していきます。

まず**直接ヒアリング**です。パワーポイントなどで簡単に作成・修正できる企画書やチラシなどを提示し、その場で議論しながら仮説を深めていきます。よく使われることが多い**アンケート**は一方通行的であり、準備と実施に時間がかかるため、初期段階でどんどん検証を重ねたいときには向きません。少人数へのヒアリングで仮説を出し、多人数へのアンケートでダメ押しの確認をするという使い分けが原則です。

ある程度、確度の手応えが出てきたら、その事業アイデアに関連する**ブログや動画**などを立ち上げ、その配信希望を募集すると、そのアイデアのニーズや潜在ユーザーの獲得の可能性を確認できます。

そのほか、想定している提携先と具体的な議論を行ったりフィードバックをもらったりすれば、提携先の判断も参考になり、事業化が現実味を帯びてきます。

また、**クラウドファンディング**の活用も有効です。実際にお金を支払ってもらうレベルでの判断を迫ることになるので、検証の精度は高くなります。開発前に回収の目途を立てられるなど、資金計画上のメリットもあって使われるケースが増えています。

最後は**実証実験**や**テストマーケティング**です。ただし、本番と同じ規模で行うと、コストと手間がかかります。期間や地域、事業の範囲や規模を限定し、当初はシステム開発をせず、裏方は人力で対応するなどの工夫が必要です。これらの検証方法の選び方は、成長ターゲットの前に初期ターゲットで実績を積むのと同じ考え方です。不確実性の高い時点では小さくスタートし、検証が進むのに合わせて大きく展開していきましょう。

検討の段階に合わせ、コストをかけずに検証するというのは、事業開発の重要なポイントのひとつです。

複数の仮説を並行して検証する

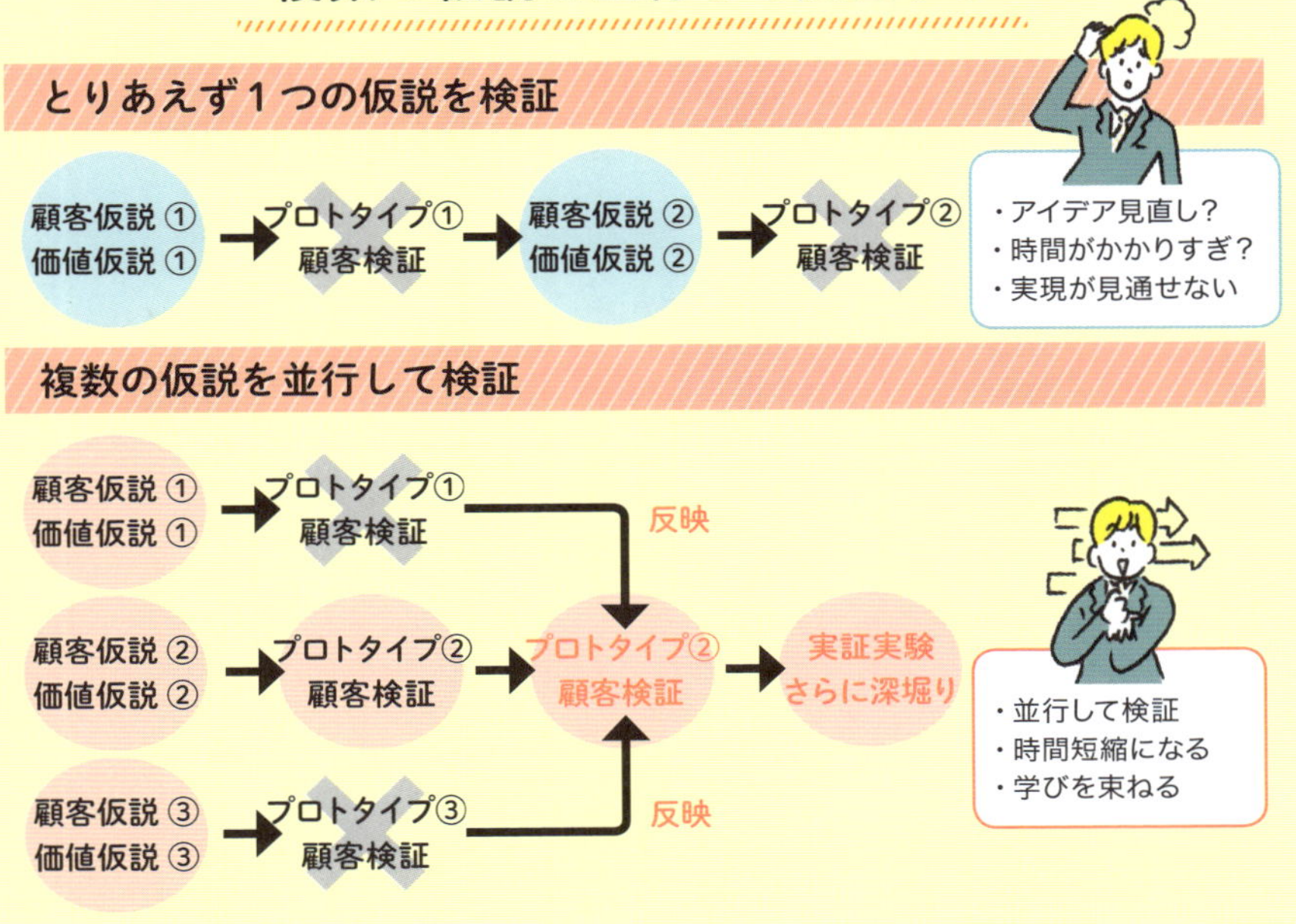

論点を踏まえて検証方法を選択する

①直接ヒアリング	・実際に顧客に提案する形式で資料やチラシを作成 ・ターゲットとする顧客にぶつけて反応を見る
②ブログ、動画、ティザーサイト	・該当領域のブログ、記事投稿、SNS 広告などで拡散 ・Web サイト登録などで潜在ユーザーを洗い出す
③提携先と協業・協議	・想定の提携先との共同によるイベントやトライアル ・顧客基盤をもっている企業との共同企画など
④クラウドファンディング	・企画を提示し、欲しいユーザーに資金負担をしてもらう ・初期顧客の確認と確保、初期資金の調達の両方が可能
⑤実証実験、テストマーケティング	・②で集めた顧客候補などを対象に実際に実行してみる ・「期間限定」「間借り」「人力」などリスク低減の工夫

4

07 ヒアリングを効果的に実施する

ヒアリング対象にアポイントメントをとり、直接話を聞きにいきましょう。ヒアリング実施は事業開発の必須スキルとして身につけておきます。

アポイントメントのとり方

最近は外部サービスが充実しており、インタビュー仲介会社やWeb調査会社などがあります。ただし費用がかかるので、初期段階では使いにくいかもしれません。また社内ルートからの紹介もありますが、調整がうまくいかないことがあるなど、一長一短があります。

おすすめは「**自分で直接アポ**」です。代表番号に直接電話をかけたり、知人やSNSのルートから候補を探し、電話やメールで趣旨を説明して面談を申し入れたりするわけです。営業経験のない方には高いハードルに感じるかもしれませんが、きちんと説明して相手に関心をもってもらえれば、会ってもらえることも多いものです。

現業部門へのアポイントメントは、相手が多忙な場合が多いので、ハードルが高い一方、**企画や事業開発の部門は情報収集や新しい取り組みに関心が高い**ので、まずはこの部門に説明して理解してもらったうえで、内部の適切な部門や人を紹介してもらえると効率的です。

工夫としては、依頼時に「こちらのアイデアにご意見をいただけますか?」と伝えることです。それにより、「どんなアイデアを聞けるのか」という好奇心を刺激しますし、説明を聞いて意見を言うだけであれば、「何か話さなければ」と構えられることが少なくなります。

カスタマージャーニー仮説を事前に行う

ヒアリングを行う前に、ヒアリング対象の事業内容や最近のトピックス、中期経営計画などは事前に調べておきましょう。質問票はあってもよいですが、それをこなすだけになってしまわないよう注意します。特に顧客理解の初期段階では、**聞いた内容をその場で深掘り**しながら理解を深めていきたいものです。

そのためには、**事前にカスタマージャーニー仮説を立てておく**とよいでしょう。ターゲット顧客の行動を想像しながらカスタマージャーニーを書き出してみるわけです。あくまで想像ですので、わからない点も出てきますが、そのような不明点や疑問点を洗い出しておけば、面談で特に確認すべき点が明確になります。

ヒアリングの順番に注意する

ヒアリング実施において、まず注意すべきなのは**①「顧客理解」と②「顧客検証」の順番**で行うことです。検討初期は①のみになるはずですが、検討が進んで顧客理解と顧客検証を同時に行う場合は、まず顧客理解から入ります。ヒアリングの冒頭では訪問の趣旨だけ説明し、①事業アイデアのテーマに関して「どんな行動をとっているのか」をカスタマージャーニーでひととおり聞いたあ

アポイントメントをとりつけるアプローチ

主な方法

外部サービスの活用
- インタビュー仲介会社、Web 調査会社
- 費用がかかる

社内ルート
- 既存事業外の対象につながりにくい
- 社内調整、協力依頼が面倒

自分で直接
- 飛び込み
- 知人のツテ・ネットワーク　など

狙うべき対象

現業部門　△
- 顧客になる可能性が高い
- 現業が忙しく、アポのハードルが高い

企画部門　○
- 情報収集などに関心が高い
- ここを窓口に別部門を紹介してもらう

事業開発部門　◎
- 新しい取り組みに関心が高い
- ここを窓口に別部門を紹介してもらう

と、②検討中のプロトタイプを説明してどう思うかを聞く、という順番です。

せっかく作成したプロトタイプですから、その説明から入りたくなるものですが、そうすると相手の興味が「そのアイデアがどうなのか」に集中してしまい、こちらが併せて確認したかった現在の顧客行動が聞きにくくなってしまいます。

ここまでがヒアリングのメインパートですが、やり取りをするなかで、相手にも聞きたいことや疑問・質問が出てくるかもしれません。相手は顧客候補ですから、せっかく時間を割いてもらったお礼と今後の関係を意識し、質問への回答や参考情報などを提供して**「おもしろそうな事業アイデアを検討しているな」と思ってもらえるように対応**すべきです。そうすることで、ほかのヒアリング候補の紹介や追加ヒアリングの対応も期待できるようになります。

オンライン会議の活用などで効率を上げる

そのほか、ヒアリングの効率を上げる工夫をまとめておきます。まず**オンライン会議**は、ヒアリング対象も会議室を手配する手間などが省けるので、アポイントメントがとりやすくなります。また、ヒアリングの状況を録画しておけば、意思決定者へのプレゼンなどで顧客の生の声として臨場感をもって紹介することもできます。

またヒアリングの際、**説明する側は2名程度**での参加をおすすめします。1人はメモ係として内容を記録するわけですが、第三者の視点でやり取りを見ることで、その場で質問の漏れや抜けなどに気づくことができます。

初期段階のヒアリングは、単なるリサーチという位置付けかもしれませんが、検討がある程度進むと、実証実験、テストマーケティング、初期ターゲットへとつながる**顧客開拓の第一歩**となります。そういった意識でヒアリングのアポイントメント先を開拓し、ヒアリング対象との関係を築くことで、立ち上げ後の営業活動への示唆と実際の引き合い、初期ターゲットのスムーズな獲得につながります。

顧客とのやり取りを行って顧客の理解を深める、アイデアをぶつけるということは事業開発の根幹です。たくさんのヒアリングを積み上げるなかで、ヒアリングのノウハウもしっかりと積み上げていってください。

ヒアリングの主な流れ

① 謝意、趣旨説明
② 相手の属性の確認
→ 当初の想定と照らし合わせ、ターゲティング見直しの参考にする

③ 顧客理解の質問
④ 顧客検証の質問
→ まず相手の業務の理解を深めてからプロトタイプを見せる

⑤ 相手の参考になりそうな話の紹介
⑥ 相手からの質問の受付
→ 顧客候補との関係づくりも意識しギブアンドテイクで意見交換

⑦ 詳しい方の紹介依頼
⑧ 追加ヒアリングの対応依頼
→ 有益な相手と思ってもらい、わらしべ長者方式で次を開拓

ヒアリングの主な工夫

- 「アイデアを聞いてください」でアポ成功率アップ
- 説明する側が話しすぎない
  目標は8：2で相手に話してもらう
- オンラインは相手にとってもありがたい
- 説明する側は2名程度で参加する
- ヒアリングは顧客開拓の第一歩
- ヒアリングの経験を積み重ねてスキルアップ

4

08

技術と顧客をフィットさせるアプローチ

ここまでの考え方をもとにすれば、技術をうまく活用しながら市場を開拓していくタイプの事業の立ち上げも可能になります。

受託ビジネスからの脱却

国内企業の新規事業の特徴のひとつに「**受託ネタから市場拡大**」というものがあります。これは、顧客から発注を受けた製品や部品を、持ち前の技術力で形にして事業化したものが、社会や顧客の変化により需要が拡大し、事業の柱として成長するというストーリーです。

顧客の発注が発端であることから、第2章で触れたマーケットインともいえますが、たまたま外部環境の変化で需要が伸びただけであれば再現性がありません。特定の顧客で顕在化した受託ニーズからスタートしたとしても、それを顧客の集合体である**「マーケット」のニーズにまで自らのしかけで拡大**させたいものです。

真のマーケットインには、本書で説明してきたように、社会や技術の変化と顧客の理解によって潜在ニーズの仮説を立て、それを解決するプロトタイプを顧客にぶつけて検証を繰り返し、**プロダクトとマーケットがフィットする状態**を実現させるアプローチが必要です。このアプローチにより、受託型や売り切り型のビジネスからサービス型事業モデルへの転換も可能になります。サービス型事業モデルについては次の第5章で解説します。

革新的技術で市場をつくる

革新的技術による事業開発において、マーケットインが難しいのは、その時点で**市場が存在しない**ことが多いのが原因です。

クレイトン・クリステンセン著の『イノベーションのジレンマ』では、デスクトップPC市場を押さえていた大口径ハードディスク（HD）メーカーが、ノートPCの登場で、小型HDメーカーに駆逐される事例を紹介しています。この事例で難しいのは、デスクトップPCの全盛期にはノートPC市場がほとんどなく、小型・省電力のCPUとともに小型HDが登場して初めてノートPC市場が拡大するという因果関係であったため、**単なる市場調査では潜在ニーズを見つけられなかったこと**です。

このほかにも、ネットワークの広帯域化がもたらしたオンライン動画市場の可能性を見誤ったレンタルビデオチェーンのブロックバスターなど、新しい技術が潜在ニーズの仕様を満たして市場を形成・拡大していくことを捉えるのは容易ではありません。たとえば、ドローンや自動運転の性能・安全性が向上するに伴い、どんな市場が広がり、それを実現するバリューチェーンにどんな事業機会があるのかを考えることはとても興味深いテーマですが、このような新技術や未成立の市場を対象とする事業開発の取り組みにあたっては、どこにどんなヒアリングをしていくのかを、試行錯誤しながら進めていく

個別受託から真のマーケットインへ

個別受託型

顧客からの発注を受けて開発
- 手持ち技術の延長
- リスクは低いが、競合が多い

言われたとおりにつくればいい
- 個別顧客によるバラバラの仕様
- 事業としての効率は悪い

技術開発の方向は不明確
- 需要や顧客は誰かが決める
- 用途開発は限定的

→

真のマーケットイン

顧客を理解して提案する
- 必要な技術を獲得・育成
- 足場ができれば独壇場

潜在ニーズを仮説の検証で見つける
- マーケットの共通項を探して提案
- コア技術の蓄積で市場を総取り

ロードマップに沿って技術開発
- 将来、何が必要かを先読み
- 説明責任をもって情報発信

必要があります。

技術開発と顧客開拓を両立させる

このように、技術と顧客が相互に影響し合う状況は、技術革新が進む多くの領域で見られます。

もし「この技術を使えばこんなことができるのでは?」といった事業コンセプトを見つけたとします。次に、現在の技術状況を確認しつつ、「顧客の理解と検証」、つまりターゲット顧客の仮説を立て、そのカスタマージャーニーを行い、その技術の「用途」と、実現に必要な「要求仕様」を明確化していきます。

顧客と用途の候補は、可能性を考慮して複数挙げます。それを、開発のハードルなどを念頭に置き、実現しやすいものから順に「初期ターゲット」から「成長ターゲット」へと時系列で並べると、**技術と顧客が両輪で回る開発ロードマップ**のひな型ができます。これにより、市場規模と必要コストも推計できますので、それらを抜き出せば資金計画の原型にもなるわけです。

革新的技術ほど、モノになるまで時間がかかるので、このような立ち上げの工夫が不可欠です。

初期ターゲットから成長ターゲットに展開

東レの「炭素繊維」を例に挙げると、1970年代の開発初期から、航空機や自動車などで利用できる夢の素材として期待されました。いずれも大きくて魅力的な市場ですが、信頼性やコスト、実績などの条件で非常に厳しい業界なので、出てきたばかりの新素材は検討の俎上にも載りません。

そこで同社では、まず「初期ターゲット」として、その時点の品質や信頼性、コストで見合うゴルフや釣りざお、テニスなどのレジャー用途に目を向けました。これらの製品は、産業用途ほど高い信頼性や耐久性を求められません。まずはこの要求仕様の低い用途で事業を進めて性能向上を図りつつ、土木・建築などの産業用途に広げていき、「成長ターゲット」である飛行機や自動車といった分野でも使えるように持っていったのです。

このようにステップ①からステップ③の「アイデアのサイクル」を適切に活用することで、中長期の技術開発が必要な事業開発におけるハードルや重要論点などをカバーして乗り越えることができるわけです。

「技術」と「顧客」の両輪で開発する

Step 1 現在の技術状況の確認
- コスト、性能、安全性など
- 社内技術、外注技術

Step 2 顧客候補の洗い出し
- 用途と要求仕様の明確化
- 個別企業例と市場規模

技術と顧客の開発ロードマップ

Step 3 時系列で並べる
- 主要指標、追加指標
- 対応するターゲット顧客

事業計画

Step 4 数値化する
- 売上見込み
- 必要開発費

「技術」と「顧客」の開発ロードマップ

	初期	中期	後期
顧客開拓 ・用途仮説 ・要求仕様 ・市場規模	炭素繊維では ・レジャー用途	・産業機器など	・自動車 ・航空機
技術開発 ・技術要件 ・実行体制 ・必要費用	・品質や単価の要求は高くない	・徐々に高くなる	・高水準

☑ ここから市場規模と必要コストを時系列で展開すれば資金計画の原型ができ上がる

まとめ

プロダクトと顧客候補の仮説を掘り下げる

早くたくさん実行して上手に失敗しよう

顧客候補などにヒアリングをして理解を深め、ターゲット顧客とプロダクトのイメージを固めていきます。プロトタイピングで解決策の具体案ができたら、実際に顧客にぶつけて反応を見ながらどんどん修正していきます。不確実性が高い時点では時間と費用をかけずに検証する工夫が重要です。

ヒアリング

ヒアリング顧客候補にヒアリングする

- 翻訳アプローチの対象の顧客や協業先など
- ヒアリングの合計回数は数十件以上
- アポイント・ヒアリング実行は極力自前で

顧客の「理解」と「検証」を意識する

プロトタイピング

コンセプトを具体化しプロトタイプをつくる

- PowerPoint、イラスト、モック、動画など
- 低コスト、早い、低リスク
- 具体性、利用シーン、価値、負担
- 複数案を作成

検証方法はその時点の確度で選択する

検証と修正

顧客仮説・価値仮説を適宜修正する

- アーリーアダプターを見つける
- 結果の評価を適切に
- 必要なステップに戻って見直す
- ピボットの繰り返しでPMFを達成

検証と修正で事業への確信が高まる

とるべきアクション

1. ヒアリングのアポイントを手配する
2. 顧客の現在の行動とその背景を理解する
3. 顧客理解をもとに価値を明確化する
4. 提供価値をプロトタイプに具体化する
5. プロトタイプで顧客を検証し修正を繰り返す
6. コンセプト、顧客、価値の仮説を更新する

第5章

利益を生み出すしくみをつくる

ビジネスである以上、新しい事業には利益を生み出すしくみ（ビジネスモデル）が必要とされます。顧客基盤と生涯価値を広げることを意識し、継続的に利益を上げる工夫を考えましょう。

5

01 ビジネスモデルとは何か

事業アイデアをビジネスとして実現するためには、「儲けのしくみ」、つまりビジネスモデルが必要です。

ビジネスモデルは「儲けのしくみ」

ビジネスモデルの定義はいろいろありますが、最もシンプルなのは「**儲け（利益）のしくみ**」です。これは業界で共通する場合が多く、製造業なら「安くつくって高く売る」、小売業なら「安く仕入れて高く売る」といったものです。儲けとは「**売上とコストの差**」ですから、さまざまな活動を通じて、どのようにしてこの差を大きくしていくのかということが、ビジネスモデル設計の基本的なポイントです。

さらに、売上とは**販売数と価格を掛けたもの**で、コストとは**固定費と変動費の合計**です。

- **利益＝売上－コスト**
- **売上＝販売数（顧客数）×価格（客単価）**
- **コスト＝固定費＋変動費**

これが「**利益の公式**」の基本形です。利益を上げるには、「価格（客単価）を上げる」「販売数（顧客数）を増やす」「固定費を下げる」「変動費を下げる」のいずれか、またはセットで行う必要があります。このような、利益に影響を与える要素を「**利益ドライバー**」と呼びます。

この価格、販売数、固定費、変動費という4つの要素は、必ずしも独立しているわけではありません。一般的に価格を上げれば販売数が落ち、品質を高めればコストが上がるなど、「**トレードオフ（二律背反）**」や「**因果・相関**」の関係にあります。

つまりビジネスモデルの設計とは、4つの要素が相互に与える影響を踏まえ、「**4つの要素をどのように動かしていくか**」を考えることです。

利益ドライバーを動かして儲ける

たとえばアップルのビジネスモデルは、ハードウェアを徹底的な**低コスト**で調達し、**高い価格**で売り切るというものです。同社は製造を外部に委託しており、調達原価は価格のわずか20～30%です。製造技術への積極的な投資と、製造の外部委託によってコストを圧縮し、さらに見事な在庫管理と直販システムによって流通コストも抑えています。

この「低コスト」と、確立したブランドによる「高価格」が大きな**マージン（価格とコストの差）**を生んでいます。しかも通常、高価格では販売数が伸びませんが、アップルは卓越したマーケティング力で「**莫大な販売数**」も実現しています。それが大量発注によるコスト削減にもつながり、さらに大きな利益をもたらしています。

「高価格」と「大量販売」という、**相反する利益ドライバーを同時にプラスの方向に動かす**しかけが、アップルの膨大な利益の源泉になっているのです。

利益の公式と損益分岐点グラフの関係

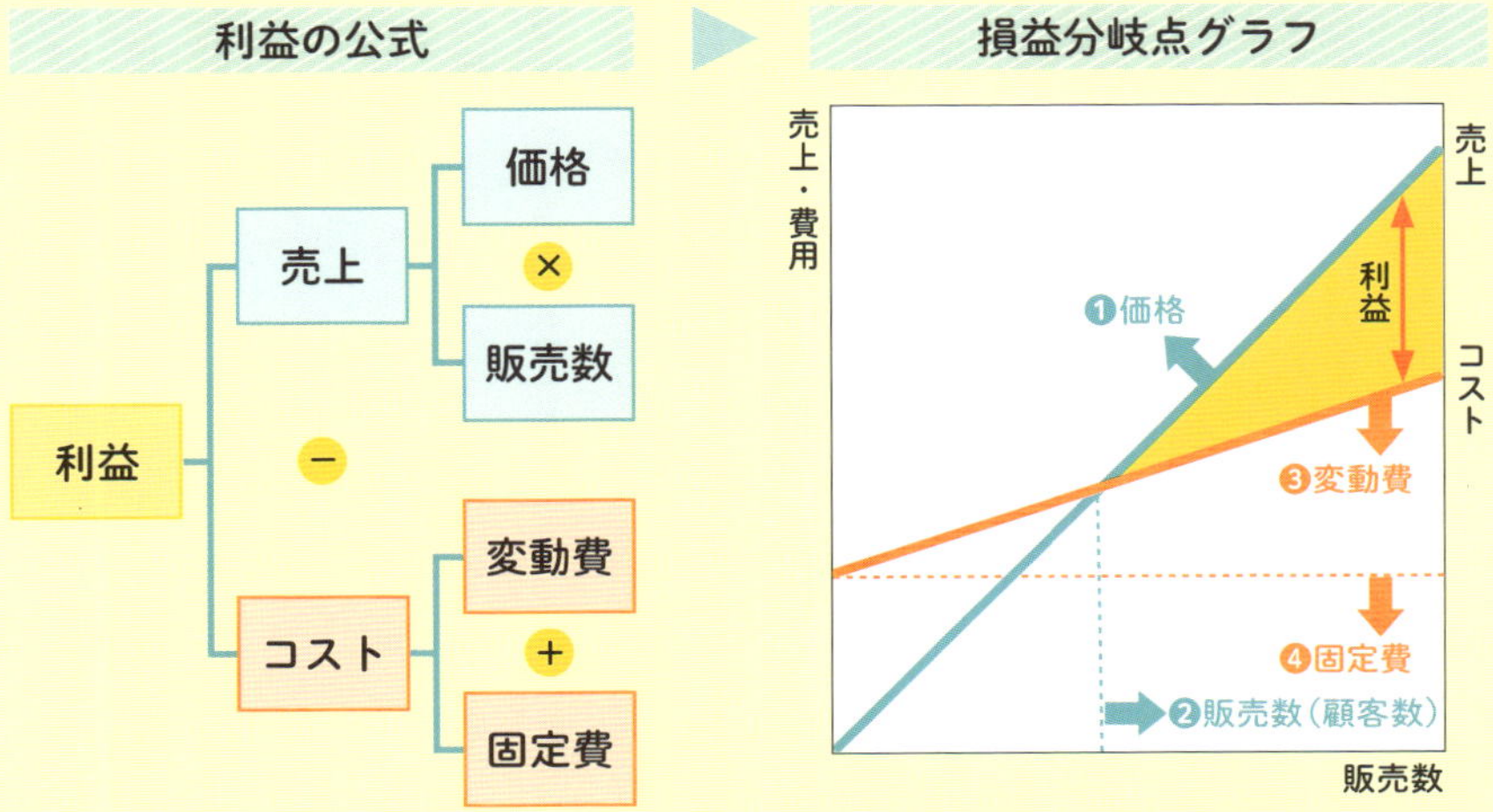

アップルとアマゾンのしくみの違い

しかし、アマゾンの創業者であるジェフ・ベゾスはかつて「アップルの戦略は失敗している」と言っていました。アップルは短期的には大きく儲けることができても、そのマージンの大きさゆえに**低価格の競合を引き寄せてしまう**というのです。実際iPhoneは、Android搭載のサムスン電子製スマートフォンなどにシェアを侵食されました。

立ち上げがうまくいって大きな利益を生み出せても、中長期で競合参入により利益が減少する事態も起こり得ます。そのため、競合との関係も考え、持続的な利益を目指すことが重要となります。

それでは、アマゾンの「儲けのしくみ」はどうなのでしょうか。それは徹底した**低価格による薄利多売**です。低価格なのでマージンは小さくなりますが、価格を重視する消費者の支持を集め、販売数が圧倒的に増えるため、利益を確保できます。また、アマゾンは物流の設備やシステムに莫大な投資を行い、利益が出そうになると値下げを行い、**あえて目先の利益率を抑えるようにしています**。これにより、「多額の設備投資」と「低い利益率」という参入障壁を築くことができ、競合を遠ざけているわけです。アマゾンの戦略は、**最も儲かるしくみである独占に近い状態**を中長期で築くことなのです。

儲けのストーリーを常に意識する

事業の最終目標は、「**持続可能な利益**」を生み出すことです。いくら流行のキーワードを散りばめ、事業計画をつくってみても、それがバラバラな施策の寄せ集めでは意味がありません。しっかりと「儲けのしくみ」につながっている必要があるのです。

そこでは「どう利益を得るのか」「どんなハードルやトレードオフを乗り越えられるのか」という点が重要です。たとえば、「このしくみで競合より低価格にできる」「価格は競合と同等でもコストを下げられるので儲かる」といった**儲けのストーリーを明確にする**ことです。そのストーリーを常に意識していないと、余計な活動に資源を割いたり、一見すると低収益でも最終的には利益につながる重要なアクションを見逃したりすることになりかねません。

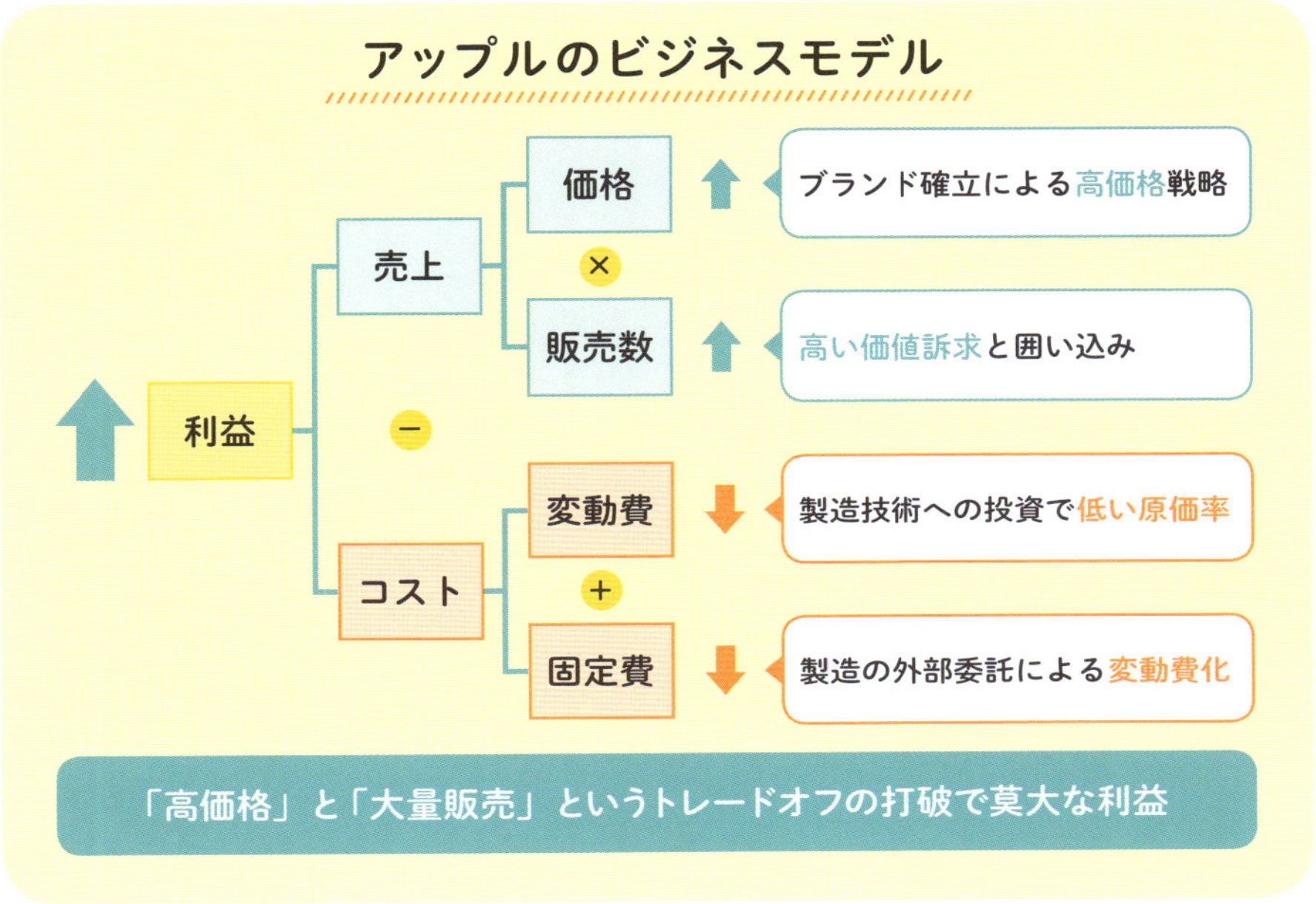
アップルのビジネスモデル
利益
売上
価格
×
販売数
−
コスト
変動費
＋
固定費
ブランド確立による高価格戦略
高い価値訴求と囲い込み
製造技術への投資で低い原価率
製造の外部委託による変動費化
「高価格」と「大量販売」というトレードオフの打破で莫大な利益

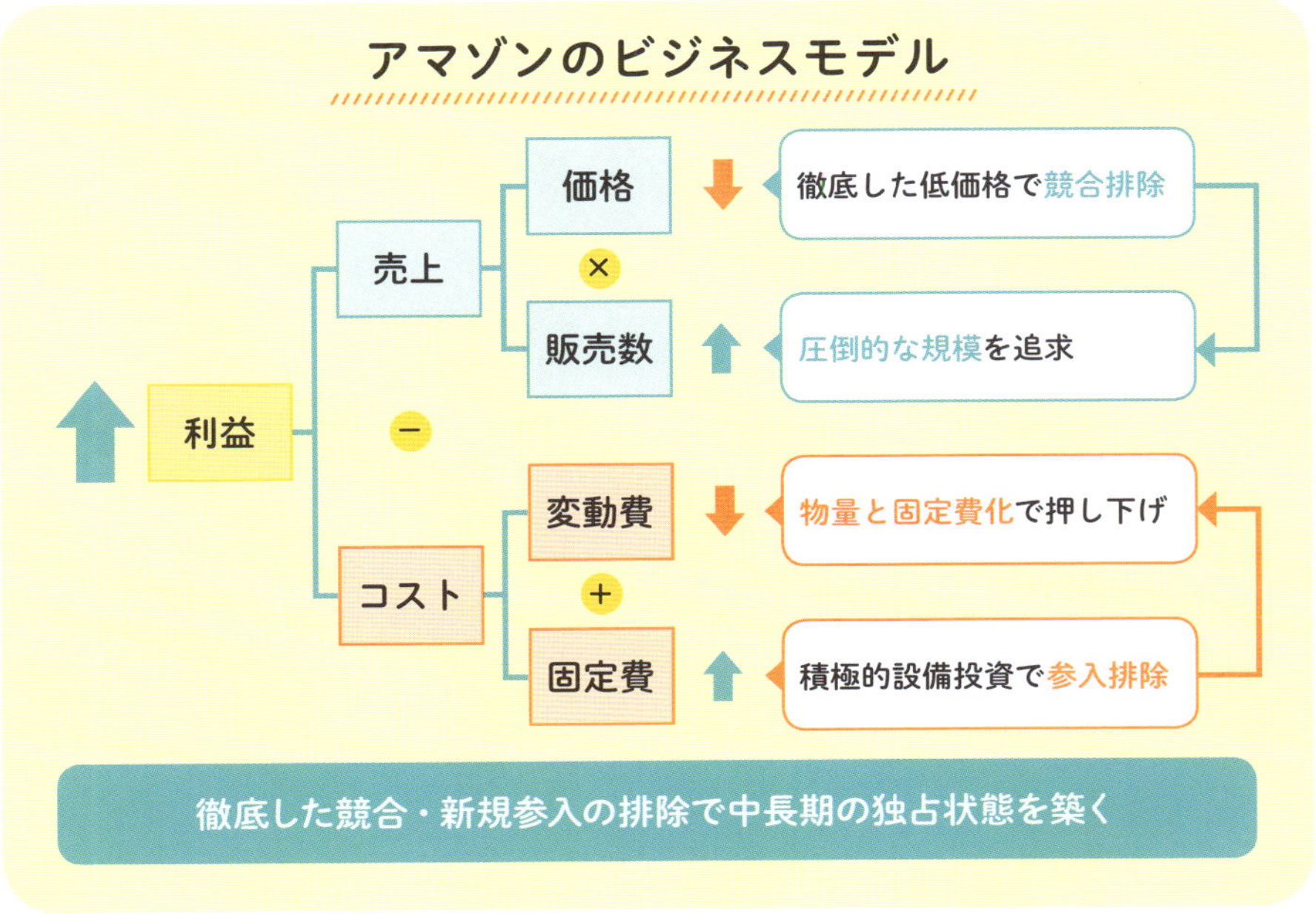
アマゾンのビジネスモデル
利益
売上
価格
×
販売数
−
コスト
変動費
＋
固定費
徹底した低価格で競合排除
圧倒的な規模を追求
物量と固定費化で押し下げ
積極的設備投資で参入排除
徹底した競合・新規参入の排除で中長期の独占状態を築く

5

02

利益を生み出す3つのしくみ

利益に影響を与える要素である「利益ドライバー」の動かし方は多様ですが、その組み合わせにはいくつかのモデルがあります。

利益ドライバーの主な動かし方

前節で解説した「利益の公式」はシンプルなものです。しかし、その要素となる4つの利益ドライバー（価格、販売数、固定費、変動費）は、一方を得ようとすると一方を失うという「**トレードオフ**」の関係にあります。たとえば、「コストを下げる」と「品質が落ちて価格を上げにくい」、「価格を上げる」と「販売数が伸びない」といったことが起こります。

このような特性を踏まえると、利益を上げるための利益ドライバーの動かし方は、いくつかのモデルに集約されます。その主なものは「**マージン型**」「**回転型**」「**顧客ベース型**」の3つです。

「マージン型」は、**低コストまたは高価格にしてマージン（価格とコストの差）を大きくする**方法です。

そのうちの「低コスト型」は、コストを抑えてマージンを大きくします。競合と同程度の価格を維持しつつ、生産方式の工夫や大量発注などで低コストを実現することで、マージンを生み出します。「低価格」ではないので注意してください。価格を低くするとマージンが小さくなります。

また「プレミアム価格型」は、高い品質やブランド力により高価格を実現します。コストも多少は上がりますが、それ以上に価格を引き上げられるので、マージンが大きくなります。

低価格・高回転率で儲ける回転型

「回転型」は、**低価格と高回転率（販売数）で利益を生み出す**方法です。低価格なのでマージンは小さくなりますが、その分、回転率（販売数）を上げることで利益を確保します。「**薄利多売型**」ともいえるしくみです。回転率が上がれば、利益はもちろん、資金や在庫の回転率の面でもメリットがあります。

ユニクロは、低価格のカジュアルウェアを世界中で大量に販売することで、大きな利益を得てきました。

また3－07で紹介したQBハウスでは、低価格化と同時に、カット時間の短縮と予約なしの行列制により回転率を上げ、1日あたりの店舗売上を確保しています。さらにはスタッフの施術数が圧倒的に増えるため、スキルの習得が促進され、**低価格・短時間なのに高品質**という価値も実現しています。

顧客数で儲ける顧客ベース型

3つめの「顧客ベース型」は、まず無料提供などで顧客基盤（顧客ベース）を広げ、良好な利用体験などで顧

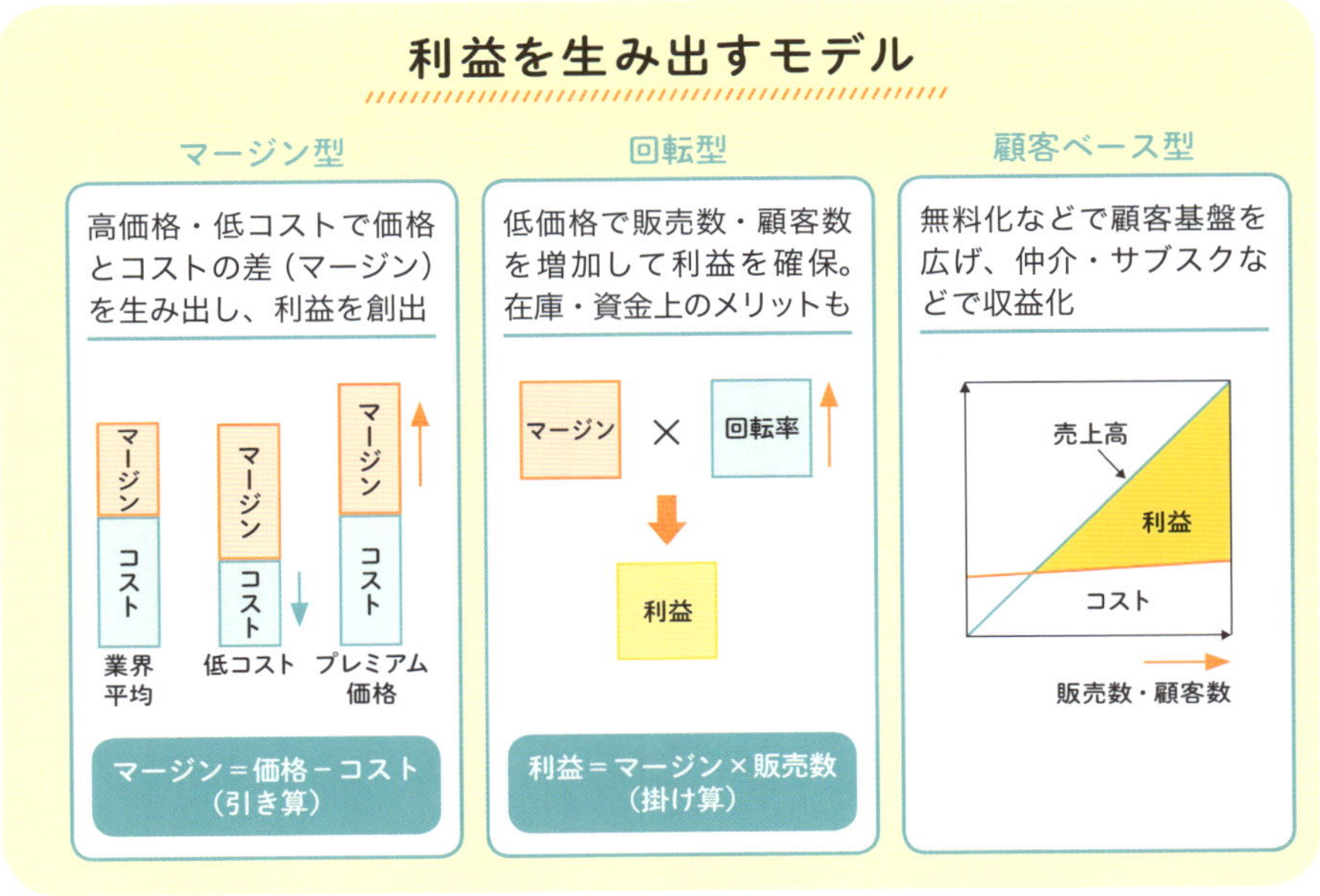

客を確保してから、**定額支払いや有料サービスなどで収益化する**方法です。

顧客ベース型では、顧客確保のための先行投資が必要ですが、確保した顧客から継続的に得られる売上、つまり**生涯価値（LTV：ライフタイムバリュー）**の拡大によって、その先行投資を回収します。そのうえで、さらに顧客数を拡大・維持することで、損益分岐点を大きく超える利益が得られるようになります。

無料提供はスマホアプリなどでよく見られますが、それ以外で圧倒的な先行投資で顧客を確保した事例のひとつとして、ソフトバンクが挙げられます。インターネットの草創期にYahoo! BBのモデム無料配布を行い、最近ではQRコード決済サービスであるPayPayの「100億円キャンペーン」などを実施しました。いずれも無謀なバラマキといわれましたが、「顧客から対価を得られる目途があれば積極的な販促投資をして刈り取る」という原理原則に則った成功事例といえるでしょう。

「儲かる循環」を構築する

回転型と顧客ベース型は「利益が低くて儲からなさそう」「先行投資のハードルが高そう」に見えるため、その勘所をイメージしにくいかもしれません。

両者の共通点は、販売数や顧客数といった「**ボリュームの確保**」にあります。どれだけマージンが大きくても、販売数や顧客数が伸びなければ損益分岐点に達しません。逆に、販売数や顧客数を確保できれば、マージンが小さくても大きな利益につながる可能性があるのです。

また、先行投資は必要ですが、顧客が継続的に対価を支払うようになって先行投資を回収できれば、あとは利益が伸びるのみです。このような**ボリューム確保による好循環**を意識する必要があります。

とりわけ顧客ベース型は、安定した利益が期待できるので、選択肢としては**「顧客ベース型で実現できないか」を第一に考えるのがベター**です。マージン型や回転型は、それだけでは顧客を囲い込むしくみをつくり込みにくい売り切り型のモデルですので、一時的に儲かってもその利益を維持できるとは限りません。

顧客ベース型のモデルをどう構築するのかについては、このあとに詳しく解説します。

「儲かる循環」で損益分岐点を超える

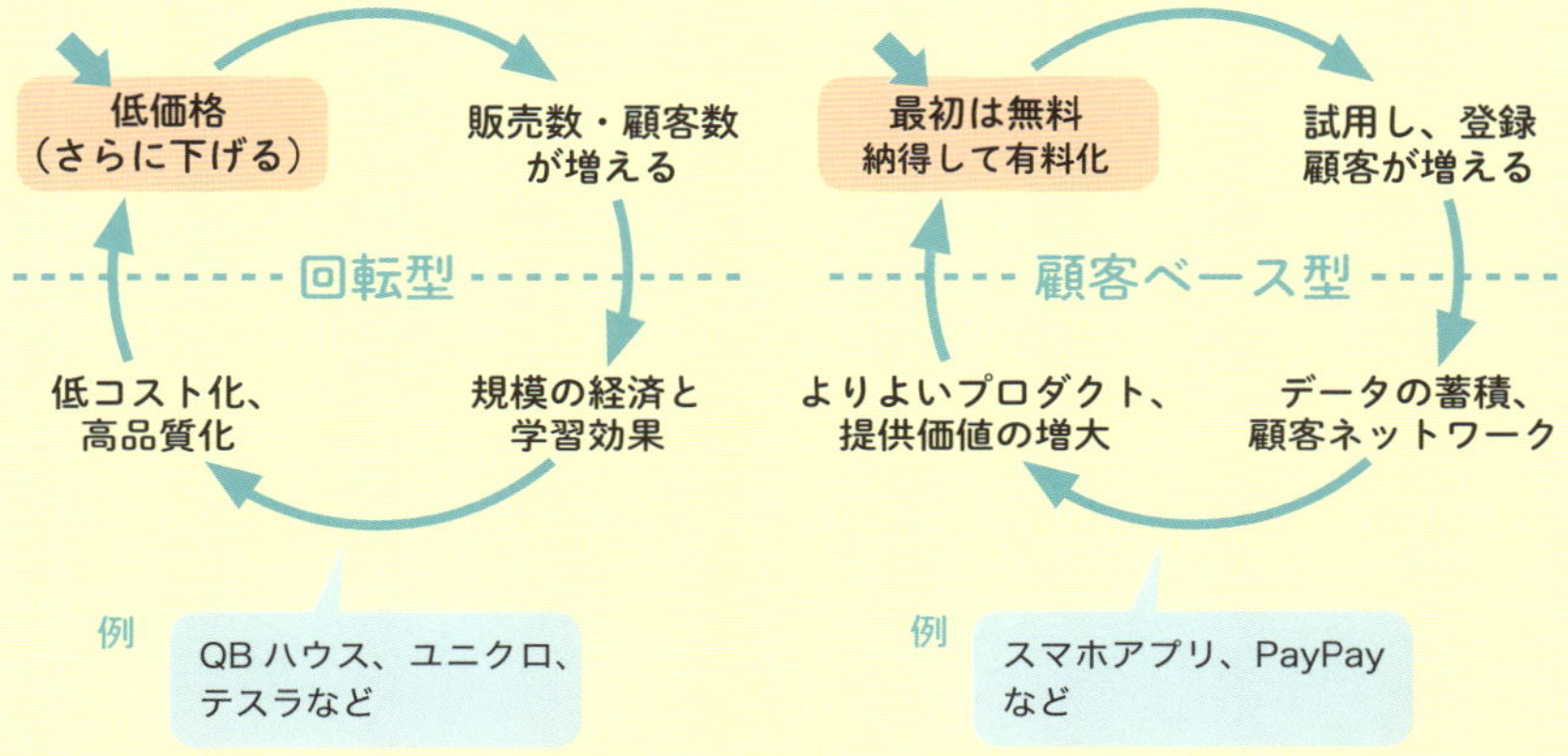

まずは顧客ベース型での実現を検討する

顧客ベース型が注目を集める背景

そもそも有効性の高い利益モデル

- 顧客確保はビジネスの基本
- 継続収入で利益の安定性確保

＋

ICT の普及で採用しやすくなった

- 顧客や利用状況の逐次管理
- 低コストの継続課金ツール

▼

実施のポイント

顧客基盤を拡大させる

- 新しいサービスほど顧客は不信感
- トライアルのハードルを下げる

×

継続利用を拡大させる

- 使った顧客が満足しているか
- 価値に見合ったマネタイズ設定

5

03

既存のビジネスモデルを応用する

事業アイデアが固まってきたら、儲け方を検討します。ビジネスモデルをゼロから考えるのではなく、既存のしくみを応用できないかを考えてみましょう。

既存のビジネスモデルを参考にする

まず重要なのは、**ビジネスモデルはゼロから考える必要はない**ということです。「アイデアのサイクル」で他社・他業界の事例や、ビジネスモデルのパターンが重要と述べました。多くのビジネスモデルは、世の中にすでに存在するものの応用であることがほとんどです。そのため、「当社事業をサービス型事業モデルにできないか」などと考えることは、とても有効な発想法のひとつです。

前述したアップルとアマゾンも、それぞれ過去に定番とされてきた「**スキミング価格戦略**」「**浸透価格戦略**」そのものです。前者は高価格と高利益率を確保する戦略、後者は低価格で迅速に市場シェアを拡大する戦略です。**新しい事業アイデアと既存の優れたしくみを組み合わせる**ことで、インパクトのあるビジネスモデルになり得ます。むしろまったく新しいビジネスモデルでは、誰も聞いたことがないので不安視され、かえって受け入れてもらえないこともあります。

ただし、参考にする事例のほとんどはあくまでその業界やビジネスに特有のものです。同じ業界なら真似できるかもしれませんが、別の業界やアイデアに適用しようとすると、**個別の状況に合わせてカスタマイズと具体化**をする必要があります。

ビジネスモデル化のサイクルで具体化する

ビジネスモデルの具体化を行うのが「ビジネスモデル

化のサイクル」です。「マネタイズモデル」で価値をお金にするしくみ、つまり売上を上げる方法を考え、「バリューチェーン」で顧客へ価値を提供するためのオペレーション（開発や運営など）と、その価値を顧客に周知するマーケティングを設計してコストを洗い出し、「キャッシュフローモデル」で最終的な儲けのしくみが構築できているかどうかを確認するわけです。「アイデアのサイクル」は事業の価値や方向性を決める概要設計として、発想力や創造性が求められる一方、「ビジネスモデル化のサイクル」は**ビジネスモデルの詳細設計**であり、**構想力や緻密さ**が求められます。

このビジネスモデルの構築には、**個別具体的な検討と説明**が求められます。ここが不十分では、意思決定者や関係者が勝手に問題点を想像し、否定的な印象をもちかねません。特になじみのない事業は感覚的に理解しにくいので、キャッシュフローモデルを用いた丹念な説明が求められます。この点は第6章で解説します。

ビジネスモデルの源流探訪

ビジネスモデルとして一般的によく使われるものに、

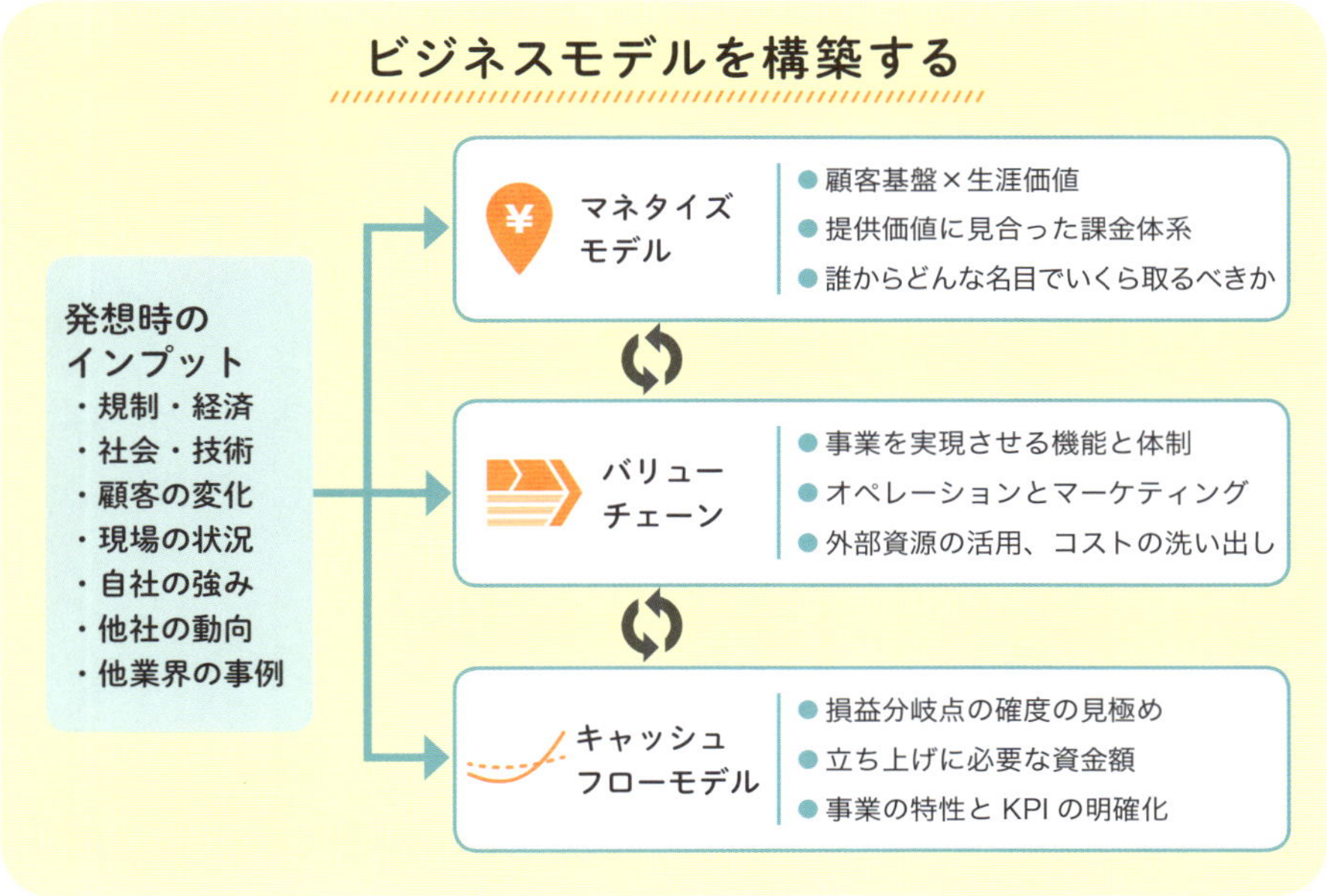

モノ売り、手数料、仲介料・成功報酬、人月課金、広告・スポンサー料などがあります。それ以外に、既存のビジネスモデルが他業界や他社で応用されている例を、左表にまとめておきました。

「**バリューアップモデル**」は、仕入れた資産の、価値を高めて売却するものです。たとえば、不動産開発やベンチャーキャピタルは、どちらも安価な段階で資産を仕入れ、それをバリューアップして売却益を得るという点で同じビジネスモデルといえます。

モノづくりでは、トヨタ生産方式（54ページ参照）が「**リーン生産モデル**」として自動車やパソコンなどの組み立て工程のある業界で適用されています。品質、コスト、納期など、通常ではトレードオフになる要素を同時に成立させる優れたオペレーションのしくみです。

「**ロールアップモデル**」は、小規模事業者や同業種の事業をM&Aなどで取り込んで規模を大きくし、経営効率を高めるものです。競合同士が成熟期に入った事業で合弁会社を設立する例などもこのパターンの一部です。

「**元請けモデル**」は、顧客への価値を担保し、受注変動や個別ノウハウは下請け活用でカバーします。建設業界やシステム開発などでよく見られます。

「**マーケットプレイス（マッチング）**」は売り手と買い手を高い密度でマッチングさせ、取引の経済性を高めるものです。インターネット検索の普及により、大きく広がったビジネスモデルです。

「**富山の薬売りモデル**」は、在庫を顧客の手元に置き、使った分だけ対価を回収するものです。もともとの配置薬から、オフィスの「置き菓子」サービスなどに応用が進んでいます。

「**サプライ品モデル**」は、導入に必要な機器などは低価格で顧客に提供し、稼働に必要なサプライ品で儲けるものです。こちらも最初はジレットのカミソリから始まりましたが、複合機のトナーなどに広がっています。

次節で紹介するサービス型事業モデルの全体構造は「元請けモデル」、顧客基盤の拡大の部分は「富山の薬売りモデル」、生涯価値の向上の部分は「サプライ品モデル」などを組み合わせたものといえるでしょう。

ビジネスモデルにはこのほかにも「広告モデル」など、たくさんの先行事例がありますので、参考にして事業の収益性を高められるよう工夫していきましょう。

主なビジネスモデルの源流

個別取引型

モデル	しくみ	メリット
バリューアップモデル ● 不動産開発 ● ベンチャーキャピタル　など	資産を安く仕入れ、バリューアップして高く売る	所有権を確保するので価値向上の果実を逃さない
リーン生産モデル ● トヨタ生産方式 ● デル（パソコン） ● アップル　など	事業のコアに集中、それ以外は外部と連携して調達	自社の資源を価値向上のインパクトのある事業に集中できる
ロールアップモデル ● ファミレス、コンビニ ● PGM、アコーディア ● 業界の事業再編 など	小規模・同業などの事業をM&Aや合弁事業などで取りまとめ、規模を拡大する	宣伝・営業、仕入れ、運営などの共通化で経営効率の向上を図る
元請けモデル ● 建設業、スマートシティ ● システム開発 ● サービス型事業モデル	元請けが下請けを束ね、責任をもって顧客価値を提供する	価値提供に必要な資源を外部から調達するので、固定費負担が低い

顧客ベース型

モデル	しくみ	メリット
マーケットプレイス（マッチング） ● アマゾン、楽天 ● Airbnb、ウーバー ● ビズリーチ　など	売り手と買い手を高い密度でマッチングさせ、事業機会を提供する	売り手と買い手の数と取引の密度が高まれば、ネットワーク効果で利便性が高まる
富山の薬売りモデル ● 配置薬 ● 無人直売所 ● オフィスグリコ　など	在庫を顧客の手元に置き、使った分だけ対価を回収	顧客の利便性の向上とともに、販売ロス、店舗や広告費の負担も減少する
サプライ品モデル ● ジレットのカミソリ ● 複合機（トナー） ● 機器の保守部品 など	本体は低価格・無料で提供し、消耗品などで儲ける	初期コストを減らして導入を増やし、稼働状況に沿ったコスト負担で満足度を高める

5

04 サービス型事業モデルへ転換する

「サービス型事業モデル」は製造業を中心に注目を集めているビジネスモデルです。売り切り型から脱却し、継続的な価値提供で収益性を高めます。

「モノ売り」から「コト売り」へ

よい製品やサービスを提供してリピーターになってもらうことは、古来から重要視されるビジネスのコツです。ただし、マージン型や回転型（154ページ参照）は原則、売り切り型ですので、安定性が低いことがデメリットです。そこで、顧客ベース型の特長である生涯価値を高めて継続収入を確保できるモデルとして、製造業を中心に注目を集めているものが「**サービス型事業モデル**」です。これは「**モノを売る**」のではなく「**コトを売る**」というものです。

このモデルの事例は、12ページでも紹介したGEの航空機エンジン事業です。エンジンなどを「機器として販売」するのではなく、迅速な修理対応や効率的な整備計画、フライトプランの提案など、顧客の経営の重要指標である「**機体稼働率**」「**定時到着率**」「**燃費**」などを**向上させるサービス**に転換しました。

航空会社は成果に対して継続的に対価を支払い、GEも機器が長期間に稼働するため、**導入コストの回収後は利益が積み上がる**という高い収益性を実現できるようになりました。このような成功例があると、多くの企業はそのしくみを研究して取り組むようになります。

新しい技術の普及を後押しする

サービス型事業モデルを適切に運用すると、**新しい技術の普及を促進する**ことも可能です。たとえば、LED

照明は省電力や長寿命が特長ですが、発売当初は価格が高く、ユーザーは導入に二の足を踏んでいました。使ってみないと効果があるのかわからないので当然です。

電機大手のフィリップスは、自治体の街路灯などでLED照明のサービス型事業を提案しました。GEと同様、機器としての販売ではなく、LED照明をフィリップスの負担で設置して、不具合時の交換なども同社が行うというサービスとしての提供にシフトしたものです。

フィリップスの**収入源は電気代の差額**です。電気代を通常の照明より安く、省電力のLED照明より高く設定することで、**寿命が切れるまで収益を上げる**ことができます。LED照明は長寿命ですので、不具合時の交換も低い頻度で済みます。このサービスは、新しい技術のリスクはメーカー側が負担し、顧客は電力の節約と管理負担の削減というメリットが受け取れるということでLED照明の普及促進に大きく貢献しました。

サービス型事業への転換アプローチ

売り切り型のビジネスをサービス型に転換するアプローチについて説明します。まず、当初は個別製品の提

サービス型事業モデルの事例

GE
航空機エンジン
エンジンの販売から、エンジンの予防保守、修理対応、整備計画、運航支援へ

- エンジンを遠隔で監視
- 予防保守・運行支援の提供
- 成果ベースのフィー獲得

フィリップス
LED 照明
照明器具の販売から、器具の設置、不具合時の交換などエネルギーマネジメントへ

- LED 照明を自社負担で提供
- 不具合時の取り換えも負担
- 電気代の差額で儲ける

ミシュラン
バス・トラックのタイヤ
タイヤの販売から、タイヤ管理サービスへ

- タイヤの走行距離で課金
- 整備部門の業務を効率化
- 再生タイヤの活用

供にとどまる「単品型」です。これは、対象とする業務の範囲が限定的で、かつ成果にコミットしないので、価格競争や切り替えのリスクが高くなります。また購入時の価格が負担となり、顧客開拓に苦労します。

そこからの転換のアプローチのひとつは「**深堀り**」です。カスタマージャーニー（3－06参照）による顧客理解で着目すべき顧客の成果を明らかにし、顧客業務の川上・川下で支援機会を見つけてカバーします。単品型では不明確だった費用対効果がわかりやすくなるうえ、顧客業務に深く入り込んで理解とノウハウを蓄積すれば切り替えのリスクを低減できます。

もうひとつのアプローチは「**横展開**」です。特定の業務や機能のプラットフォームを先行投資で構築し、それを複数の顧客に提供するのです。特長は**顧客基盤を広げやすくなる**ことです。クラウド型のITサービスやゲームアプリなどが典型例で、顧客が増えても提供側のコストはほとんど増えないので、無料やお試し価格で使用を促進できます。それにより満足感を得られれば課金してもらえますし、顧客側の慣れやデータ蓄積が進めば切り替えのリスクも低下します。

サービス型事業の3つの要件

サービス型事業は、①**顧客の成果にコミット**、②**顧客業務に入り込む**ことでロックイン、③**納得・採用されやすい課金体系**というしかけで規模と安定収入を両立できるとメリットが大きく、多くの業界に広まっています。

重要なのは①顧客の成果へのコミットです。売り切り型でも成果に貢献できるかもしれませんが、顧客自身もその関連の活動を行って成果を生み出しているとなれば、その貢献は限定的です。顧客価値の明確化には、その**貢献が目に見えてわかるレベルで介入する**必要があり、それができるように事業の範囲を見直すことが大切です。

このように、顧客業務に入り込んで理解やノウハウが蓄積されると、顧客へのロックインが生じます。成果を継続して出していれば、利用し続けてもらえるでしょう。

あとは**顧客基盤や生涯価値の拡大に資するような課金体系**を構築することです。顧客が採用しやすいよう、導入の初期コストを下げる、成果に応じてコストを変動させるなど、顧客・提供側の双方が納得しやすい課金体系を設計することが重要です。

サービス型事業への転換アプローチ

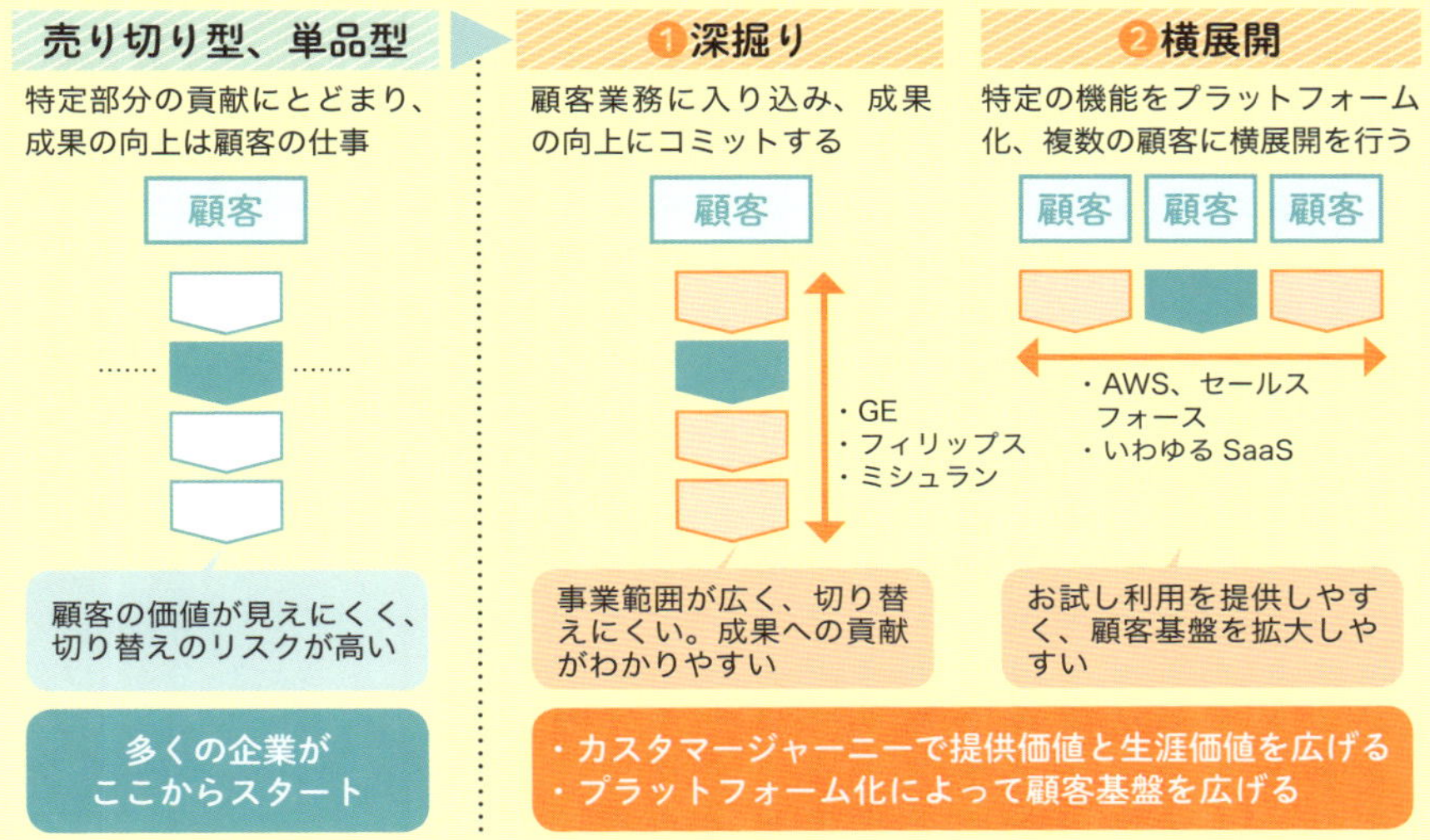
売り切り型、単品型
特定部分の貢献にとどまり、成果の向上は顧客の仕事
顧客
顧客の価値が見えにくく、切り替えのリスクが高い
多くの企業がここからスタート
1 深掘り
顧客業務に入り込み、成果の向上にコミットする
顧客
・GE
・フィリップス
・ミシュラン
事業範囲が広く、切り替えにくい。成果への貢献がわかりやすい
2 横展開
特定の機能をプラットフォーム化、複数の顧客に横展開を行う
顧客
顧客
顧客
・AWS、セールスフォース
・いわゆる SaaS
お試し利用を提供しやすく、顧客基盤を拡大しやすい
・カスタマージャーニーで提供価値と生涯価値を広げる
・プラットフォーム化によって顧客基盤を広げる

サービス型事業を実現する3つの要件

顧客の成果へのコミット
- 機器や業務の提供で終わらず、顧客の成果にコミットする
- 既存事業の枠を超えた取り組みが必要
- 自前主義では実現できないので、外部リソースを活用

継続関係による顧客ロックイン
- 脱売り切りで顧客への深い理解とノウハウが蓄積される
- 顧客の業務を取り込むことで、離れられない関係を構築
- ノウハウ蓄積による価値向上で、顧客も喜んで対価を支払う

顧客基盤×生涯価値の課金体系
- 導入時の負担を減らし、顧客基盤の拡大を目指す
- 成果に連動した納得感のある継続的な課金体系を提示
- 顧客増×継続収入で利益規模がさらに拡大

5

05

マネタイズモデルを考える

マネタイズモデルでは、誰からどんな名目で収益を得るのか、そのしくみを考えます。マネタイズモデルの検討には、４つのポイントがあります。

マネタイズモデルがビジネスモデルの核

ビジネスモデルを設計する際には、**マネタイズモデルの検討**が必要不可欠です。5－04でサービス型事業モデルとして紹介したGEの例では、航空機の情報を解析して成果を出すというしくみであっても、相変わらずエンジンの販売で収益を得ていれば、それは「売り切り型」のビジネスです。フィリップスの例も同様に、LED照明の設置とメンテナンスを月額料金などで提供する場合は売り切り型ですが、そこに**成果を組み合わせたり、削減できた電気代に応じて課金したりする**ことでサービス型事業モデルになるのです。

発想した事業アイデアの成長性や安定性に適したマネタイズを考えることは収益性に大きな影響を与えます。

マネタイズモデルの４つのポイント

マネタイズモデルを設計するポイントは４つあります。まずは初期の顧客負担を抑え、①**顧客基盤の拡大につながるしくみ**を考えます。新規性の高い事業において、顧客の試用機会が少ないと、顧客基盤が広がりません。スポンサーなどの別の支払者を見つけたりフリーミアムなどを採用したりすることで、顧客ができるだけ多く製品やサービスに触れられるよう工夫します。

次は、②**生涯価値の拡大につながるしくみ**を考えます。収入には継続的に得られるものと売り切り型などで途絶えてしまうものがありますが、生涯価値を高めて継続収入を増やすことで、事業を安定かつ成長させやすくなります。これには、**顧客満足の維持・継続**が必要です。

そして、価格をいくらにするのかという③**価格水準**です。売り切り型なら販売価格、継続収入型なら月額料金や、使用量に応じた課金などの単価を決めます。顧客が受け取る価値に見合った値付けが重要です。

最後は、④**利益の公式**（150ページ参照）を工夫することです。価格、販売数、固定費、変動費の相互の影響を踏まえ、顧客のメリットと提供側の経済性を両立させる値付けとコストを設計する必要があります。これは、第6章のバリューチェーンの設計につながります。

売上を最大化させるマネタイズモデル

売上は、**販売数（顧客数）と価格（客単価）、つまり顧客基盤と生涯価値**を掛けた面積の大きさで表されます。そのため、顧客基盤と生涯価値をどう拡大させるのかを考えることが重要です。

まず、顧客基盤を拡大させる手法としては、「**フリーミアム**」や「**広告モデル**」が代表的です。ともに顧客の利用負担を抑え、顧客からの月額料金や、顧客への販売

マネタイズモデルの4つのポイント

	考え方	内容・例
①顧客基盤を拡大	初期負担を軽減し、顧客基盤を広げられないか	● フリーミアム、お試し、低価格 ● リース・レンタル、成功報酬・仲介料 ● 広告・スポンサーなどの支払者を見つける
②生涯価値を拡大	顧客との継続的関係で、生涯価値を高められないか	● サプライ品、保守メンテ、人月課金 ● ロイヤリティ、使用料 ● リカーリング、サブスクリプション
③価値に見合った価格水準	提供価値、競合・代替品などに見合う価格水準を設定する	● 顧客理解による経済価値の推定 ● 競合・代替品との価格・価値の比較 ● 消費者向けには価格感度の分析など
④利益の公式を工夫	顧客のメリットと提供側の経済性を両立できる工夫・方法を検討する（＝バリューチェーン）	● 販売数・顧客数×生涯価値・客単価 ● 固定費＋変動費 ● それぞれのトレードオフを解消

促進を狙うスポンサーから収入を得ます。

次に、生涯価値を拡大させる手法として古くからあるのは、160ページで紹介した、消耗品やサプライ品で儲けるものです。複合機のトナーや産業機器の保守部品など、さまざまな分野に応用されています。また、継続収入を得ることを目的とした「**リカーリング**」や「**サブスク**」はデジタルコンテンツなどでよく使われています。

高い売上の確保には、**顧客基盤と生涯価値をセットで拡大させる**必要があります。たとえば、消耗品で儲ける前に機器本体を安くしたり、サブスクで儲ける前に基本機能を無料にしたりして売上の面積を拡大させます。

有効な手法は時代によって変わる

有効なビジネスモデルは時代により変わっていきます。こうしたビジネスモデルの変遷を、テレビ番組などのコンテンツ配信を例に見てみましょう。

民放テレビのビジネスモデルは、「**支払者と受益者**」(96ページ参照)が分かれる広告モデルです。番組内で視聴者に向けた広告を放送することで、スポンサーから広告料を得ています。テレビ放送が開始された1950年代はテレビ受信機が高額で普及していなかったので、当初は街頭テレビなどで視聴することが多くありました。そのような、高額かつ新規性の高いサービスを普及させるのに適したビジネスモデルであったといえます。

しかし時代が進み、娯楽が多様化すると、**視聴率の確保が不透明**になります。視聴率は放送してみないとわからない一方、制作予算は事前に確定させなければならないため、どうしてもコストは抑えがち、内容は画一化が進み、それによりテレビ離れやスポンサー離れが進むという負のスパイラルに陥りました。サービス開始当初はよかったのですが、**スポンサー収入の不安定さ**が問題として顕在化したといえるでしょう。

一方、ネットフリックスなどの動画配信サービスは、**加入者から月額の固定料金を得る**「サブスク」です。こうしたサービスの登場の背景には、技術の進歩やスマートフォンの普及、課金システムの構築などがあります。**月額固定で収入が安定する**ことで、魅力的な番組に予算を投入できるようになり、それがコンテンツ資産となって加入者の獲得と維持に貢献します。それによって増加した収益を次の企画に投入する好循環が生まれています。

「売上＝顧客基盤×生涯価値」を拡大させる

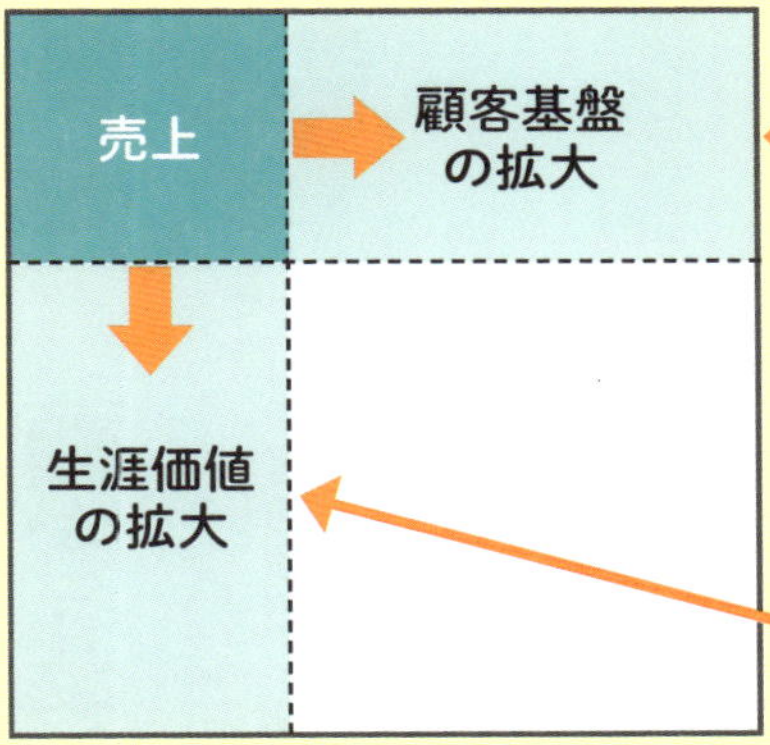

❶別の支払者を見つける
顧客リーチを広告主に提供。
例：民放テレビ、検索など

❷フリーミアム
無料提供後、追加利用を有料化。
例：スマホゲームなど

❸消耗品・サプライ品
消耗品で利益を生み出す。
例：複合機、保守部品など

❹リカーリング・サブスク
利用する権利を提供する。
例：雑誌、動画配信など

コンテンツ配信のビジネスモデルの変遷

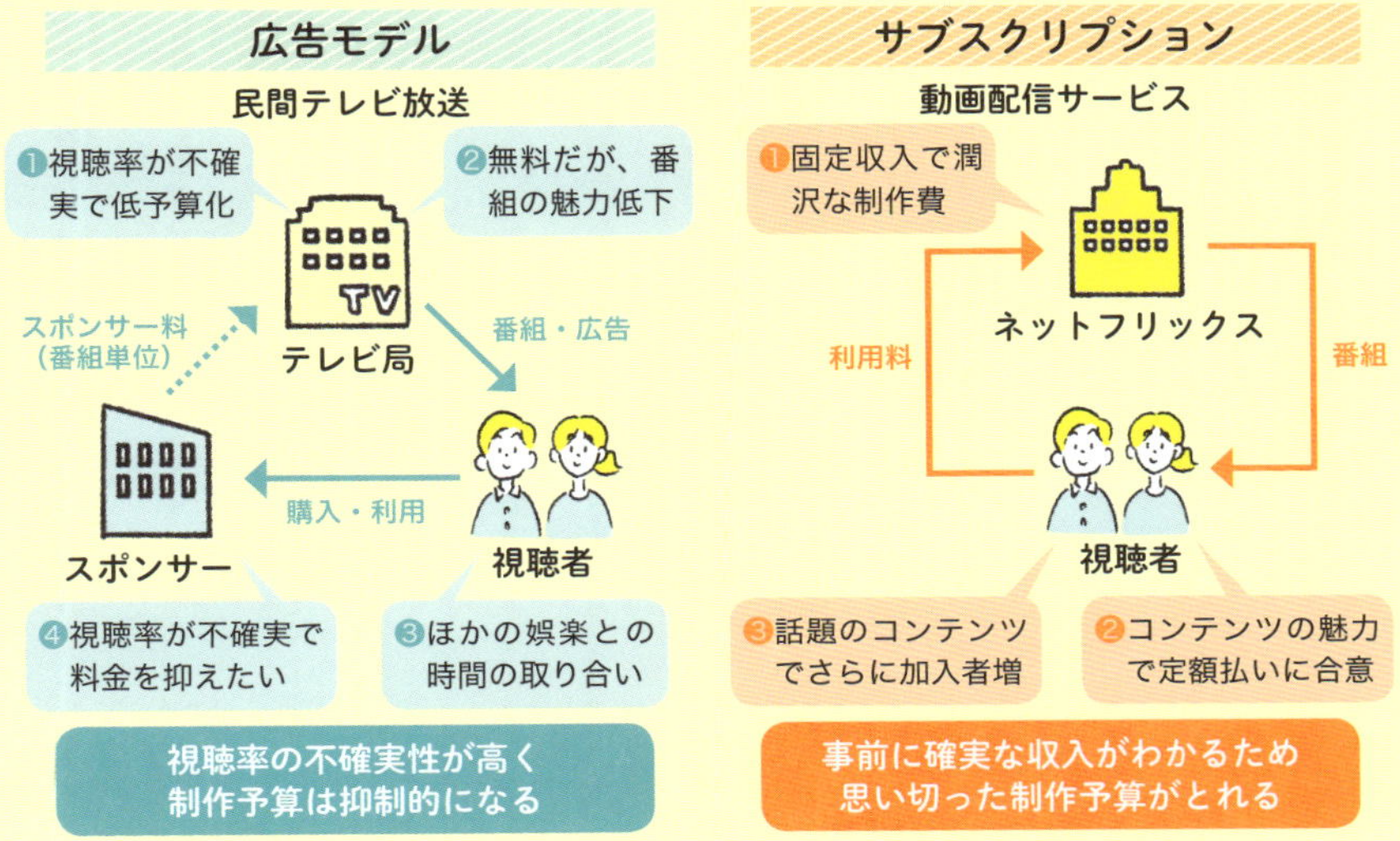

5

06 顧客基盤を拡大させる

事業の実現に不可欠な顧客基盤を拡大させるマネタイズモデルを考えましょう。顧客の負担を抑え、ビジネスが好循環を生むしくみをつくります。

初期負担を抑えてハードルを下げる

顧客を獲得するためには、顧客の初期負担を抑え、トライアルや採用のハードルを下げる方法を考えましょう。ファッションブランドなどのように高価格の設定で顧客を選別するアプローチなどは別として、売り切り型のマージン（価格とコストの差）で儲けるモデルは**価格を下げにくく、そこが顧客獲得のハードル**となりがちです。

低価格にして顧客の負担を抑え、販売数や顧客数を増やすことは、コストの低下や質の向上などの好循環が生まれることも多いので考慮に入れたいものです。

そのほかの工夫として、リースやレンタル、また家電量販店などで見られるポイントプログラム、自動車などで見られる残価設定ローンなどもあります。ポイントプログラムは継続利用の面でも効果が期待できます。

初期負担をゼロにする

「**成功報酬・仲介料**」は着手金の負担がなく、顧客の目的が達成されて初めて支払いが発生するため、マッチングサービスなど、必ずしも成果を確約できない事業でよく使われます。海外では、効果が出たら支払いが発生するタイプの高額の医薬品も出てきています。

また、ステップ②「顧客への提供価値」でターゲット顧客を具体化する際に紹介したように、受益者と別に**支払者を見つけることができるかどうか**も検討してみましょう。支払者を見つけることができれば、受益者の負担が減って顧客基盤を広げやすくなります。たとえば、広告スポンサーなどがその支払者にあたります。また教育関連サービスの場合、直接の受益者は子どもたちですが、支払者は親たちです。本来の受益者が課金できなくても、代わりの支払者がいれば事業は成立します。

さらに、当初負担そのものをなくしてしまおうというのが「**フリーミアム**」です。メリットが不透明な新規サービスの場合、顧客は少額の負担でも躊躇します。そのため、いっそのこと無料で使ってもらって納得させてから、相応の負担をしてもらうという方法が有効です。

ゲーム業界における顧客基盤の拡大

実際の取り組みでは顧客基盤の拡大と、後述する生涯価値の向上の工夫を組み合わせることがポイントです。ゲーム市場の黎明期において、任天堂はゲーム機本体を原価ギリギリの価格に設定してハードの普及を促進し、**ソフトメーカーからのカセット1本ごとの受託製造費とロイヤリティ**で収益を賄うようにしました。それにより、普及台数に魅力を感じたソフトメーカーは新作ソフトの開発に注力し、魅力的なタイトルをリリースして、さら

顧客の負担を抑えて顧客基盤を拡大させる

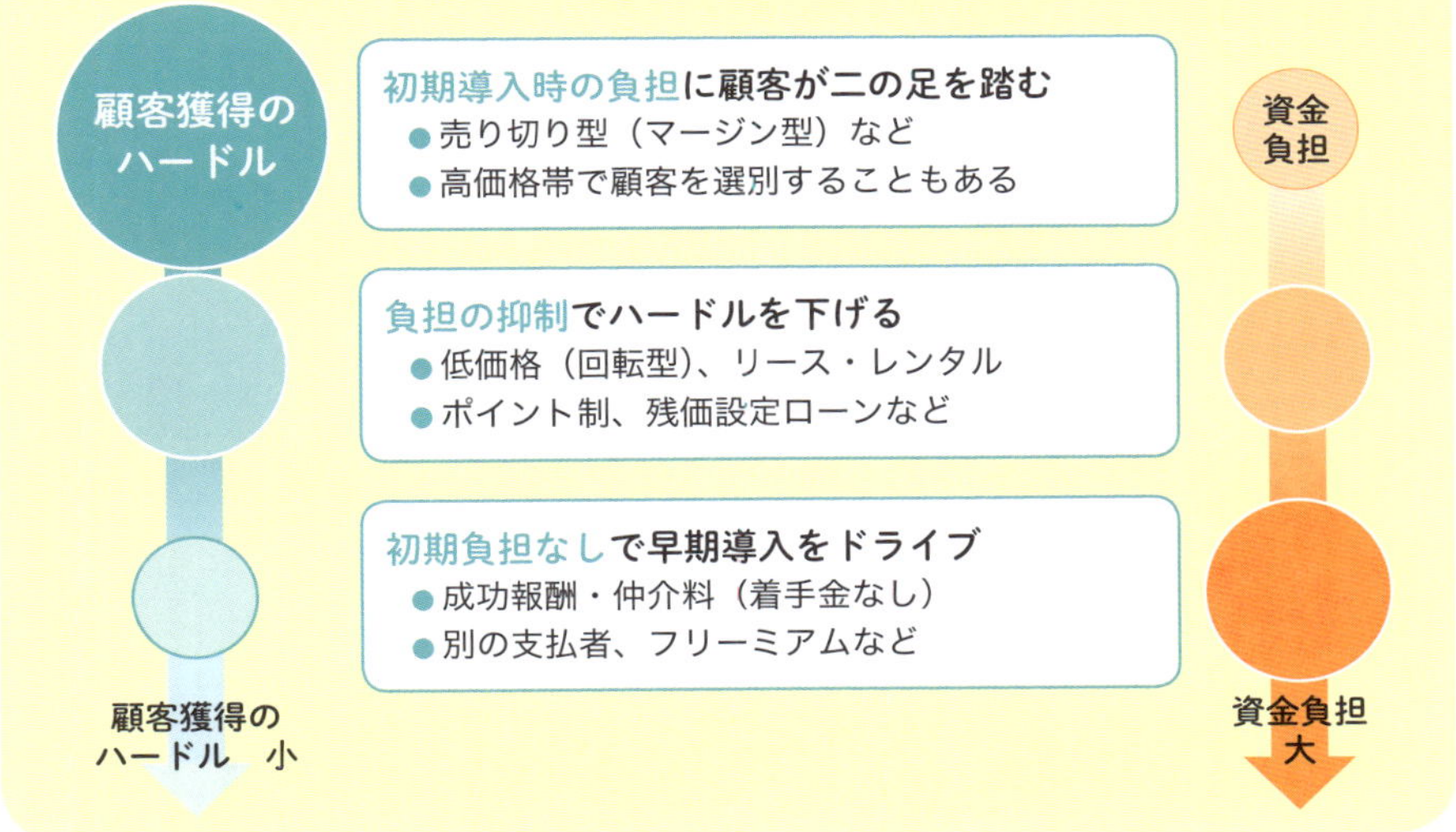

に普及台数が伸びるという好循環が生まれました。しかし、購入して遊んでみないと当たり外れがわからないので、過去のヒット作の続編に人気が集まり、新機軸のタイトルが減少してゲーム離れが進むようになりました。

そこで登場したものがフリーミアムです。**スマートフォンをゲーム機の代わりとしてアプリを無料で提供**し、もっと遊びたい顧客にはガチャやサブスクなどで課金させたり広告を見せたりする形態が主流となりました。顧客側は無料で試せることで安心して利用でき、提供側もおもしろいゲームを開発できれば収益が増える構造になりました。さらに、多数のゲームタイトルを抱えるソニーは、世界中に普及しているプレイステーションの膨大な顧客基盤でゲームのサブスクを展開することで、巨額の売上を安定的に稼ぐようになりました。

事業に必要な顧客基盤を構築したウーバー

マッチングサービスなどの重要な提供価値は「成約率」ですが、それには「**取引の密度**」が重要です。同じプラットフォームに売り手と買い手が大量にいて、**必ずマッチングが起こる状態にする**必要があります。

ライドシェア大手のウーバーが設定した事業成立の条件は、「顧客が呼べば5分以内にくる」「ドライバーは時間あたり25ドルを稼げる」を同時に達成するというものでした。これは、ライドシェアというサービスが**顧客に与える提供価値**を端的に表したものといえるでしょう。

これを実現するため、「顧客がいなくても配車可能な状態にすれば時間25ドルを保証する」ことでドライバーを確保して常に配車が可能な状態にしたうえで、顧客には「無料キャンペーンでお試し乗車を促進し、利用を習慣付ける」ようにしました。これを参入した各都市でマッチングが自律的に成立し、その条件を満たすようになるまで続けたわけです。試算すると1都市あたりで数十億円、全体では彼らが調達した1兆円を超える資金調達額の大半を費やした計算になります。

このような顧客獲得のための大きな先行投資を、事業収益で回収するまでには相応の時間がかかります。ウーバーがこのような投資を実現できたのは、投資家が納得する事業の成長性と将来構想、上場などによる投資回収の見通しなど、つまり**事業計画**と**資金調達戦略**がしっかりと作成されていたからといえます。

ゲーム業界の顧客基盤の拡大の工夫

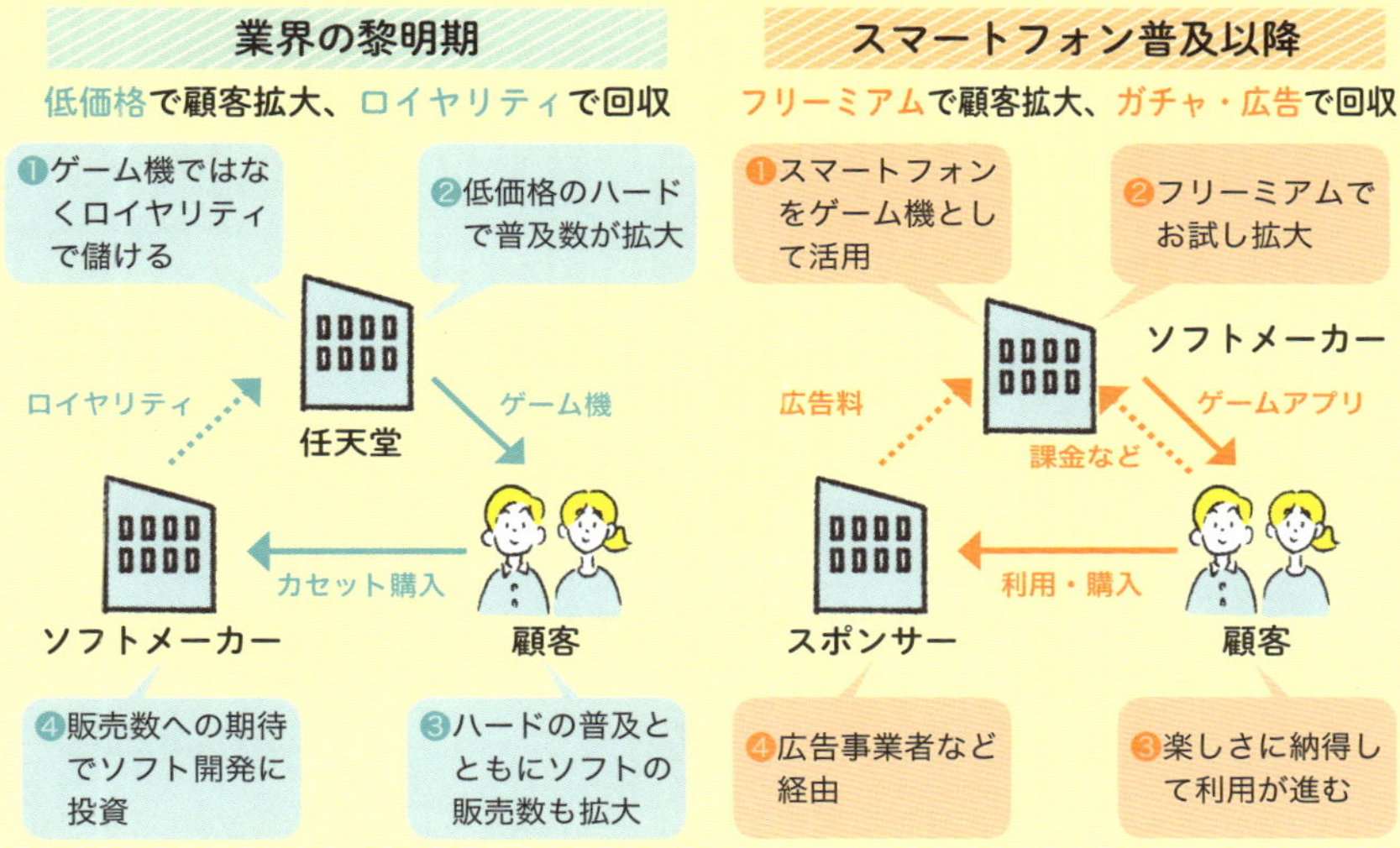

ウーバーの事業成立の条件

ドライバー側

1時間あたり25ドル稼げる

十分な密度のドライバーの確保
配車が可能な状態にすれば乗客がいなくても1時間25ドルを支払う

ドライバーが自律的に稼げる状態になるまでキャンペーンを継続

→ 顧客基盤の拡大

顧客側

呼べば5分以内に来る

お試しで利便性を実感
無料でライドシェアを使えるキャンペーンを展開（費用は支払済）

不安が払拭されて利便性を認識した顧客が有料でも定期的に使うようになる

→ 顧客基盤の拡大

提供価値の本質である「取引の密度」を高めるために調達資金の大半を投入

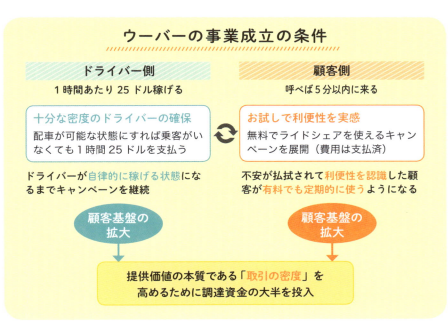

5 07 生涯価値を向上させる

収益を安定させるには、生涯価値を向上させ、継続収入を得るマネタイズモデルが有効です。その設計方法を解説します。

顧客の生涯価値を高める

顧客基盤を拡大させる手法では、顧客獲得のコストが先行して必要になり、その**回収リスク**が発生します。そのリスクは、生涯価値を高めるマネタイズモデルで補うことを考えましょう。

顧客の生涯価値とは、定額利用やリピート利用などに代表される、**顧客からもたらされる収益の合計**です。たとえば、顧客のサービス利用が習慣化して課金に結びつくと、安定的な収益が期待できます。さらに、運営ノウハウの蓄積などにより、効率性の向上と顧客のロックインも進みます。5−02で紹介したYahoo! BBのモデム無料配布には、①いったん利便性に慣れると解約しない、②数か月でコストを回収して収益になる、という見通しがありました。あとは投入した資金を回収できるまでの資金調達をすればよいわけです。

固定型と変動型の生涯価値

継続収入を得るビジネスモデルを総称して**リカーリング**（168ページ参照）といいますが、月額などで固定の収入を得るいわゆるサブスクリプションと、利用度や成果などに応じて変動するものがあります。

前者の固定型の具体例はネットフリックスなどで、収益が安定し、投資判断も行いやすくなります。ただし、利用しなくても料金がかかるので、顧客獲得の面では不利で、金額を抑えて負担感を減らすことが一般的です。

後者の変動型は、携帯電話料金や電気代などが該当します。負担感が小さく、顧客獲得につなげやすいのですが、収益が不安定になります。顧客獲得後に提供価値を向上させ、利用度を上げる必要があります。

いずれのモデルも、しっかりと価値を提供し続けるなど、**獲得した顧客を逃さないしくみの構築**が重要です。

安定・成長しやすい対価の名目を選ぶ

顧客から対価を得るさまざまな名目のうち、主なものを下図にまとめました。販売・売却型、権利・資産型、サービス型、マッチング型などがありますが、なかでも継続収入化しやすいのがオレンジ色の文字のものです。これらの名目を選ぶことで、業績は安定しやすくなります。

継続型ではない収入に頼っていると、毎期ゼロから売上を積み上げなければならず、成長曲線を描きにくくなります。一方、継続型であれば、**前期に獲得した顧客基盤をスタートラインとする**ことができます。あとは新規獲得と退会のプラスマイナスをどう上振れさせるかを考えればよく、積み上げが非常に行いやすくなるのです。

もちろん業界によって、一般的な傾向は異なります。

顧客から対価を得る主な名目

販売・売却型	権利・資産型	サービス型	マッチング型
● 製品販売	● 特許・著作権料	● 利用料	● 仲介手数料
● サプライ品など	● ライセンス料	● 成功報酬	● 送客手数料
● 投資収益	● 利息	● 会費、賃料	● 広告料・スポンサー料
● 開発差益	● 配当	● 派遣料	● 掲載料
		● サービス・メンテ	● 課金代行など
		● 保証、保険料	

※オレンジ色の文字は継続収入化しやすい名目

たとえば小売業や製造業なら販売収益、メディアはスポンサー収益などです。業界特有の方法を踏襲することで関係者が理解しやすく、顧客も受容しやすくなりますが、売り切り型で苦労している事業者であれば、無理にそれに倣う必要はありません。むしろその業界の名目と異なる、できる限り**継続収入を得られる手法を考案できないか**、それによって**事業の特性をもっと有利な形態に変えられないか**を考えることがポイントです。

安定的な収益を得る事業特性への転換

マネタイズモデルの変更により、事業特性を変えているコストコとイオンの例を紹介します。

一般に小売業は**小売マージン**により儲けますが、それでは売り切り型で業績が変動しがちです。その点、コストコは小売業ではありますが、そのマネタイズモデルは会員制であり、**その利益はほぼ会員収入**から来ています。

同社は小売マージンをギリギリまで抑え、商品を低価格化させて顧客獲得を狙います。会員は会費のもとをとろうとして、コストコでまとめ買いをするようになり、商品の仕入れが増えます。それにより、仕入先への交渉力が高まり、商品を安く仕入れられるようになります。その分で商品をさらに低価格化させることで、また会員が増えるという好循環が生まれています。このような戦略をとるのは、**会費収入のほうが業績が安定する**からです。会員制は顧客基盤が制限されがちですが、「よいものを安く」をしっかりと提供することで、会員数とリピート利用を確保し、業績が上下しやすい小売業の特性から脱し、安定的な収益と成長を実現しているわけです。

イオンもスーパー部門ではほぼ利益を出していません。収益の柱は、イオンモール運営などのデベロッパー事業とイオン銀行などの金融事業です。地価の安いロードサイド(郊外の幹線道路沿いの立地)に開発したイオンモールにスーパーの低価格に惹かれる顧客を集め、その顧客をターゲットとする**出店者からの賃料収入や金融収入で儲ける**のです。賃料や金融のほうが安定的に儲かるからです。

両者とも小売業ではありますが、安定的な収益につながるマネタイズモデルの工夫をしていることがわかります。こうすることで、不安定な事業領域でも安定的な収益が得られる事業特性へと転換しているわけです。

生涯価値の向上により安定する顧客あたり収支

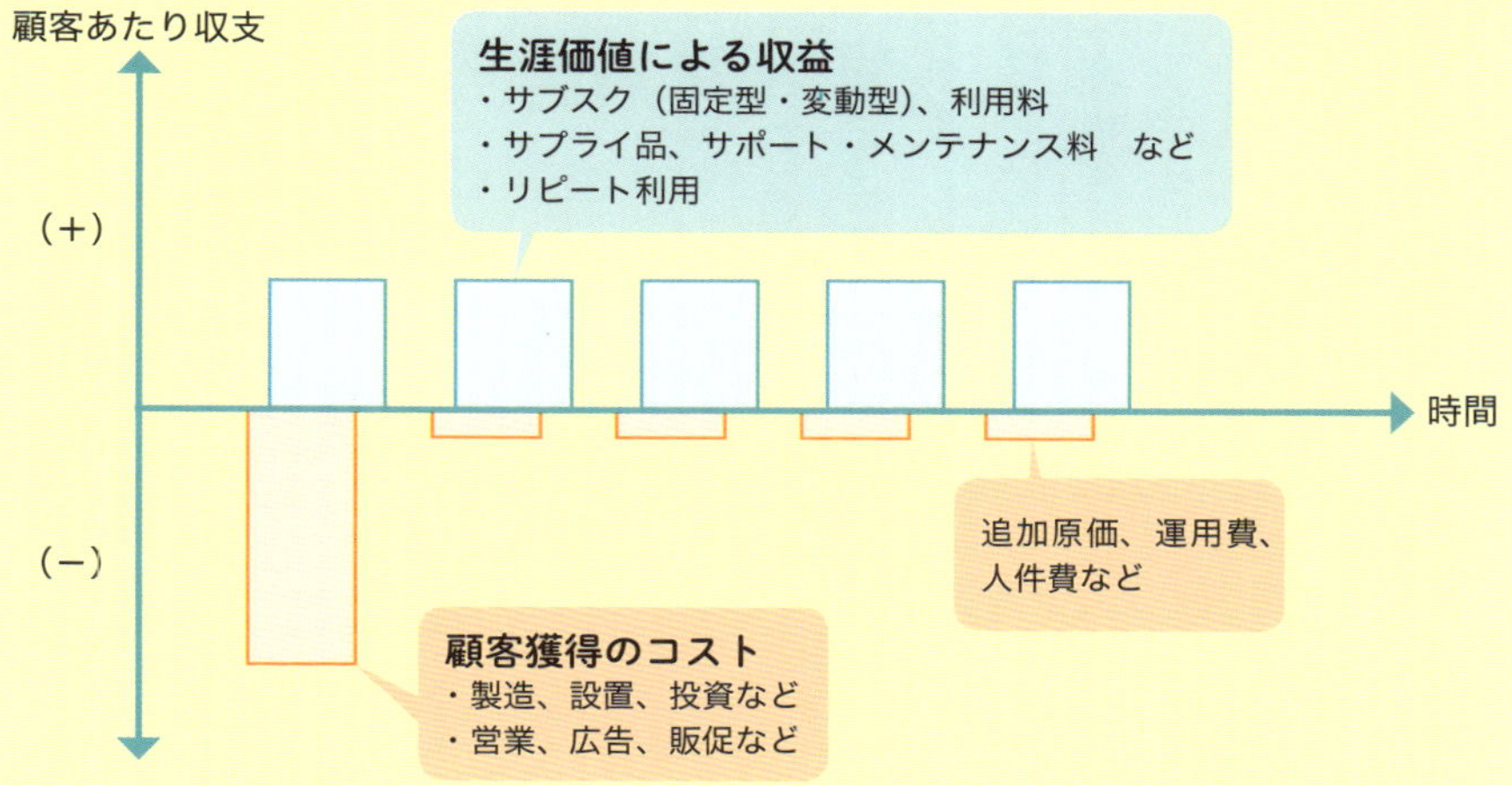

マネタイズモデルで事業特性を転換する

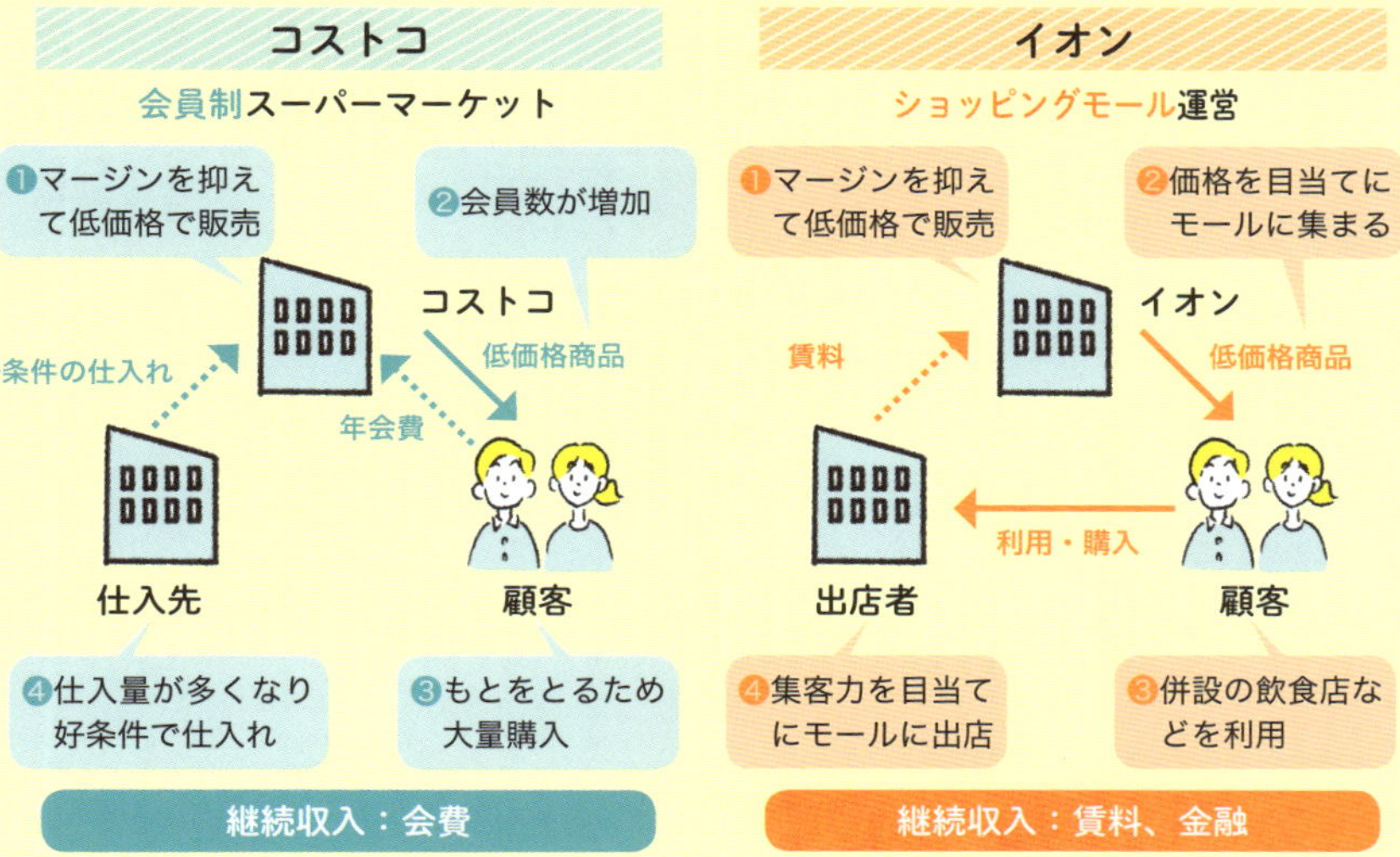

第5章 利益を生み出すしくみをつくる

5

08 顧客が納得する価格を設定する

価格設定は収益性に大きな影響を与えます。「バリュープライシング」に注目しましょう。

価格設定の3つのアプローチ

価格設定には主に、次の3つのアプローチがあります。

- **コストプラス（自社視点）**
- **競合比較（競合視点）**
- **バリュープライシング（顧客視点）**

1つめの**コストプラス**は「必要なコストに一定の利益を積み上げて価格を決める」ものです。ただし、これだけで決めてしまうと、顧客への提供価値や競合の価格、さらに顧客基盤の拡大や障害価値の向上についての工夫などが抜けやすく、うまく行きません。

2つめの**競合比較**は「競合の価格を基準に決める」ものです。競合品や代替品を参照するため、参照価格ともいいます。そのうえで競合より価値が高いので高くする、顧客獲得を増やすため安くする、などを考えます。

3つめの**バリュープライシング**は、顧客への提供価値による値付けです。「顧客がいくらなら支払うか」を考えて価格設定を行います。顧客が支払ってよいと考える価格は基本的にかかるコストと無関係です。製品を安くつくれたとしても、高い価値を提供できるのであれば、それに見合った価格を設定します。

実際の価格設定は、**これら3つを勘案し、最終的に顧客検証をしながら決定していく**ことになります。ターゲット顧客がどれくらいの価値を感じてくれるのか、競合・類似品や代替品などの価格はどれくらいなのか、必要なコストをカバーできる価格水準はいくらなのかがポイントです。最後のコスト検討については第6章のバリューチェーンで解説します。

価値を価格に換算する

最も重要なものはバリュープライシングですが、「**顧客への提供価値を価格に換算する**」工夫が必要です。それには製品・サービスの顧客にもたらす価値や顧客の需要などについて、しっかりと把握できていなければなりません。この際のポイントとなるのが、これまでに説明してきた**「カスタマージャーニー」による顧客理解**です。「提供価値の向上にインパクトのある活動は何か」「顧客のその活動にいくらのコストがかかっているのか」などを踏まえて価格を検討します。

たとえば、ある大規模プラントで、操業を休んで行うメンテナンス作業が毎月3日間あるとします。これを1日に短縮できるとすると、その価値は**工場稼働が生み出す価値の2日分**となります。また、あるロボットの導入で1か月で3人分の工数が減らせるとなると、3人分の人件費に相当する価値が毎月発生することになります。

これらを価格設定の参考として検討するのです。

価格設定のアプローチ

コストプラス

積み上げたコストに所定の利益を上乗せして価格を設定する

❶コスト → ❷利益 → ❸価格

（自社視点）

競合比較

競合価格から所定の利益を引いたコストで価値を実現する

❶価格 → ❷利益 → ❸コスト

（競合視点）

バリュープライシング

提供価値から価格を決め、必要コストを引いて利益を出す。利益が低ければ提供価値と価格を見直す

❶価格 → ❷コスト → ❸利益 →（❶価格へ戻る）

（顧客視点）

ターゲット顧客が法人の場合は、ヒアリングで収集した情報から**経済的価値を定量化する**ことになります。また消費者の場合は、そのほかに心理的価値として、ターゲット顧客の生活や関心事をどう充足させてくれるのかを考慮します。顧客に実際に価格を提示しながら**価格感度分析**（「妥当価格」「最適価格」「上限価格」「下限価格」を導き出す手法）を行ったり、**需要曲線**により価格需要の変化を見たりすることで、最適な価格水準を見出すようにします。

実績と価値に見合ったマネタイズモデル

実績のない製品やサービスほど、顧客は不安を抱くものです。顧客側の初期負担やリスクを抑えて顧客基盤を拡大させたうえで、その**価値に納得してくれる顧客**から、**価値に見合った収入**を獲得するというのが基本です。

ＥＶ大手のテスラでは、顧客が安心して購入に踏み切れるよう、航続距離の短い低価格モデルにも上位モデルと同じ容量のバッテリーや自動運転に必要な機器を搭載しています。航続距離に物足りなくなったり生活パターンが変わったりするなど、あとから機能を追加したくなった場合には、追加費用を支払ってソフトウェアを更新するだけでアップデートできるようにしました。このようなアプローチは当初の製造コストが上がるので、提供側は「のちのちコストを回収できるのか」不安になるかもしれません。顧客にきちんと価値を提供できれば追加の支払いで回収でき、価値を提供できなければ回収できないという、製品への自信が問われる構造になっています。

ちなみに英会話やスポーツジムなどに**入会時の一括前払い**が一般的なのは、サービスの成果が顧客の努力に相当部分を依存するため、完全な成果報酬型や継続収入型にしてしまうと、売上を逃すリスクがあるためです。

また、航空券などの早割りは、早めに座席を押さえてもらって売れ残るリスクを減らしたい意図があります。

最後に利益モデルごとのさまざまなマネタイズモデルについて、収入面と、バリューチェーンによるコストの工夫も含めて表にまとめておきます。これからも新しい取り組みは次々と誕生するはずですので、事業開発者としては定期的な情報収集に努め、それらも**自らの事業に適用できないかを考えていく姿勢**が大切です。

マネタイズモデルの型とその工夫

		収入上の工夫	コスト上の工夫
マージン型	アップル	使いやすさ、デザイン、ブランド	生産技術投資、モデル数や発注先の絞り込み
	キーエンス	経済価値の定量化と営業対応	ファブレス、標準部品の活用
回転型	アマゾン	低コストを価格に反映、競合の排除	規模の追求、積極的な設備投資
	サイゼリヤ	低コストを価格に反映	CM なし、運営効率、メニューの絞り込み
	残価設定	再販での回収を織り込んで売価を下げる	下取り市場の動向を常にウォッチ
補完品型	プリンタ、産業機器	消耗品やメンテナンスで儲ける	本体は低価格で提供して普及を優先
知財型	ライセンス、著作権	生産や販売数に合わせて課金	生産・運営費は相手負担にする
	ARM	半導体の売上ロイヤリティを獲得	製造などは半導体メーカーが負担
レンタル型	建設機械、宿泊施設など	使用頻度の低い機器・設備を時間制により低価格で提供	稼働率の向上と効率運営によるコスト・機会ロス削減
巡回・交換型	オフィスグリコ、ダスキン	定額や使った分だけ売上回収	効率的な巡回ルートとサービス時の効率向上
	ヒルティ	電動工具の管理の手間を解決	自社サービス部門の固定費を削減
マッチング型	グーグル	小口の検索広告で裾野を拡大	大規模データセンターとWeb で完結する営業体制
	ウーバー	利便性の高さで利用習慣を付ける	顧客とドライバーのマッチング密度を高める販促投資
固定の生涯価値型（サブスク）	ネットフリックス	定額（月額）の視聴料収入	コンテンツ投資でライブラリを拡充・蓄積する
	コストコ	年会費収入メインで低価格化	ボリューム拡大で好条件の仕入れ
変動の生涯価値型（リカーリング）	GE 航空機	顧客の成果に合わせた収入	プラットフォームによる効率化、資産保有会社によるオフバランス化など
	フィリップス LED 照明	顧客利用料と支払う電気代の差額	交換・保守などを含めた体制構築

まとめ

どうやって利益を生み出すのかを考える

他社や他業界の事例や工夫に学ぼう

サービス型事業モデルなど、世の中にあふれているビジネスモデルの工夫を参考に考えます。ステップのなかのマネタイズモデルでは顧客基盤の拡大、生涯価値の拡大の２つの観点から設計する必要があります。また適切な価格設定には、顧客理解で把握した価値の定量化がヒントになります。

顧客基盤の拡大

顧客基盤拡大のしかけを考える

- フリーミアム、成果報酬など
- 初期費用の抑制
- 支払者と受益者を分ける
- そのほか拡大のための販促 など

新しい取り組みほど顧客の試用が必須

生涯価値の拡大

生涯価値拡大のしかけを考える

- 消耗品・サプライ品で儲ける
- リカーリング、サブスクリプション など
- 優遇による囲い込み
- カスタマーサクセスの工夫

安定した価値提供が安定収益につながる

バリュープライシング

顧客への価値に見合う価格を見極める

- いくらなら支払うか
- 競合・代替品など参照価格はいくらか
- 価格を納得させる（カスタマージャーニー）
- コストのつくり込み（バリューチェーン）

顧客理解に基づいた値付けが必要

とるべきアクション

1. 改めて顧客理解と提供価値を確認する
2. 顧客基盤が拡大するモデルを検討する
3. 継続収入が拡大するモデルを検討する
4. 提供価値に見合う価格水準を設定する
5. マネタイズと価格水準を顧客で検証する
6. 検証を踏まえて一連のステップを見直す

第6章

事業を成立させる構造をつくる

事業を成立させるには、実際の業務を運営する体制やマーケティング施策なども構築しておかなければなりません。また、売上とコストのバランスを考え、キャッシュフローの見通しを立てておくことも重要です。

6

01 バリューチェーンを構築する

魅力的な事業アイデアを思いついても、実現できなければ絵に描いた餅です。事業を実現させるバリューチェーンの構築が必要です。

ビジネスモデルに求められる要件

よいビジネスモデルには、「儲けのしくみが明確」「各ステップに整合性がある」「ブレイクスルーがある」という3つの要件があります。

これまでの検討により、価値や利益を生むしくみなどの具体的なイメージが固まってきたら、次は「誰が何をどのように実行して実現していくのか」という**バリューチェーンの設計**を考えます。これによって売上とコストの差、つまり「**儲けのしくみ**」が明確になります。ここでは、新しい取り組みに付き物のさまざまな課題やハードルを乗り換えるための「ブレイクスルー」も必要になります。具体的な収支は、キャッシュフローモデルで見ていくわけですが、バリューチェーンを含めた事業開発の①～⑤の「**各ステップが一貫して矛盾なく連動している**」必要があります。

バリューチェーンで提供価値を実現する

バリューチェーン（25ページ参照）とは、事業の具体的な実現方法とマーケティングを考えるステップです。事業運営を担う主体と、その事業を提供するための企画、開発、設計、調達、製造、物流、販売、営業、マーケティング、販促、情報インフラ、メンテナンス、アフターサービス、管理、人事、教育などといった機能が含まれます。

たとえば、各業種で見てみると、次のとおりです。

・**製造業**：研究・開発→企画・設計→調達・製造→マー

ケティング・販売
- **SI事業：**サービス企画→顧客開拓→ソフトウェア開発・運用→メンテナンス
- **外食産業：**商品開発→店舗開拓→店長教育→食材購買→調理・接客→販促

業種が同じならバリューチェーンも大枠で似ていることが多いのですが、ターゲット顧客や提供価値が異なれば、その中身が変わってきます。たとえば、利便性と低価格を追求する外食チェーンの場合、必要な機能としては駅前への大量出店、標準化された店づくり、大量宣伝、大量仕入れ、つくり置き、マニュアル化などでしょう。一方、味や健康志向を売りとするチェーンであれば、落ち着いた立地、個別の店づくり、口コミ、こだわり食材、注文後の調理などになってきます。

重要なのは、提供価値を本当に実現できるのか、その工夫やブレイクスルーはどうするのかなど、**事業アイデアを実際の業務に落とし込んでいく**ことです。

「利益の公式」を工夫する

バリューチェーンを検討すると、その価値の実現に必

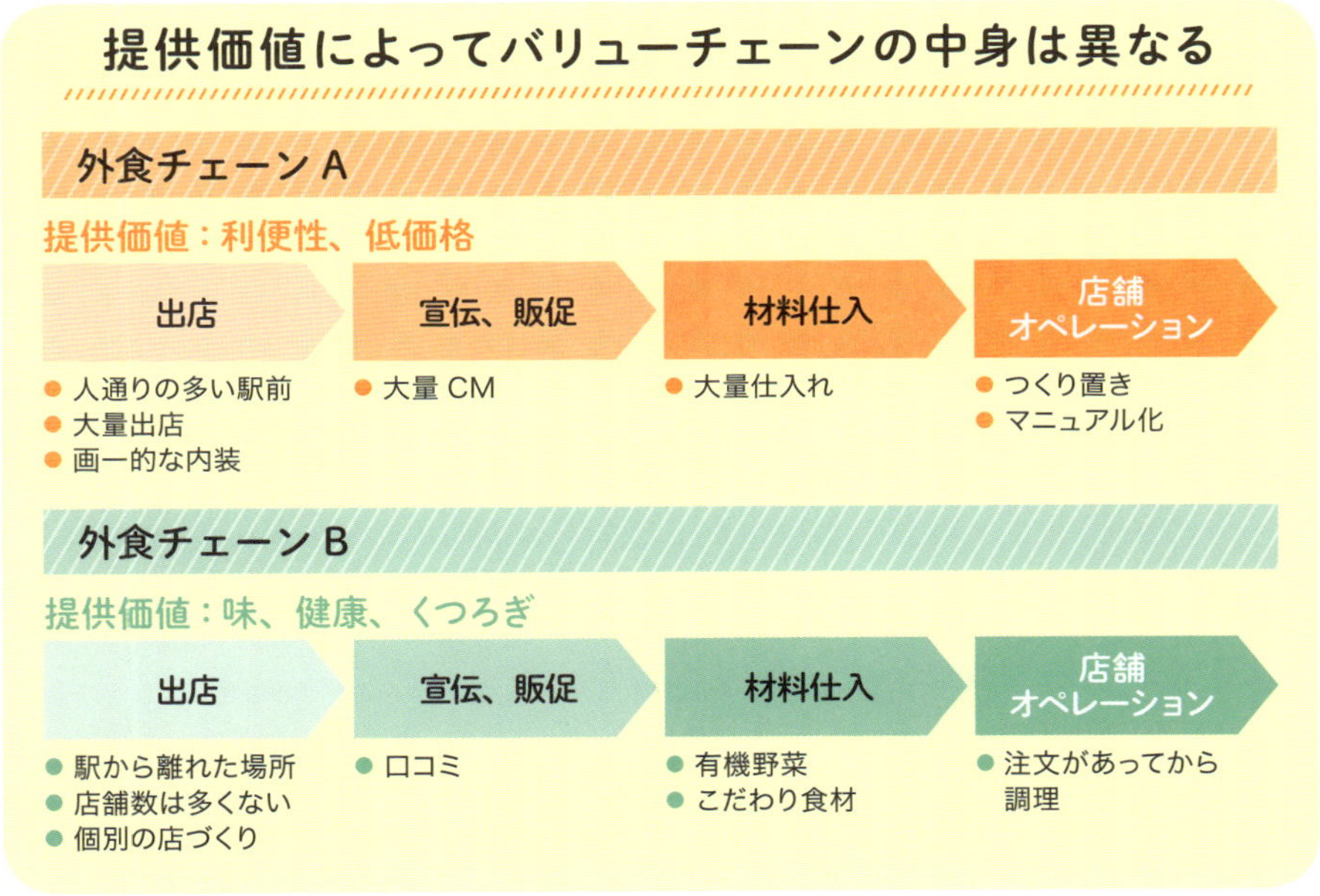

要なコストが見えてきます。ここでは5—01で解説した「利益の公式」を思い浮かべ、①**顧客への提供価値**、②**提供側の経済性**、オペレーションの③**スケーラビリティ（拡張性）**に配慮し、バリューチェーンを設計しましょう。

②提供側の経済性では、「**マネタイズモデルとの整合性**」に留意します。たとえばフリーミアムは、顧客獲得に伴う追加コストが大きいと、顧客拡大期は資金的に厳しくなります。システムやコンテンツサービスなどでその採用が多い理由は、開始時点ですでに主な投資が終わっていて、顧客増に伴う資金負担が軽いためです。

また、**コストやオペレーションの効率**も重要です。レストランチェーンのサイゼリヤは、「おいしくて低価格」を実現させるために、直営農場、広告なし、メニューの絞り込み、店内業務の効率化などの工夫をしていますし、キーエンスは製造の外部委託（ファブレス）と標準部品の活用で低コスト化を徹底しつつ、顧客の求める機能を実現させて高収益を得ています。

③スケーラビリティも重要です。たとえば、オペレーションに人手がかかると、そこが成長のボトルネックになりかねません。自動化や外部パートナーとの協業、業務効率の向上などの工夫が求められます。高収益で知られるアップル（151ページ参照）は、高いブランディングによる高価格と大量販売、製造の外部委託、生産技術への投資、モデル数と発注先の絞り込み、後述する**キャッシュ・コンバージョン・サイクルの調整**など、バリューチェーンの打ち手を積み上げています。

ビジネスモデルキャンバスで整理する

これまでに検討してきた事業開発のステップは、「**ビジネスモデルキャンバス**」で整理できます。これは、事業開発の各ステップが1枚にまとまったフレームワークで、検討結果を整理したいときなどに便利です。図の上半分は顧客への提供価値とバリューチェーン、下半分はマネタイズモデルとキャッシュフローモデルに対応しています。

ポイントは、事業開発のステップの順番で検討することです。そうしないと、本来は連動していなければならない各項目がバラバラになり、単に空白を埋めただけの資料になりかねません。あくまでも検討内容のまとめとして活用することをおすすめします。

提供価値、経済性、成長性の確保が収益に直結する

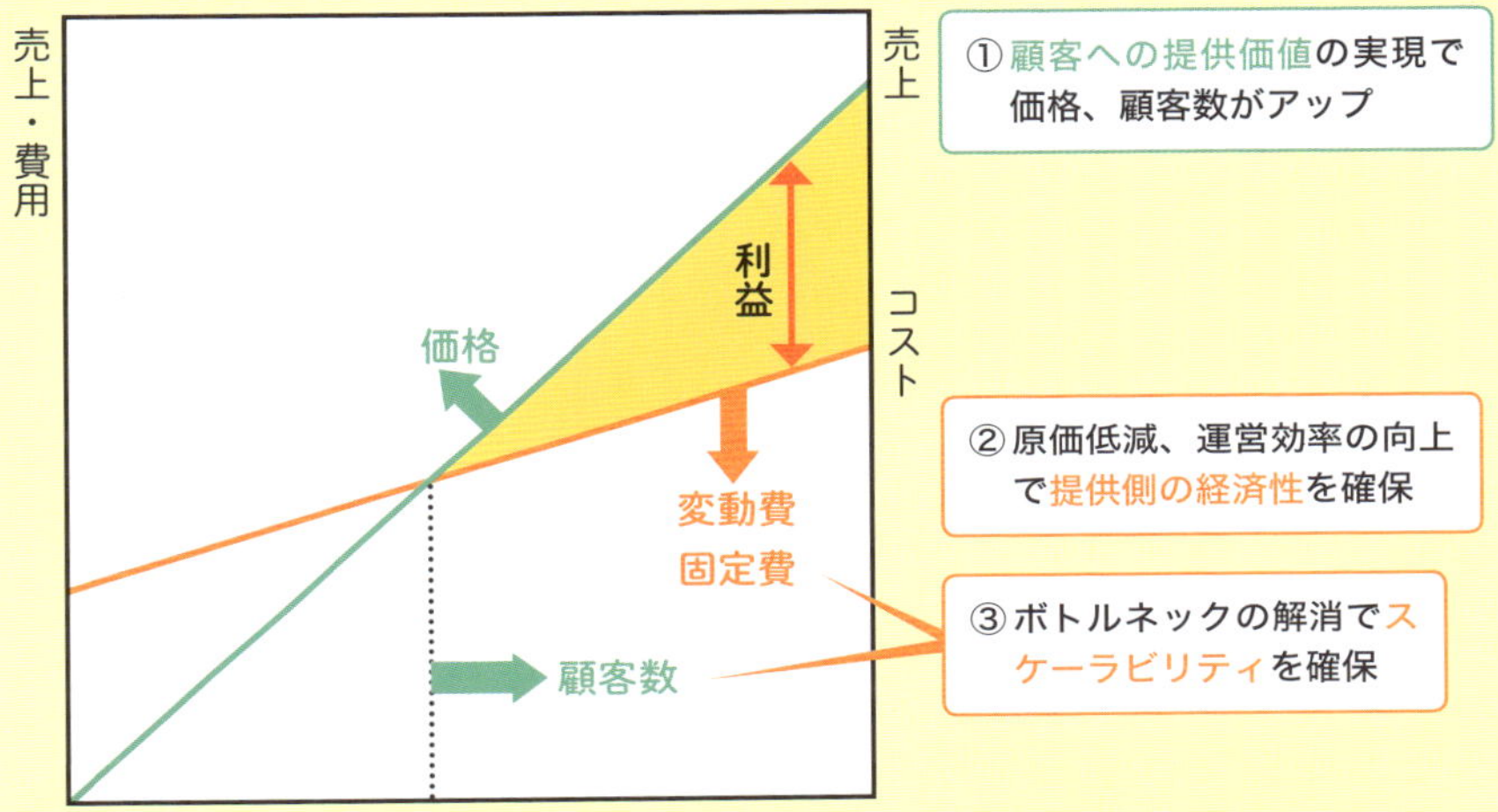

ビジネスモデルキャンバスの例

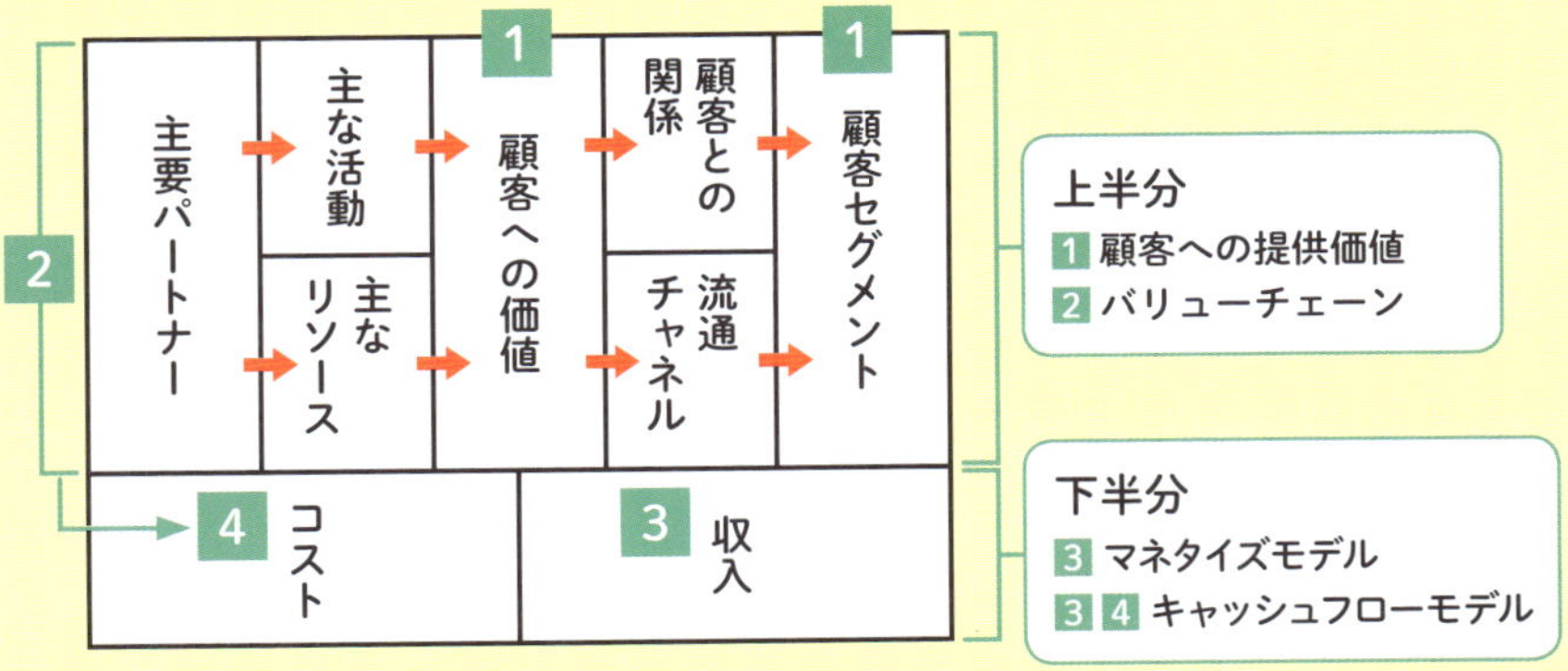

☑ 検討は事業開発のステップに沿って行う

6

02 バリューチェーンを設計する

バリューチェーンの設計は、実際にどのように進めていけばよいのでしょうか。その検討のプロセスを理解しておきましょう。

バリューチェーン設計のプロセス

バリューチェーンの設計では、事業運営の主体や関係者などの**活動を網羅**し、その間の**ヒト・モノ・カネ・情報の流れ**を把握できるようにプロットしたフローチャートを作成します。バリューチェーンの設計は、この図を念頭に置きながら、次のプロセスで進めていきます。

①業界のエコシステム（全体像）を把握する
②オペレーションを設計する
③マーケティングを設計する
④実現に必要な工夫や資源調達を行う

①は検討の準備です。**対象分野や業界**を把握するため、関連事業者などをリストアップし、それぞれの状況や利害、課題などを調べます。これにより、提携・協力できそうなパートナーや新しい顧客の候補が見つかることもあります。このような分野・業界の基礎知識がないと、バリューチェーンの設計が浅いものになってしまいます。

オペレーションとマーケティングの検討

価値提供が実現した将来の事業をイメージしながら、その実現を果たす**オペレーション**と、それを顧客に届ける**マーケティング**の2つの観点で、必要な体制、システム、協力事業者などを具体化していきます。

実作業としては、191ページのようなフローチャートを作成します。いきなり緻密につくるのは難しいので、まずはホワイトボードにざっと描いてみましょう。それを議論しながら磨き上げていくとスムーズです。

最初に、その事業運営の主体である組織（自社）を中心に置き、事業のフローが左から右に流れるようなイメージで、関係者を配置します。フローの末端である一番右にはターゲット顧客が入ります。**顧客と顧客の顧客**や**支払者と受益者**に分かれる場合はそれに合わせて書き分けます。

次に、主体の左側に**オペレーションのフロー**を書き込みます。必要な業務や役割、それを担う体制や関係者などを挙げ、ヒト・モノ・カネ・情報の動きも書きます。

主体の右側のマーケティングのフローも同様に、ヒト・モノ・カネ・情報の動きを書き込みます。顧客へのアプローチから始めてリピーターにするまでがポイントですので、チャネル（代理店）や販促事業者、運用代行者など、顧客接点に関わる関係者の動きを書き込みます。

ひととおり書き込んだら、この**事業の勘所**を特定します。実績やノウハウなどの蓄積、運営の鍵となるブレイクスルーが必要な箇所に注目し、そこは極力**自社で管理**します。また実現が難しそうな場合は、業界のエコシステムから協力事業者を探すことも検討します。

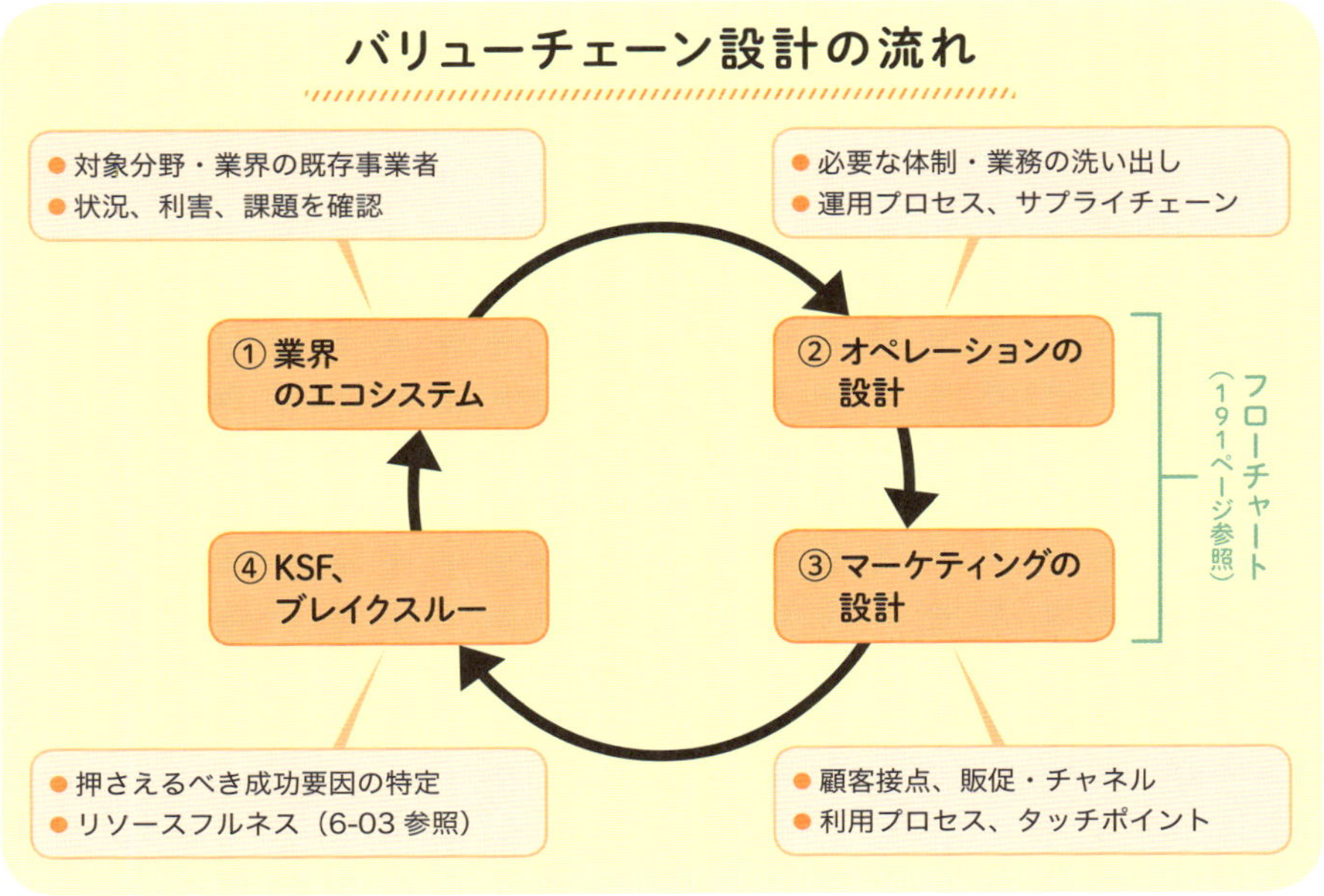

このフローチャートは事業の全体像を示す重要な資料です。ある程度の検討を行ったら、説明用としてわかりやすく整理しておきましょう。

プロセスに落とし込んで確認する

さらに、**具体的な業務や行動のプロセス**に落とし込んでみましょう。カスタマージャーニー（3－06参照）で見たように、時系列にすると抜け・漏れが減ります。

オペレーション側では、**時系列で業務や役割を整理**した業務プロセス、運用プロセス、サプライチェーンなど、マーケティング側では、**時系列で顧客接点を整理**した利用プロセスを作成します。

特に**顧客の立場から見た利用プロセス**は重要です。顧客へどうアプローチするのか、どんな体験を得てもらうのか、どうやってリピート顧客になってもらうのか、などを検討します。顧客理解では「現状の」カスタマージャーニーを行いましたが、バリューチェーンで検討するのは「**改善された**」カスタマージャーニーです。これは、事業開始後の働きかけにより、顧客にこう変わってほしいという青写真となります。

具体名を入れてヒアリングにつなげる

バリューチェーンの設計当初、記載する関係者は「ターゲット顧客」や「開発会社」など一般名でもかまいませんが、ある程度でき上がってきたら**具体名に書き換え**ましょう。それにより事業のイメージが明確になります。

たとえば、「開発会社」はメーカー名、「仕入先」は部材提供先の社名に置き換えてみましょう。具体名を入れることで、協力者や関係者を洗い出したのち、**実際にヒアリングをしたり、協力要請に行ったりする**わけです。

このような検討により、バリューチェーンを設計していくなかで、事業を実現するのに「何が必要なのか」「誰に何を実行してもらうのか」「実行してもらうのに適したパートナーはどこなのか」などが具体的に明らかになってきます。

バリューチェーンは一度で完成するものではありません。「**本当に顧客への提供価値が実現できるのか**」を念頭に置きながら、事業の検討プロセス全体にわたって、また事業を開発してからも継続的に見直しをすることになります。

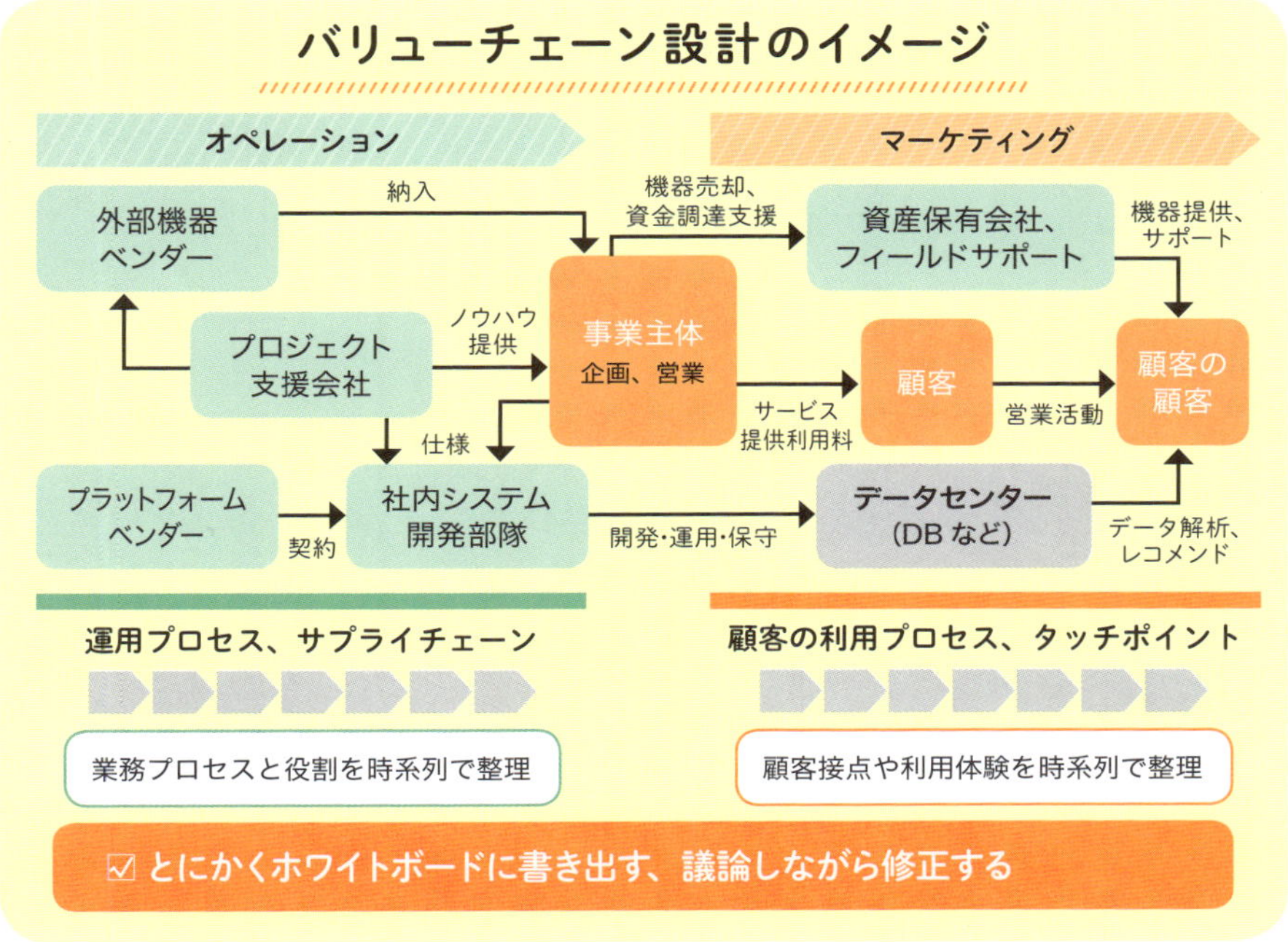

バリューチェーン設計の進め方

事業を実現するための「各関係者の活動と関連を示すフローチャート」を描く

① 検討・設計

- 準備として、当該分野・業界の関係者について把握しておく
- 中央に自社をおき、一連のフローが左から右に流れていくイメージ
- 左側はオペレーション、右側はマーケティングを想定し、必要な業務やノウハウ、それを提供する体制・事業者を挙げる
- 事業者を図形で表し、その間をヒト・モノ・カネ・情報が行き交う
- 価値の提供と実現における重要な点、ブレイクスルーを考える

② 確認・具体化

- 業務プロセス、利用プロセスなど、時系列のプロセスに落とし込んで抜け漏れを防止
- まずは一般名で作成し、それぞれ具体名を挙げてイメージを広げる

③ 次のアクション

- アライアンス候補にアポイントをとり協力要請、見積りなどに進む
- ターゲット顧客には「改善後」のカスタマージャーニーをぶつけて検証

6

03 資源とノウハウを調達する

事業のバリューチェーンを設計する際、資源不足であることがほとんどです。事業実現のためには、必要な資源の調達能力と臨機応変な対応能力が重要です。

リソースフルネスで課題を乗り越える

どの企業も、社内のリソース（資源）は既存事業に最適化されているので、新しい取り組みでは当然、「資金や人材などが足りない」「そもそも実現できないのでは？」といったハードルが出てきます。これらを乗り越えられないと、事業開発が頓挫することになります。必要なリソースをどう揃えるのか、難題をどう解決するのかは、事業開発では避けて通れない課題です。

そこで必要になるものが「**リソースフルネス**」です。これは、困難な課題に対してリソースやアイデアなどを調達して解決していく能力のことです。リソースフルネスには、足りないものを外部からもってくるという「**必要資源の調達能力**」と、困難なら違う方法を考えればよいという「**臨機応変な対応能力**」の2つがあります。

足りないものを外部から調達する

まず必要資源の調達能力です。ヒト・モノ・カネ・ノウハウが不足していれば、**外部の提携先や協力パートナーから調達する**ことを検討します。そのパートナーが有力な顧客基盤を保持していれば、そこから顧客開拓が期待できるでしょうし、技術や運用に強みがあれば、そのサポートで当初不可能に思えた価値が実現できたり、オペレーションが効率的に回せる可能性が高まったりします。

たとえば、ユニクロの薄くて暖かい機能性インナー

「ヒートテック」の成功は、パートナーである東レが、「吸湿発熱繊維」の技術とともに、**急拡大した物量を支える供給体制**を提供したことが大きいでしょう。ヒートテックは爆発的に売れましたが、供給体制の**スケーラビリティ（拡張性）**が十分でなければ欠品を起こし、それほどの大ヒットにはならなかった可能性があります。

状況に応じて柔軟に発想する

次は困難な課題に直面したときに工夫できる「臨機応変な対応能力」についてです。ある方法がうまくいかなくてもあきらめず、「こんなやり方はどうだろう」などと状況に応じて二の手、三の手のアイデアを柔軟に出していくことができれば、解決の糸口が見出せるでしょう。

柔軟な発想というと難しく感じるかもしれませんが、何もゼロから1人で考える必要はありません。重要なのは「**インプット**」と「**ヒトのアタマ**」を使うことです。

事業コンセプトで行った、環境変化や成功事例、現場の状況などのインプットを思い出しましょう。

・政治や経済、社会や技術の変化にヒントはないか
・新しく普及するインフラで使えるものはないか

リソースフルネスを高める

必要資源の調達能力	臨機応変な対応能力
足りないものがあれば、ほかからもらってくればいい	難しければ、違うやり方を考えればいい
●自前主義にこだわらない ●最高の結果に向けて妥協しない ●交渉力、ネットワーク	●状況に応じた柔軟な思考 ●アイデアの引き出しの多さ ●相談力、組み合わせる力

背景にあるものは……

☑ インプットと Know Who
☑ 強いメンタルとあきらめない姿勢

・他業界の事例や技術に参考になるものはないか

先ほどのユニクロの例のほかにも、富士フイルムの化粧品事業（フィルム製造技術）、ロボット掃除機ルンバ（地雷の除去技術）など、**他分野のノウハウを参考にブレイクスルーを起こしたもの**はたくさんあります。

また、「あの人なら知っているだろう」というKnow Whoの知識があれば、自分にアイデアがなくても関係者から仕入れることができます。臆せず周りに相談する習慣や、協力してもらうための交渉力などを身につけておきたいものです。

6つのステップが課題解決の道筋

ブレイクスルーとは、事業の実現に向けて**課題を打ち破る革新的な解決策**のことです。新しい価値を実現する取り組みには、必ずといっていいほど課題が生じます。それを乗り越え、解決策に結びつける道筋こそが、これまで述べてきた事業開発のステップなのです。

・社会・技術の変化や成功事例からアイデアを発想し、
・顧客を絞り込むことで課題と提供価値を特定し、
・マネタイズモデルで安定的な収益を設計し、
・リソースフルネスでバリューチェーンを実現させる

など、それぞれのステップ自体がブレイクスルーを生み出すアプローチといえます。一見、実現が難しそうな分野でブレイクスルーを生み出せれば、それこそが独自の強みになり、競合にとって参入障壁が大きく模倣が困難な事業となり得るかもしれません。

民泊事業を展開するAirbnbが「見ず知らずの人にオンライン予約で部屋を貸し出す」という、それまで誰もやったことのなかった事業を成立させました。彼らのターゲティングや既存インフラを使った工夫を左下図にまとめておきます。これらはごく一部の例ですが、新しい事業の取り組みではこのような個々の工夫の積み上げが必要であり、難しいとあきらめてしまっては事業が形になっていきません。

こうした取り組みに不可欠なものは、**多少のことではへこたれないメンタル**と、**最高のものを追求する妥協しない姿勢**です。ちょっと問題にぶつかったら「もうダメだ」となるようでは実現にたどり着きません。事業開発は「もうダメだ」の連続なのです。実現を阻む壁を打開することが事業開発の醍醐味といえます。

ブレイクスルーを起こすポイント

① 事業コンセプト	● 新しい技術やインフラの活用 ● 旧来型の発想や思い込みの打破
② 顧客への提供価値	● 新しい顧客の発見と開拓 ● ターゲット顧客の絞り込み ● 提供価値の再定義
④ マネタイズモデル	● 利益モデルの転換 ● 新しい課金方法の適用 ● バリュープライシングの徹底
⑤ バリューチェーン	● 新しいマーケティング手法の活用 ● 顧客リーチやインタフェースの工夫 ● 製造・運用などのオペレーションの工夫 ● 新しい資源調達先の開拓

事業を実現する工夫を積み上げる

民泊事業立ち上げの悩み	Airbnb の工夫の例
「怪しい人が来たら嫌だ」というオーナーの不安をどう解消するか	● ルームシェアを募集している抵抗感の少ないオーナーを初期ターゲットにする ● 宿泊申込者にフェイスブック認証を義務付け、怪しい相手は断ることを推奨
「見ず知らずの人の部屋に泊まるなんて……」という宿泊者の不安をどう解消するか	● コンベンションの開催などホテル不足の時期と場所で困っている人への実績づくり ● Googleマップのストリートビューで周辺の確認ができるよう推奨
宿泊代の取りはぐれをなくすにはどうすればよいか。前払いは宿泊者側が躊躇する	● 古くから使われているエスクロー方式を採用（Airbnbが支払いを仲介）

6

04 強みと参入障壁を生み出す

バリューチェーンの設計に関連して、事業の強みと競合への参入障壁を検討するためのポイントを解説しておきます。

「自社の強み」は活かせるのか

事業アイデアを検討する際、「**自社の強みは活かせるのか**」という点はよく議論になるもののひとつです。まず押さえておかなければならないのは「**必要な強みは事業によって異なる**」ということです。

たとえば、銀行の融資事業に必要な強みは、貸出先の審査能力です。貸出先の成長性よりも、貸し倒れのリスクをいかに下げるのか、そのためのノウハウや人材が強みになります。一方、同じ金融業界でもベンチャーキャピタルでは、確実なリターンばかりを重視しているとスタートアップへの投資ができなくなってしまいます。

つまり、融資では強みになる貸出先の審査能力は、投資ではマイナスになる可能性があるのです。強みの議論は「今もっている強み」ではなく、「**検討している事業に必要な強み**」という観点で見なければなりません。

事業に必要な強みをどうつくるのか

そうだとすると、新しい事業に必要な強みを、自社が最初から保持している可能性は高くありません。しかも、ある事業を成功させるのに**必要な強みは複数ある**のが通常です。いくつか強みはあったとしても、不足するものは必ず出てきます。そのため、検討している事業の強みについては、次のステップで考え、調達していきます。

①その事業に必要な強みやノウハウは何か

②現時点でその強みやノウハウをもっているのか

③もっていないものは外部調達または社内育成

よく強みとされる項目を下表にまとめました。

一般に強みは大きく4つのカテゴリーに分かれます。1つは**リレーション系の強み**です。すでにターゲット顧客との関係があれば、特に有力な強みといえるでしょう。技術・ノウハウについては特許やライセンスのほか、外部からは見えにくい生産や営業のノウハウ、高い品質、品揃え、スピード、企画、育成力なども入ります。そのほか、**組織・人材**、**資源**なども挙げられます。

新しい取り組みに必要な強みは何か、そもそも自社のもっている強みは何かについては、意外と理解できていないものです。思いつきの抽象的な議論にならないよう、検討中の事業を念頭に置きながら必要な強みを洗い出したり、自社の保持するリソースを確認したりする際のチェックリストとして使ってください。

参入障壁は「先に入ってカギをかける」

3−07では立ち上げ時の差別化やポジショニングについて説明しましたが、事業がうまく回り始めると、既存事業者や新規事業者がその市場に参入する可能性が高ま

事業に求められる「強み」

リレーション（関係性）	顧客	顧客基盤、ロイヤリティ（リピート購入を促す要素）、顧客満足、関係の強さなど
	ブランド・知名度	認知度、差別化訴求、実績など
	ネットワーク	資源調達、販売、国・地方公共団体や大学などとの連携、資金調達など
技術・ノウハウ	技術力	開発力、特許、ライセンス、生産ノウハウ、営業ノウハウなど
	オペレーション	品質、品揃え、スピード、効率、管理、改善手法、企画、製造、販売、マネジメント、教育、育成など
組織・人材	従業員	資質、経験、能力、意欲、組織文化など
	経営陣	資質、経験、能力、意欲など
資源	アセット（資産）	資金、設備、店舗網など

ります。そんな**新規参入を防ぐ参入障壁**のポイントを左図に整理しておきます。

新規事業者に対する参入障壁のポイントは「**先に入ってカギをかける**」ことです。どんな事業も真似される可能性がありますので、そうならないよう、①バリューチェーンの設計で**先に取引先を囲い込む**、②先行した積極投資やブランド資産の積み上げなどで**競合のやる気を削ぐ**、③**早期に技術やノウハウを積み上げる**、といったことがポイントになります。

「事業が真似されないか」という論点は、事業アイデアの発想の段階ではなく、このビジネスモデル化の段階で考えなければ答えが出ません。こういう理解がないと、事業コンセプト時点の抽象的なイメージだけで「このアイデアは真似されるのではないか」といった堂々巡りの議論に巻き込まれる羽目になりますので注意しましょう。

好循環による参入障壁

5−02では、事業を成長させる「**儲かる循環**」について解説しました。特に回転型や顧客ベース型では、実際に事業が開始されることで、オペレーション・顧客対応のノウハウの蓄積やコストダウンが進み、さらに認知度や信頼性が高まる、重要な顧客や協業する外部パートナーとの関係が深まるなど、事業が進展します。これ自体が重要な参入障壁となるのです。10分1000円のQBハウスは「安かろう悪かろう」ではありません。従業員は高回転で多くのカット経験を積めるため、通常のヘアサロンで修行するより早期に成長可能で、「早い・安い・うまい」を実現しています。同様の効果は、習熟の必要な多くの事業でよく見られます。

ものづくりやサービス業のほか、プラットフォームやデータビジネスにおいても、この儲かる循環のメリットは大きくなります。グーグルやアマゾン、アップル、メタ、マイクロソフト、ネットフリックスといった企業が大きな力をもつようになったのは、先行して顧客基盤やコンテンツなどの蓄積が進むと、あとから参入する他社が対抗しにくくなる構造ができているからです。

最後に競合状況別の対応方針を左図にまとめておきます。先行者がいたり参入しそうな企業が存在したりすると気になるものですが、過度に警戒してせっかくのチャンスを逃さないようにしたいものです。

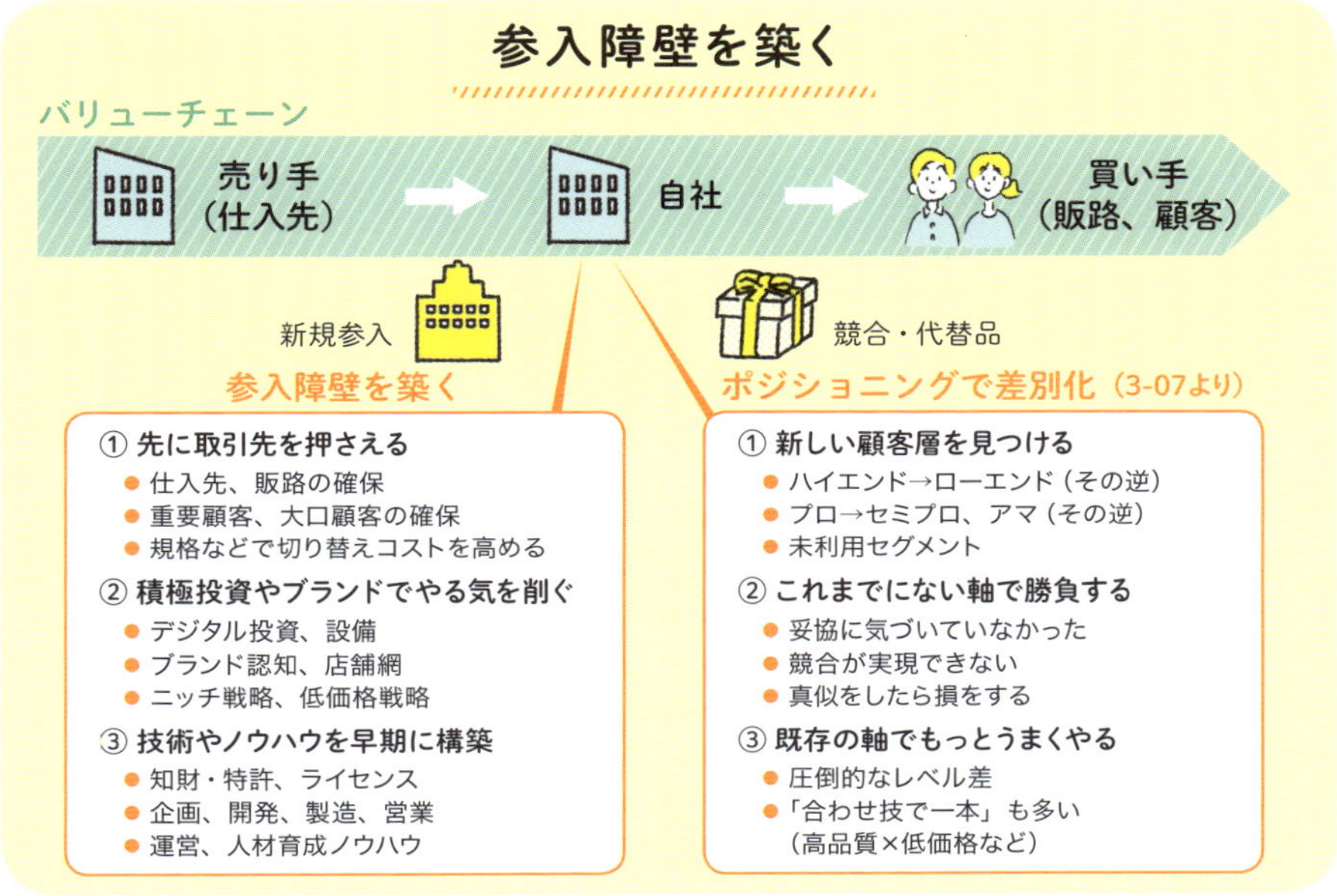
参入障壁を築く
バリューチェーン
売り手
(仕入先)
自社
買い手
(販路、顧客)
新規参入
競合・代替品
参入障壁を築く
ポジショニングで差別化(3-07より)
① 先に取引先を押さえる
● 仕入先、販路の確保
● 重要顧客、大口顧客の確保
● 規格などで切り替えコストを高める
② 積極投資やブランドでやる気を削ぐ
● デジタル投資、設備
● ブランド認知、店舗網
● ニッチ戦略、低価格戦略
③ 技術やノウハウを早期に構築
● 知財・特許、ライセンス
● 企画、開発、製造、営業
● 運営、人材育成ノウハウ
① 新しい顧客層を見つける
● ハイエンド→ローエンド(その逆)
● プロ→セミプロ、アマ(その逆)
● 未利用セグメント
② これまでにない軸で勝負する
● 妥協に気づいていなかった
● 競合が実現できない
● 真似をしたら損をする
③ 既存の軸でもっとうまくやる
● 圧倒的なレベル差
●「合わせ技で一本」も多い
(高品質×低価格など)

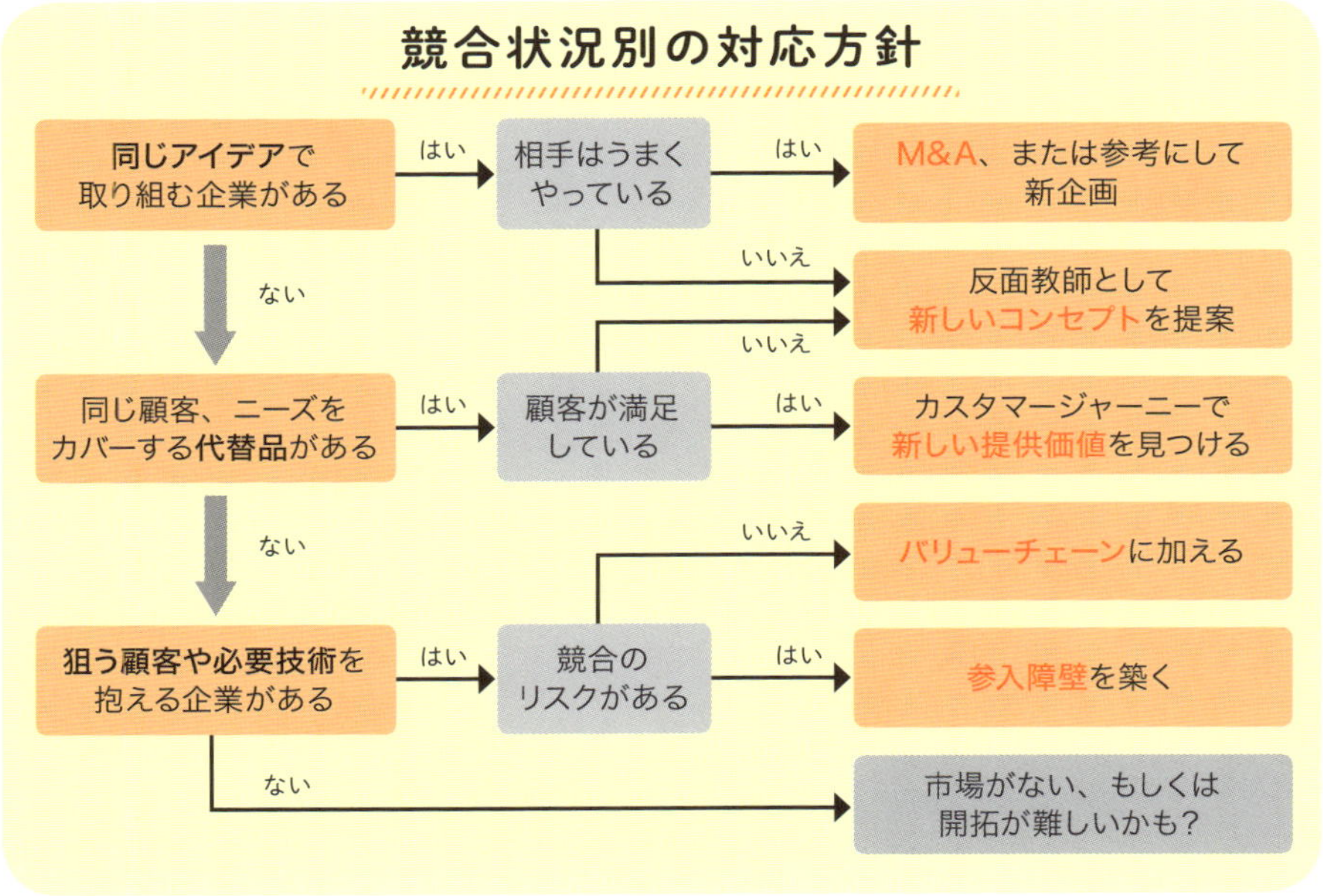
競合状況別の対応方針
同じアイデアで
取り組む企業がある
はい
相手はうまく
やっている
はい
M&A、または参考にして
新企画
いいえ
反面教師として
新しいコンセプトを提案
ない
いいえ
同じ顧客、ニーズを
カバーする代替品がある
はい
顧客が満足
している
はい
カスタマージャーニーで
新しい提供価値を見つける
ない
いいえ
バリューチェーンに加える
狙う顧客や必要技術を
抱える企業がある
はい
競合の
リスクがある
はい
参入障壁を築く
ない
市場がない、もしくは
開拓が難しいかも?

6

05 キャッシュフローモデルを検討する

キャッシュフローモデルは、これまでの各ステップの検討を踏まえたうえで、その事業は儲かるのかどうかという問いに答えを出すものです。

ここでは意思決定者が判断するために、どんなCFモデルが必要なのかを解説します。

CFモデルで収支や資金を調整する

キャッシュフローは、事業の立ち上げや運営で生じる**「現金の出入り」**です。営業関連では売上やコスト、投資関連では立ち上げ時などの資産取得や売却、財務関連では増資や借入などがあります。

CFモデルでは、これまでの検討をもとに、現金の出入りの見通しを項目別・時系列に整理します。そのうえで、最終的に事業として儲かるのか、魅力的なキャッシュフローを生み出せるのかを確認し、さらには**事業を成立させるために必要な条件やKPI（業績評価指標）**を発

根拠のあるキャッシュフローを作成する

事業計画では、その事業の収支が成立することを説明する必要があります。これまでの検討は最終的に「**キャッシュフローモデル**（以下、**CFモデル**）」に結実します。

事業化の判断に関わる重要なステップですが、新しい取り組みでは、想定数値で進めなくてはならないケースが多く、ともすれば**いい加減な試算になりがち**です。もちろん、実行してみなくてはわからない点は多いのですが、だからといって仮の数値ばかりでは意思決定者にGOをもらうのは難しいでしょう。検討の過程でヒアリングや見積りの取得、場合によって実証実験をするなど、**丹念な根拠付け**が重要です。

見・調整するわけです。KPIは、業績目標への達成度合いを見る目印となるものです。

事業を評価するポイントを下図に整理しました。CFモデルでこれらがきちんと押さえられていなければなりません。このなかで特に重要なものは、**③損益分岐点の達成の根拠**があるのかどうかです。

事業を評価するポイントは、事業成立の目途がついているのかどうかです。顧客検証ができていなければ、その事業はまだ思いつきの段階にあるということですし、逆に顧客検証により損益分岐点を超える顧客候補の目途がついていれば、事業成立の可能性が高くなります。

5つのステップでCFモデルを構築する

CFモデルは次の5つのステップで構築していきます。ステップの詳細は次節以降で解説しますが、ここでは概要を理解しておきましょう。

①売上見通しの設計

ターゲット顧客から市場規模を推計し、顧客獲得のペースを考えます。それにマネタイズモデルで検討した客単価を掛け、各期の売上高を算出します。

事業評価の6つのポイント

収支サイド

① 事業規模はどれくらいか → 取り組むに足るインパクトはあるか

② ユニットエコノミクス※1は成立するか → 収入と費用のバランスはとれているか

③ 損益分岐点の達成目途はどれくらいか → ヒアリングや顧客検証による根拠はあるか

資金サイド

④ 立ち上げ資金はどれくらいか → 負担可能な水準か、調達の目途はあるか

⑤ 投資収益率はどれくらいか → IRR や ROIC※2など設定されている基準を満たしているか

⑥ 失敗時の最大リスクは何か → 失敗しても自社の屋台骨は揺るがないか、株主に説明できるか

※1 製品や顧客、店舗などの1単位で見たときの収益。単位あたり経済性ともいう
※2 投資や事業を判断する指標

②コスト構造の設計

コストを固定費と変動費に分け、損益分岐点達成時の売上を求めます。その損益分岐点売上高が現実的なものになるよう、コストと価格を調整します。

③収支見通しの設計

各期の売上とコスト、初期投資と追加投資の金額を整理し、キャッシュフローを算出します。ここで単年度の黒字化の時期がわかるので、必要に応じて収支を調整してその時期を早めることができないかを検討します。

④資金見通しの設計

③収支見通しで算出した各期のキャッシュフローを累積したものが資金見通しです。事業成立までの資金需要と回収期間を確認し、それらが現実的になるよう初期投資や収支見通しの調整、資金繰りの改善などを考えます。

⑤シナリオの作成

最後に、事業成立の複数のシナリオを用意しておきます。現実的で妥当な条件のCFモデルをベースケースに、売上とコストの条件を変えてCFモデルの変化を確認します。事業がうまくいかなかった場合の事業撤退の判断基準となるリスク額（損失額）も見積もります。

CFモデルは経営の羅針盤

CFモデルの作成には「財務や会計の知識が必要」と思っている人もいるようですが、最低限の知識と表計算ソフトを使い、前述のステップを踏めば作成可能です。

実際の作業では表計算ソフト上に、これまでに検討した売上やコスト、価格、初期投資額などの項目の数値を集約していきます。そのうえで、損益分岐点の売上高や達成時期、必要な資金総額や回収期間など、事業成立の目標水準をクリアできるように、売上やコスト、価格などをシミュレーションしながら調整していくのです。

最初は概算で当たりをつけ、徐々に精緻化していくのがコツです。この作業を通じて、事業の成立条件の勘所やKPIの目標値が決まってきます。

このようにして、売上、コスト、投資などが**妥当な水準になった時点の個別の目標値がKPI**となり、事業を進めていくうえでの羅針盤になります。このようにCFモデルは、事業の検討段階、さらには推進段階での重要な指針になるものなのです。実際のつくり方を左図に整理しましたので参考にしてください。

キャッシュフローモデル構築の流れ

各ステップからのインプット

- ②ターゲット顧客、③顧客検証、④マネタイズモデル → ①売上見通し
- ③顧客検証、⑤バリューチェーン → ②コスト構造

① 売上見通し	② コスト構造	③ 収支見通し	④ 資金見通し	⑤ シナリオ
各期の売上高 ・市場規模 ・顧客獲得ペース ・客単価	**各期のコスト** ・固定費、変動費 ・損益分岐点達成時の売上高	**各期の CF** ・営業 CF ・投資 CF	**各期の累積 CF** ・必要資金額 ・資金回収期間	**シナリオ分析** ・ベースケース ・アップ、ダウン ・最大リスク
▼	▼	▼	▼	▼
事業評価				
売上規模の見込み	損益分岐点の目途	ユニットエコノミクス	立ち上げ資金 投資収益率	失敗時の最大リスク

キャッシュフロー検討のポイント

取り組み姿勢

最初は概算で当たりをつけ、徐々に精緻化していく

- 早期にやることで事業の特性や KPI の洗い出しにつながる
- 初年度は精緻に、将来は粗くてもよい
- 月次ベースの累積 CF は資金繰り表になる

検討ステップ

① 各項目を検討して「仮数値」で初期モデルを組み上げる
- 5つのステップに沿って表計算ソフト上にフォーマットをつくる

② ヒアリングや見積りなどで仮数値を検証する
- 確度に合わせて「見込値」「確定値」とする

③ 魅力向上のシミュレーションを行って各数値を調整する
- 仮数値は計画から逆算して「目標値」とする
- 計画にインパクトを与える数値を特に「KPI」とする

④ 次のステップへ
- KPI とその目標水準の達成に必要なアクションを計画する
- 直近 12 か月は月次ベースで作成し「資金繰り表」として活用する

6

06 売上見通しとコスト構造を設計する

これまでの検討結果から事業の売上とコストの予測を立てましょう。売上見通しは売上試算モデル、コスト構造は固定費と変動費の設計が鍵です。

売上見通しを設計する

売上見通しは、**各期の売上高を時系列で示したもの**で、次の3段階で作成します。

①市場規模（顧客数×客単価）を推計する（3—08参照）
②顧客獲得ペースを設定する
③各期の獲得顧客数に客単価を掛ける

3—08で推計した市場規模を念頭に、**各期の獲得顧客数の伸び**を設定します。それにマネタイズモデルの客単価を掛け、各期の売上高を算出していくわけです。

ここで一番難しいのは、**顧客獲得ペースの設定**です。ロケットスタートを目指したいところですが、立ち上げ期は思うようにいかないものです。顧客を高い確度で獲得できるしかけなどがなければ、顧客獲得ペースは最初はゆっくり立ち上がり、徐々に伸びていく「**S字カーブ**」を想定しておきましょう。いずれにせよテストマーケティング結果などの根拠や、顧客獲得投資などの施策、実施体制を準備しておく必要があります。

売上試算モデルの要素を分解する

売上見込みで最も重要なのは「**売上試算モデル**」をしっかりとつくり込むことです。売上試算モデルは、採用するマネタイズモデルに合わせて**売上の構成要素を分解**し、個別に管理・改善できるようにしたものです。

たとえば売り切り型の場合、単純に「数量×単価」とするより、「**顧客数×顧客あたり購入量×単価**」としたほうが、顧客獲得の施策、獲得した顧客への追加営業、価格の調整など、打ち手との関連が明確になります。

　このほか、顧客の獲得・維持を重視するのであれば、「新規顧客の獲得数」や「既存顧客のリピート率」、フリーミアムでは無料顧客の獲得数と有料化率、サブスクでは退会率、マッチング型のサービスではマッチング件数などがKPIになるケースが多いでしょう。

　このようにマネタイズモデルにより管理すべき項目が異なります。このレベルまで分解して売上試算モデルを作成しておけば、意思決定者や投資家への説明に役立つだけではなく、事業運営の指針としても活用できます。

利益を出すために必要な損益分岐点

　続いて、**コスト構造を設計**します。これには、まず「**損益分岐点**」の理解が必要です。

　事業の開始時点では売上がなくてコストだけが発生しますが、売上が伸びていくと売上とコストが等しくなる点に達します。その売上が損益分岐点です。**売上が損益分岐点を上回れば、利益が出る**ようになります。

　損益分岐点を売上とコストの関係でグラフに表したも

実用的な売上試算モデルを設計する

売り切り型の例

モノ重視
➡ 販売数 × 単価

顧客重視
➡ 顧客数 ×（顧客あたり販売数×単価）

リピート重視
➡（前期顧客数×リピート率＋新規顧客数）×平均客単価

顧客ベース型の例

フリーミアム
➡ 無料顧客数※×有料顧客率×平均客単価

サブスク
➡｛有料顧客数×（1－退会率）＋新規顧客数｝×平均客単価

マッチング
➡ 登録顧客数×成果発生率×平均顧客あたり発生件数×課金単価

※ 期末無料顧客数＋新規無料顧客数

のが「利益の公式」（150ページ参照）でも登場した左図です。コストには**固定費**（人件費や管理費など）だけではなく、**変動費**（原材料費や仕入費など）も含まれます。

固定費は売上と関係なく一定ですが、変動費は売上に比例して増えていくので、売上が伸びればその分、コストも増えます。そのため、損益分岐点を算出する際は、まずコストを固定費と変動費に分けなければなりません。

コスト構造を設計する

コスト構造の設計では、まずバリューチェーンで検討したコスト項目を固定費と変動費に分けます。次に、人件費や設備の減価償却費などの固定費を積み上げるとともに、売上高に対する変動費の割合（変動費率）を計算します。たとえば、売上高が1000万円のとき、仕入れなどの変動費が200万円とすれば、変動費率は20%になります。これらをもとに、次の計算式で「**損益分岐点達成時の売上高**」を求めます。

- **損益分岐点売上高＝固定費÷（1−変動費率）**

たとえば、固定費の水準が6000万円で、変動費率を20%に設定したとき、「6000万円÷（1−0.2）で損益分岐点売上高は7500万円です。

こうして求めた損益分岐点売上高が、**市場規模や顧客検証の状況から見て現実的かどうか**を検討するわけです。市場規模と比較する際の目安は、事業内容によって大きく異なりますが、現実的な見積りをするなら、潜在市場の5〜10%程度がひとつの上限でしょう。潜在市場の開拓には相応の工夫と時間が必要です。市場開拓の打ち手の積み上げや営業上の取り組みもさることながら、コストの見直しや工夫で、損益分岐点を実現可能な範囲に押し下げる必要があります。

また事業の安定性にも配慮し、固定費と変動費のバランスに注意を払うべきです。売り切り型などの一時収入がメインの場合は、売上の変動リスクが大きくなるので、コストもできるだけ**変動コスト**にしたいところです。特に初期段階は事業が不安定になりますので、固定費が大きいと事業継続リスクが高くなってしまいます。費目によっては自由に設定しにくいものもありますが、可能であれば、取引先との契約を固定的な契約ではなく変動的な契約にするなどの工夫が大切です。

損益分岐点の考え方

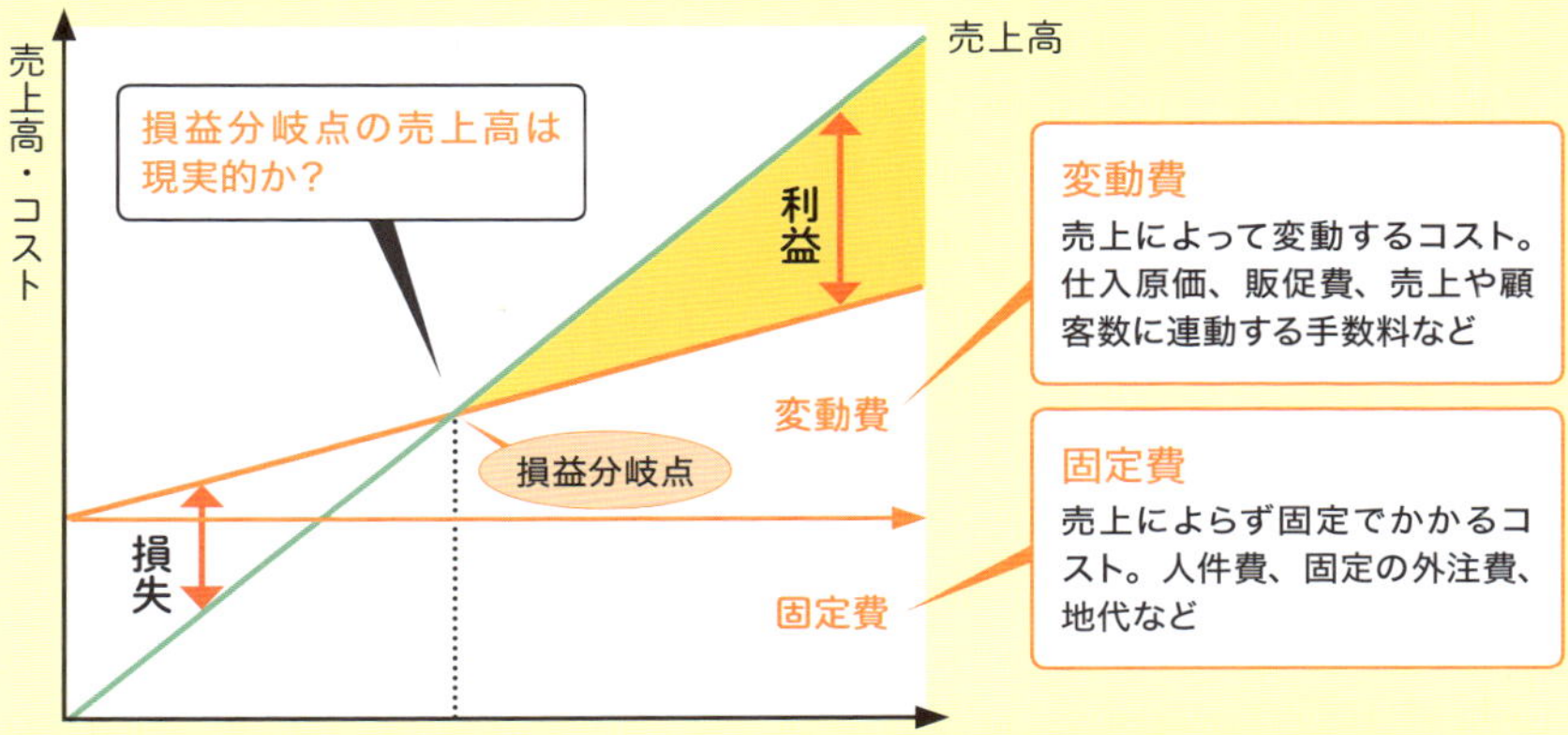

☑ バリューチェーンから費目を洗い出し、固定費と変動費に分ける
☑ 売上高と重ねてみて損益分岐点を算出し、その達成の目途を確認する

売上見通しの作成例

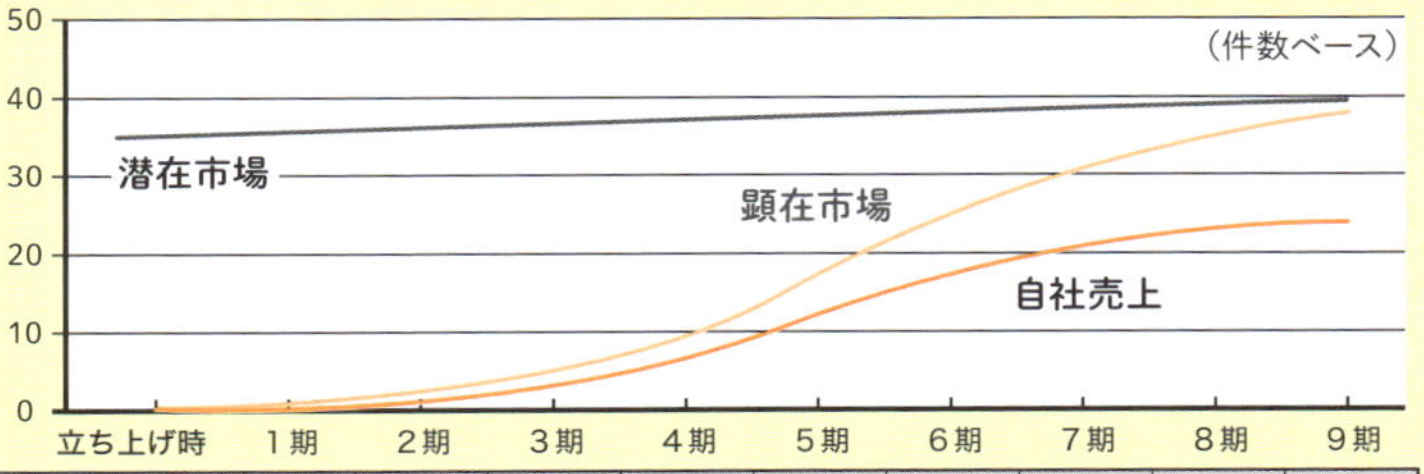

潜在市場	35	36	36	37	37	38	38	39	39	40
（浸透率）	0%	3%	6%	12%	24%	43%	64%	80%	90%	95%
顕在市場	0	1	2	5	9	16	24	31	35	38
（成長率）		∞	110%	115%	96%	85%	48%	28%	13%	8%
自社売上（件）	0	1	1	3	6	12	17	22	23	24
（自社シェア）		63%	62%	68%	72%	73%	72%	69%	66%	62%
（自社売上〈円〉）	0	6	13	31	64	120	175	216	233	236
（単価）		10	10	10	10	10	10	10	10	10

☑ 市場規模と販促施策からターゲット顧客の獲得ベースを設定
☑ マネタイズモデルと顧客検証から客単価を設定して掛け合わせる

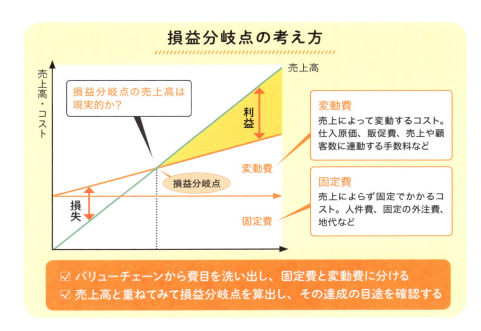

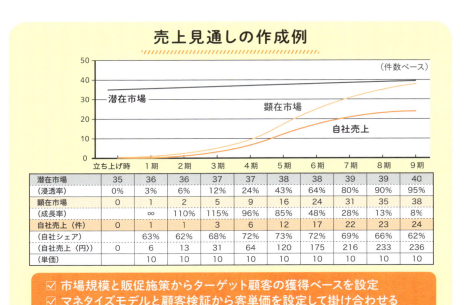

6

07 収支見通しを設計する

売上見通しとコスト構造を設計できたら、次は収支見通しを検討します。当面の事業展開や体制・活動をイメージして数字に落としていきます。

収支見通しを検討する

収支見通しでは、売上とコストの差を確認します。これは、表計算ソフトに次の項目を入力していき、キャッシュフローの値を算出します。

- **各期の売上（売上見通し）**
- **各期のコスト（固定費と変動費）**
- **初期投資額と追加投資額（開発、設備、施設など）**

各期の売上からコストや投資額を差し引いたものが、その期における「**期間キャッシュフロー**」です。期間キャッシュフローは、立ち上げ時は売上が小さいため、マイナスが続きますが、これがプラスになる年度から利益が生じるようになります。収支見通しで**単年度黒字化の時期**（損益分岐点の達成時期）がわかったら、その時期を早められないかを検討してみましょう。

単年度黒字とは、その年の売上がコストを上回った状態のことです。コストの抑制のほか、**顧客獲得ペースや価格を上げる**ことで、単年度黒字化の時期を早めることができます。もちろん顧客獲得ペースを上げるためには、営業やマーケティングのコストを増やす必要も出てくるでしょう。顧客数の伸びや価格水準、コストなどを総合的に見た工夫と調整が必要になるということです。

収支見通しで事業成立の条件を明確化

収支見通しを作成する目的は、簡単にいえば、その事業の成長と利益の目標を達成できるように**売上やコスト、**

投資額を最適化することです。事業成立にはどれくらいの売上やコスト、投資が必要かを明らかにします。

収支見通しの検討により、その**事業の特性**や、**展開に必要な勘所**がわかってきます。たとえば、「この事業のポイントはマーケティングであり、コストを1億円に抑え、1社あたり500万円の獲得効率であれば成立する」「その条件を満たすマーケティング施策とは？」などと、実際のアクションへの示唆を導くことができます。

事業の成長をイメージする

ここで、**キャッシュフローモデルを時系列で展開する**イメージを共有しておきましょう。

事業の準備期には売上がなく、コストを抑えて事業検討や初期検証などを行うことになります。運営面では、技術や開発の目途を立て、KPIを設定します。まだ事業は始動していないので予算は小さく、メンバーや協力者の自発的な協力になることも多いです。

事業が始動して立ち上げ期に入ると、初期ターゲットの開拓を通じて、**プロダクト内容や提供価値についての検証や改善**が本格化します。提供するプロダクトがター

事業展開フェーズをキャッシュフローモデルに落とし込む

準備期	立ち上げ期（0→1）	成長期（1→10）	確立期（10→100）
売上なし、費用を抑えて事業を検討	**PMFに向けたさらなる検証と改善**	**成長への積極投資と運営体制の確立**	**効率運用の確立と成長市場への展開**
● ヒアリングや実証実験による事業検討	● 初期向けプロダクトと価値の検証・改善	● PMFの維持とプロダクト品質の確立	● PMFの維持とプロダクト品質の確立
● 開発や運営の目途とKPIの設定	● 販促・運用の立ち上げとKPIの評価・改善	● 販促・運用の拡大策投入と資金手当	● 運営効率化と参入障壁・強みの確立
● 限られた検討メンバーと協業パートナー	● 実務メンバーの選定と協業先の評価・見直し	● 成長を支える運営体制と協業先の拡大	● 運営体制の確立、内製化など協業体制の見直し

準備期→立ち上げ期：事業開始　立ち上げ期→成長期：PMFの確立　成長期→確立期：成長鈍化、競合参入

ゲット顧客に受け入れられるＰＭＦ（18ページ参照）の前段階なので、大幅な人員投入や販促投資などは行わず、検証活動に注力します。ＰＭＦの達成は、顧客からの問い合わせや受注・売上の急増などによってわかります。

成長期にはその勢いを落とさないよう、**積極的な体制の増強と拡大策への投資**が必要です。当然、大きな資金需要も発生しますので、意思決定者や投資家へＰＭＦの実績を説明して調達します。

成長が一段落し、競合参入が見込まれるようになると、効率的な事業運用や安定的な組織運営とともに、参入障壁や強みの確立などを意識して工夫しつつ、次の成長への仕込みを行います。

これらの**各フェーズの期間はさまざま**で、立ち上げ期と成長期が同時に訪れることもあります。

人材の配備や組織の体制構築など、実行に時間が必要とされるものもありますので、先の展開を想定しながら準備を怠らないようにすることが大切です。

フェルミ推定を行う

事業開発では、売上見通しやコスト構造、要員計画、顧客の経済的価値など、さまざまな試算を行います。そうしたときに役立つのが「**フェルミ推定**」です。フェルミ推定とは、正確な数値の把握が困難な事柄を論理的に推計する手法です。推計したい事柄に関係しそうな数値を探し、それを組み合わせて概算します。

たとえば、3―08で紹介したように、市場規模であれば「顧客数×取引頻度×客単価」に分解できます。そうすると、顧客数は統計から、取引頻度は顧客へのヒアリングから推測でき、客単価はマネタイズモデルからわかるので、市場規模を推計できるというわけです。

「巨大市場」などといった抽象的な表現ではなく、「3000億円市場」といった**具体的な数値で示せればイメージしやすくなります**。またコストを定量化できれば、「それを回収するために何をすべきか」といった議論も出てくるでしょう。顧客の経済的価値を定量化できれば、自信をもった値付けにつながります。高精度での試算は難しいですが、まずはケタがわかればいいのです。そうして、思いつきを形にしていくことが大切です。

数値化はインパクトが大きく、説得力も高められますので、フェルミ推定を活用してみましょう。

収支見通しの作成例

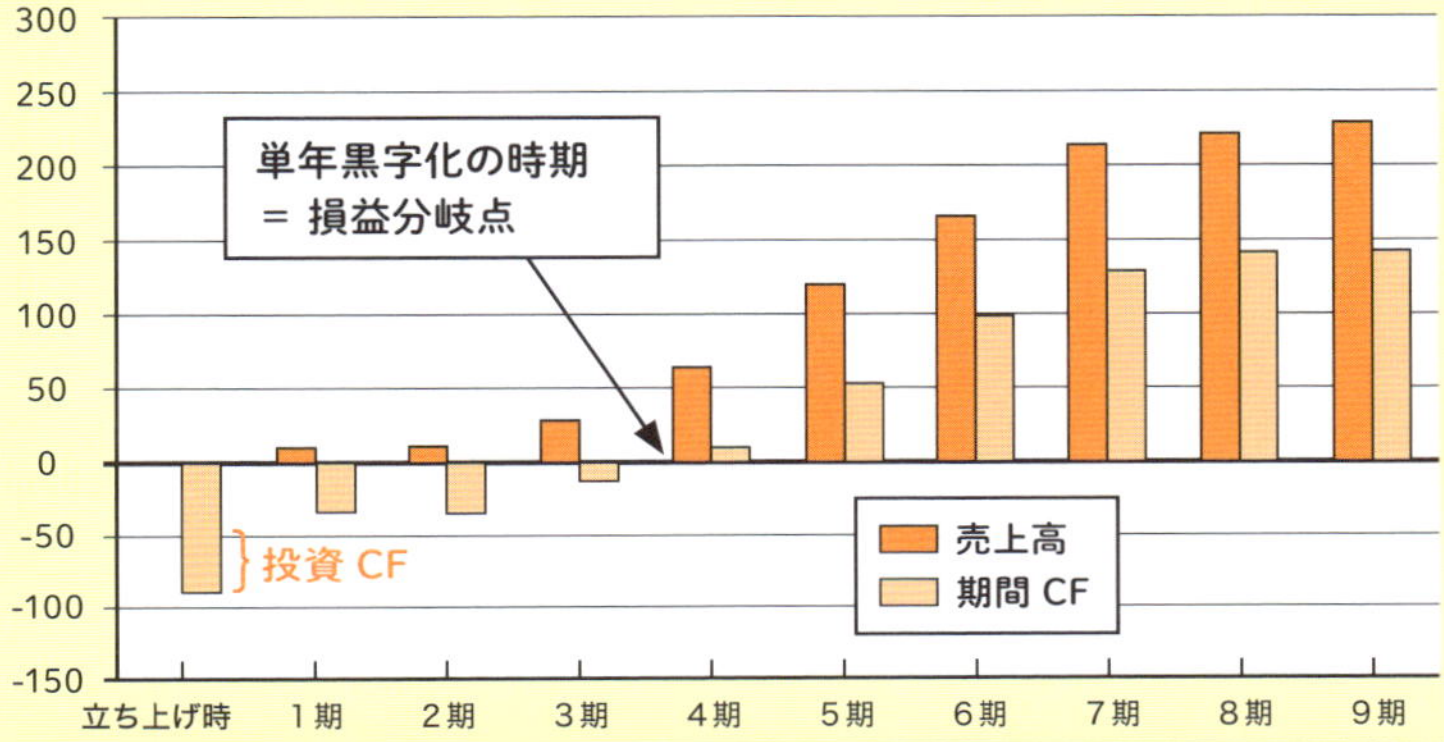

自社売上	0	6	13	31	64	120	175	216	233	236
コスト計	40	41	43	46	53	64	75	83	87	87
固定費	40	40	40	40	40	40	40	40	40	40
変動費	0	1	3	6	13	24	35	43	47	47
（変動費率）	20%	20%	20%	20%	20%	20%	20%	20%	20%	20%
営業 CF	-40	-35	-30	-15	11	56	100	133	146	149
投資 CF	-50									

☑ 営業キャッシュフローを算出すると、黒字化の時期が明確になる
☑ さらに投資と財務のキャッシュフローを足すと、期間キャッシュフローになる

フェルミ推定の例

考え方

インプットと計算式が正しければアウトプットは正しいはず

例題
① 米国市場における紙おむつの潜在市場は？
② 半年で都内のコンビニに飛び込み営業をするには何人必要？

解答例
① 年間出生数× 365 日×年齢別使用数 / 日を、0 ～ 3 歳分
② 都内コンビニ数÷6か月÷ 21 営業日÷1日訪問件数

留意点

インプット：
「関係・存在しそうな数字」を統計などのソースから検索してみる
計算式：
存在する数字をもとに、できるだけシンプルな式にして理解しやすくする
前提条件や出典を整理して明示しておく

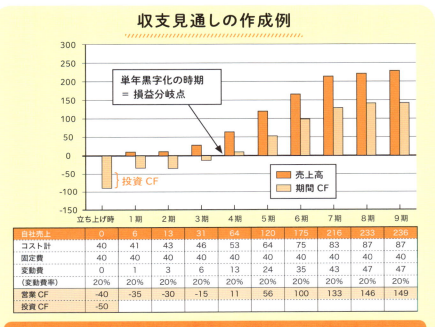

6

08 資金見通しとシナリオを作成する

資金面での事業の成立条件を探ります。さらに、事業の可能性とリスクを示すことで、キャッシュフローモデルが完成します。

資金はいくら必要か

事業の立ち上げには、初期投資や赤字期間の支出などを勘案した**資金見通し**を立てる必要があります。ここで確認しなければならないことは次の2点です。

・事業成立までの必要資金額

・投資した資金の回収期間

これらは、前節で算出した期間キャッシュフローを累積した「**累積キャッシュフロー**」で求めることができます。多くの場合、事業開始当初の期間キャッシュフローは赤字です。それが続くと、前年度のマイナス額に上乗せされ、累積損失として蓄積されていきます。そして、単年度黒字化（損益分岐点達成時）のタイミングで累積損失がピークになりますので、このときの累積損失が「**必要資金額**」です。

黒字化以降は累積損失が解消されていき、しかるべき時期に一掃されます。投資開始から累積損失一掃までの期間が「**回収期間**」です。

このほか、意思決定者が設定するIRRやROICなどの指標があれば、それも勘案しながら事業の魅力が向上するよう、これまでの検討を踏まえて各数値を調整していきます。必要に応じて投資額やコストを調整し、場合によっては事業アイデアにさかのぼって見直します。

資金繰りの改善を検討する

「必要資金額」を手元の資金で賄えなければ、**借入や**

増資による資金調達を検討します。しかし、営業赤字の時点では金融機関からの借入が難しく、増資も株価交渉が不利になるのが現実です。必要資金額を抑えるために、次のことを検討してみましょう。

- **初期投資を抑える**
- **収支見通しを調整する**
- **資金繰りを改善する**

特に**資金繰りの改善**に注目しましょう。たとえば、仕入れから売上金回収までの期間を短縮することを考えます。この期間のことを「**キャッシュ・コンバージョン・サイクル（CCC）**」といいます。

通常は先に仕入代金を支払い、あとから売上金を回収します。CCCが長くなれば、仕入代金の支払いが先行しますので、多くの資金が必要になりますが、短縮できれば逆に資金は少なくて済みます。さらに仕入先との交渉により、**売上金の回収後に仕入代金を支払う**条件にできれば、運転資金の調達が不要になります。たとえば、アップルやアマゾンなどのCCCはマイナス、つまり売上金を回収してから仕入代金を支払っているので、売上が伸びるほど手元のキャッシュが積み上がっていきます。

累積キャッシュフローと複数のシナリオ

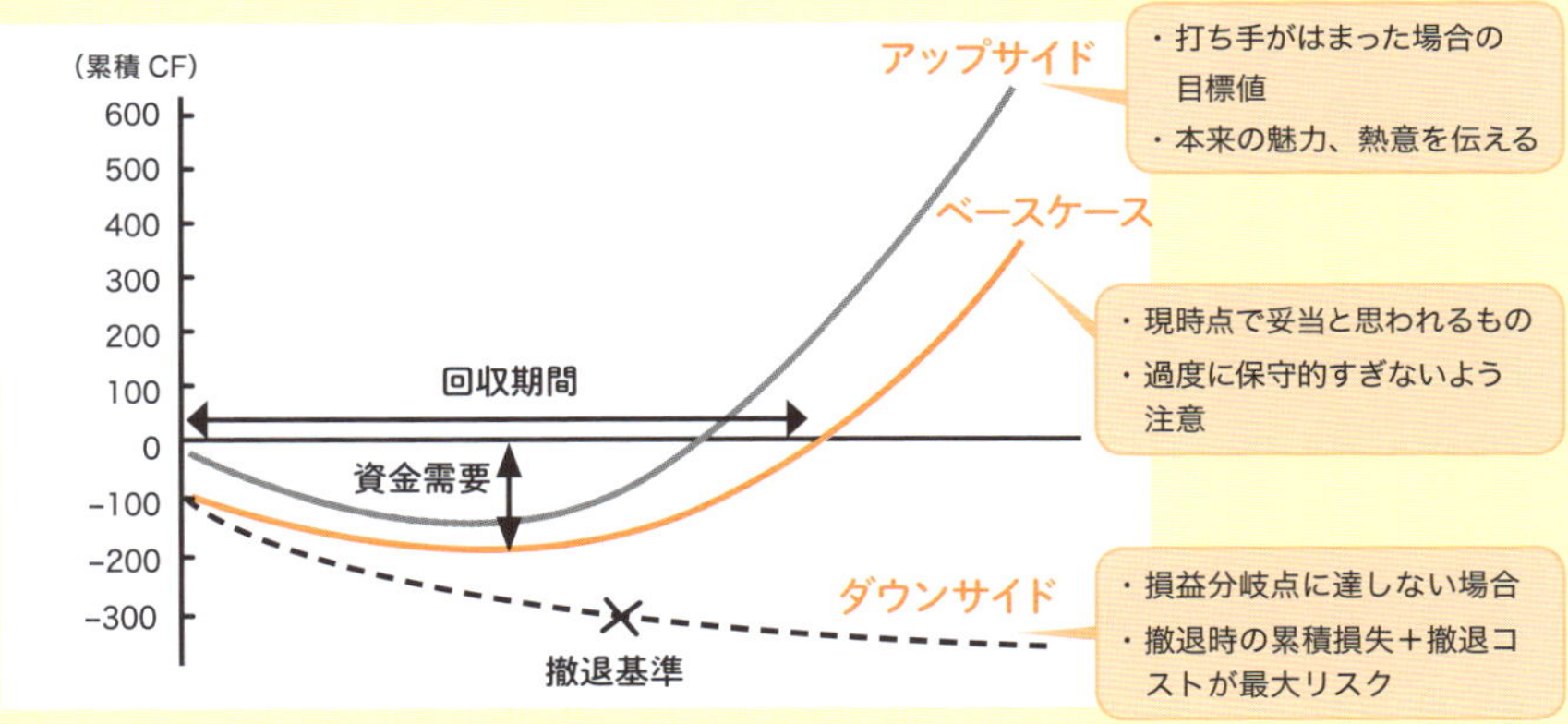

	立ち上げ時	1期	2期	3期	4期	5期	6期	7期	8期	9期
期間 CF	-90	-35	-30	-15	11	56	100	133	146	149
累積 CF	-90	-125	-155	-170	-159	-103	-3	130	276	425

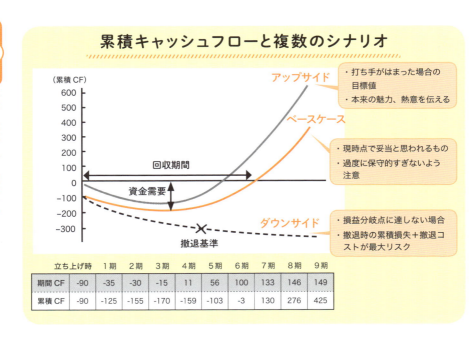

事業成立の複数のシナリオをつくる

最後のステップは**シナリオ作成**です。キャッシュフローモデルの見通しは、大企業の担当者の場合は保守的、起業家の場合は強気になる傾向があるようです。

キャッシュフローは、実際の打ち手の有効性や、改善努力などで変動する可能性があり、見通しは1つに限りません。そこで「**ベースケース**」だけではなく、うまくいった場合の「**アップサイド**」、失敗した場合の「**ダウンサイド**」など、複数のシナリオを用意します。

保守的な見通しだけではなく、「努力や工夫でこんなに大きな収益が期待できる」というアップサイドを示し、その事業の可能性をきちんと伝えましょう。

また、失敗した場合のリスク（損失額）もきちんと示す必要があります。事業開発はうまくいくことばかりではありません。営業赤字が続いて累積損失がかさむ状況も考えられます。そこで「**累積損失がこの金額に達したら撤退する**」という判断基準を設定してリスクを制限します。そうすることで、むしろ開始の判断がしやすくなります。なお、実際に撤退する場合、累積損失のほかに撤退コストもかかります。したがって、最大リスクの金額は「撤退時の累積損失額＋撤退コスト」となります。

ユニットエコノミクスを理解する

最後にマネタイズモデルがキャッシュフローとそのマネジメントに与える影響について見ておきましょう。

個別の顧客や店舗単位での累積キャッシュフローを「**ユニットエコノミクス（単位あたり経済性）**」といいます。これは資金見通しや事業のマネジメントに影響を与えます。たとえば売り切り型では、売上が立つと、その期でかけたコストの回収、つまり**入金はそこで終了**です。これに対して継続収入型では、顧客の負担を小さくして顧客基盤を広げるため、当初は損失が残りますが、顧客が満足すれば**入金が続きます**。

後者を累積キャッシュフローで見ると、安定収益が得られますが、顧客基盤を拡大して成長を加速させると、過去の顧客からの回収が終わる前に次の投資が始まり、資金需要が膨らむ構造になっています。したがって継続収入型では、**成長に応じた資金調達**などのマネジメントが求められるわけです。

ユニットエコノミクスの例

売り切り型モデルの単位あたり収支

期間キャッシュフロー

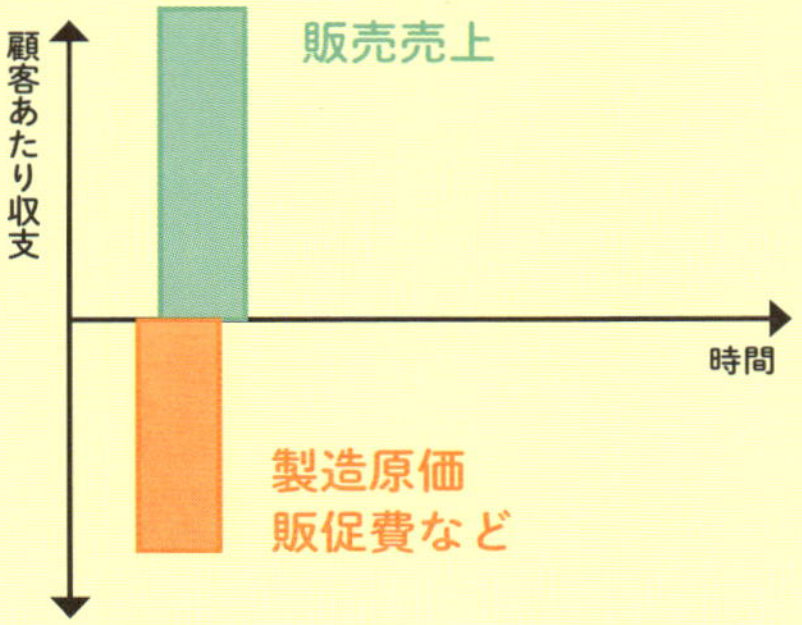

累積キャッシュフロー

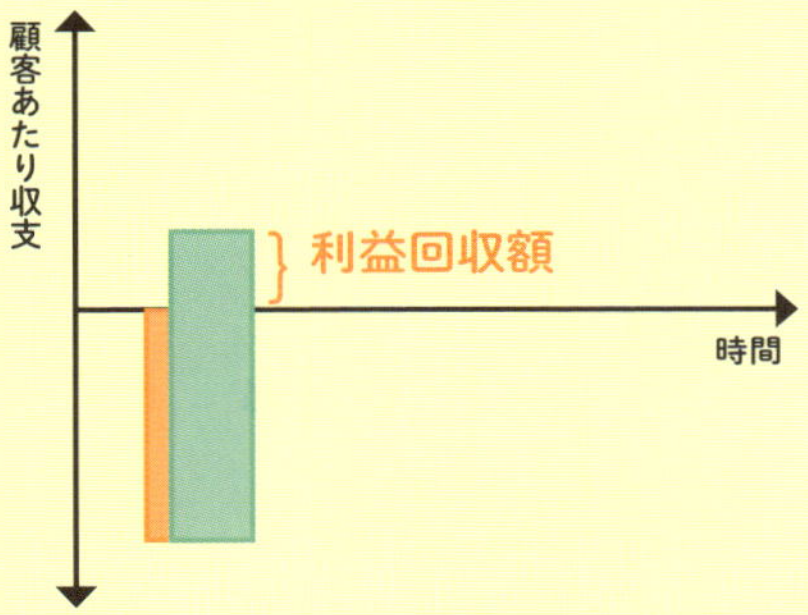

- 最初に高い売上が上がる
- 顧客基盤が広がらない

- 売れた顧客からの回収は早い
- アップサイドは期待できない

継続収入型モデルの単位あたり収支

期間キャッシュフロー

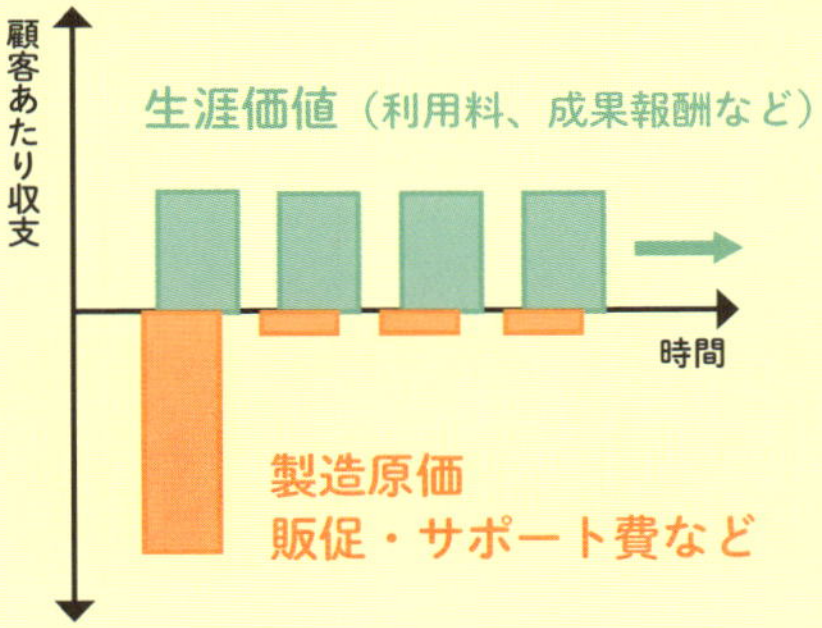

累積キャッシュフロー

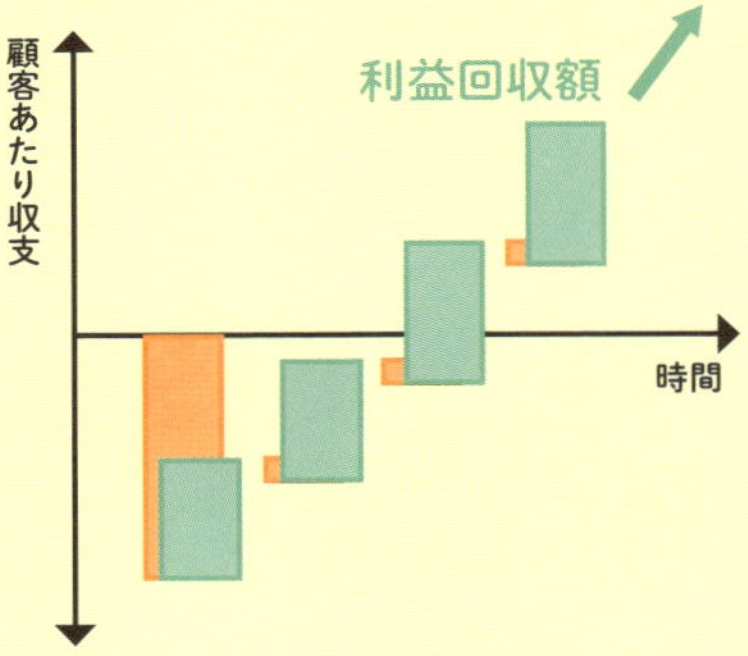

- 顧客基盤が広がる
- 回収に時間がかかる

- 継続利用で利益が積み上がる
- 成長時の資金負担がかかる

まとめ

顧客価値と経済性を両立させる

足りない資源やノウハウは外部から調達しよう

新しい取り組みに必要なものの、手元にない資源やノウハウは、外部から調達して価値を生み出す事業を実現します。強みや参入障壁の検討も必要です。キャッシュフローの検討を通じて、事業化の意思決定のポイント、その事業の展開・運営上の特性、事業成立のためのKPIを明らかにします。

バリューチェーン

価値実現のしくみを考える

- 実現のオペレーション
- 顧客に届けるマーケティング
- プロセスに落とし込んで検討
- コスト要素を洗い出す

関係者へのヒアリングで検証・確認する

リソースフルネス

事業成立のボトルネックを解消する

- 資源は外部調達が基本
- ハードルやトレードオフを超える工夫
- 資源の先行確保による参入障壁
- ノウハウ、実績の積み上げ

知識のインプットやKnow Whoが重要

キャッシュフローモデル

いくら投入していくら儲かるのか

- 事業規模はどれくらいになるのか
- 黒字化の条件と確度
- 必要資金額とリスクの見積り
- 事業運営に必要なKPIは何か

事業の特性と経営のポイントを把握する

とるべきアクション

1. オペレーションとマーケティングを設計する
2. 必要資源やノウハウを外部から調達する
3. 協業候補にアプローチ、協力を取り付ける
4. ここまでの検討をもとにCFモデルを作成する
5. ヒアリングや見積りでCFを検証・見直す
6. KPIと目標水準を設定する

第7章

組織の力で事業を成長させる

事業開発は、発案者や推進チームの個々の力のみで実現できるものではありません。組織として事業開発を推進・支援する体制を築き、推進チームとマネジメント層が相互に成長していくことが必要です。

7

01 社会にインパクトを与える事業をつくる

既存事業に慣れた組織の意思決定を乗り越え、新しい取り組みで社会にインパクトを与えましょう。

新しい取り組みを阻むジレンマ

4—08で紹介したクリステンセン著の『イノベーションのジレンマ』では、業界大手が新興企業に負ける理由を実証研究に基づいて解説しています。大手企業には多くの強みがあり、新興企業に負ける要因はなさそうに思えますが、大手が培ってきた**強み自体が新しいチャレンジを阻む制約**になることが多いのです。

革新的な技術が生み出されても、最初は性能や品質などが顧客の求める水準に達しておらず、市場は小さいか存在しません。大手企業の視点からすると、**参入に値する市場に見えない**のです。たとえば、デジタルカメラは当初、画素数などの基本性能で著しく劣っており、「現像が不要」「撮り直しが容易」といったメリットはありましたが、それを重視するユーザー層は限られていました。そこに新興企業が参入し、性能向上やコストダウンなどが促進され、さらに新しい用途にメリットを感じるユーザー層が開拓されて実績が積み上がっていきました。60ページで説明した**S字カーブ**のとおりです。

そうして新技術の性能が既存製品と同等以上になって実績が伴うようになると、劇的な変化が起こります。既存技術と新技術との間に基本性能の差がなくなったために、新技術独自の価値がクローズアップされるので、**顧客が新技術に一気に移行**します。こうして、既存技術に依存する大手企業は、坂道を転げ落ちるような**売上の急減**に耐えられず、破綻してしまうのです。

大企業の死角は意思決定の苦手さ

大手企業には、**不確実な事業の意思決定と立ち上げが苦手**という「死角」があります。「当社の顧客にそんなニーズはない」「新技術はそう伸びないだろう」と言っているうちに追いつかれ、「当社の強みが活かせない」「既存事業と食い合いを起こすのでは？」などと言っている間に追い抜かれるのです。

これまでに解説してきた事業開発のノウハウは、「市場のリスク」と「実行のリスク」を乗り越えるためのものですが、それらを実践して結果に結びつけるには、さらに「**組織のリスク**」を乗り越える必要があります。大手企業は新興企業に比べ、リソースが豊富な分、その用途には一定の規律が求められます。既存事業では当然ですが、新しい取り組みでは**失敗するリスクを過度に懸念**してしまうことになるわけです。

事業開発のリスクのとり方

ここで考えておきたいのは「**リスクのとり方**」です。古くからある「**アンゾフのマトリクス**」を参考に、その

イノベーションのジレンマの3つの段階

①革新的技術の登場

- 既存顧客への価値では劣り、低性能
- 市場は小さいか、存在しない
- 技術・市場ともに不確実で、既存事業者は意思決定ができない

②新興企業の参入

- 性能向上とコストダウンが進む
- 新しい用途の顧客が開拓される
- 市場は依然小さいが、実績が徐々に積み上がる

③主役の交代
（既存事業者の破綻）

- 基本性能が既存顧客の求めるレベルに向上
- 新技術の独自の価値がクローズアップされる
- 既存品からのスイッチで一気に市場拡大

考え方を整理してみましょう。

事業開発を行う際、最もリスクが高いのは①**「新しい市場」における「新しい解決策」**です。一般に事業開発というと、これを思い浮かべてしまう人が多いようですが、新しい市場は潜在市場なので実証が難しく、新しい解決策も実行のリスクがあります。

一方、②**用途開発**は市場は新しくても、現在保有している技術やノウハウなどを活用するアプローチです。これは自社の強み、つまり既存の組織やノウハウなどが使えること、また具体的な提案がしやすいこと、すでにモノがあって顧客検証が行いやすいことが特長ですが、**新しい顧客の開拓が難航する**ことも少なくありません。

ここで注目したいのが、③**「古い課題」における「新しい解決策」**です。従来から存在する市場には、さまざまな手間や非効率などが残っています。これは、当初の技術やインフラなどに制約があり、「解決が難しい」と妥協されてきたものです。この放置されている顧客の困りごとや妥協などに対して、**新しい技術を組み合わせて考える**ことで、従来と異なる「新しい解決策」を事業化できる可能性の余地があります。

近年の例では、アップルがパソコンや音楽プレイヤー、携帯電話などの市場における「古い課題」を再定義し、新しい解決策を提示して大きな成功を収めました。モノ売りからコト売りへの転換を目指すサービス型事業モデルもこのアプローチの一種といえるでしょう。

社会にインパクトを与えるアプローチ

一発必中で確実に成功する事業などは存在しません。これまでに述べてきたサイクルを回すことと、それを支えて事業成長に結びつける**組織体制の整備**が必要です。

具体的にはまず、**事業開発の推進チーム**をどう形成し、関係者をどう巻き込んでいくのかを考えます。次に、事業を軌道に乗せるよう、どう育成していくのか、そのための**投資判断**をどう行うのかを検討する必要があります。最後に、これらを円滑に進めるための**組織のマネジメント**の要件を押さえておくことが重要です。これらを次節以降で順に解説していきます。

一見、難しいように見える新しい取り組みを工夫して行うことで、世の中が変わっていきます。そのような取り組みに是非チャレンジしましょう。

事業開発のリスクと狙い目

	新しい技術・ノウハウ	従来からの技術・ノウハウ
新しい市場	①市場と解決策、ともに要開拓 高リスク	②用途開発など 開発リスクは低い
従来からの市場	③古い課題の新しい解決策 市場開拓リスクは低い	市場も解決策も明確 既存市場、既存事業

②：手元の技術で対応可能な課題をもつ新しい顧客を見つける
まだ存在しない技術やノウハウを開発する

③：既存顧客から新しい事業機会を見つける
今はもっていない解決策をつくり上げる

事業を成長させる組織のマネジメント

チームとアライアンス

- 推進チーム
- 関係者の巻き込み
- 巻き込みのコツ

成長のマネジメント

- 成長ストーリーと測定・改善
- 思い切った投資判断
- 全社戦略での位置付け

組織・文化の整備

- 支援体制の確立
- ルールの整備
- マネジメントの成長

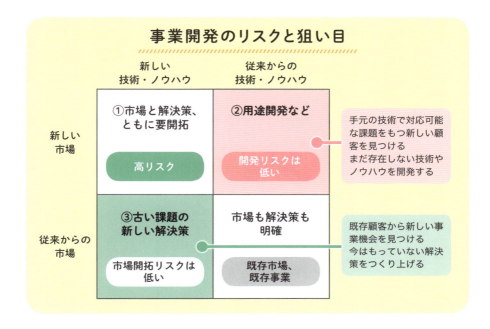

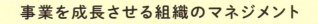

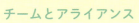

7

02 チームとアライアンスを構築する

事業コンセプトやバリューチェーンなどを踏まえ、必要なチームとメンバー、社内外の協力者などを確保しましょう。

「わらしべ長者」で関係者を巻き込む

不可能に思えることを実現する鍵は、**人とのつながりを広げる**ことです。衆知を集めることで思わぬ解決策が見つかり、実現の可能性が高まるかもしれません。それを引き出す核となるのが「**魅力的な事業アイデア**」です。それ事業アイデアに魅力があることで、協力したいと思う関係者が集まり、事業計画の検討が進んで、わらしべ長者のように巻き込みの輪が広がるのです。

この過程で関係者に「**コミットメント**」（責任をもつ意識）が生まれます。人間は自分が検討や決定に関わる機会が多いほどコミットメントが高まります。社内外の関係者、協力者、意思決定者には早めに相談して巻き込みましょう。協力体制を構築しやすくなります。

事業開発の推進チームをつくる

新しい取り組みを進めるために必要な推進チームを構成し、進捗に合わせて拡大していきましょう。初期構成は①**リーダー・サブリーダー**、②**コアメンバー**、③**社内外の協力者**です。リーダーとサブリーダーは、CEO（最高経営責任者）とCOO（最高執行責任者）のコンビが理想です。事業開発には大きな構想を立てることと同時に、足元のオペレーションもおろそかにできません。

またコアメンバーは、膨大なタスク、必要なスキルや知識、人的ネットワークを補い合う必要があります。初期段階は①マーケティング、②企画、③財務、④資料作成、⑤表計算、⑥ヒアリングといった**スキルをチーム内でカバー**できるとよいでしょう。また事業の拡大に合わせ、体制の増強が必要になりますが、前向きでチャレンジ精神の旺盛な人材を登用したいものです。

また、チームには予算と裁量権をもたせることが必須です。見通しが立ちにくくトライアンドエラーが必至の事業開発では、現場で**臨機応変に対応できる**ようにしておかないと、身動きがとれません。

誰をどう巻き込むか

事業開発で巻き込むべき社内外の関係者と説明のポイントを225ページにまとめました。

巻き込みの軸となる事業計画のポイントは1—06〜08で解説しましたが、相手によって興味・関心や理解度などが異なるため、内容や力点の置き方などを調整します。

まず①**意思決定者**の場合です。取り組みの意義や確度、リスクなどのほか、メンバーの本気度が問われます。また既存事業と異なるテーマの場合、必要な情報が不足していることが多いので、プレゼン一発勝負で判断を仰ぐのは難しいでしょう。何度かやり取りをすることで懸念

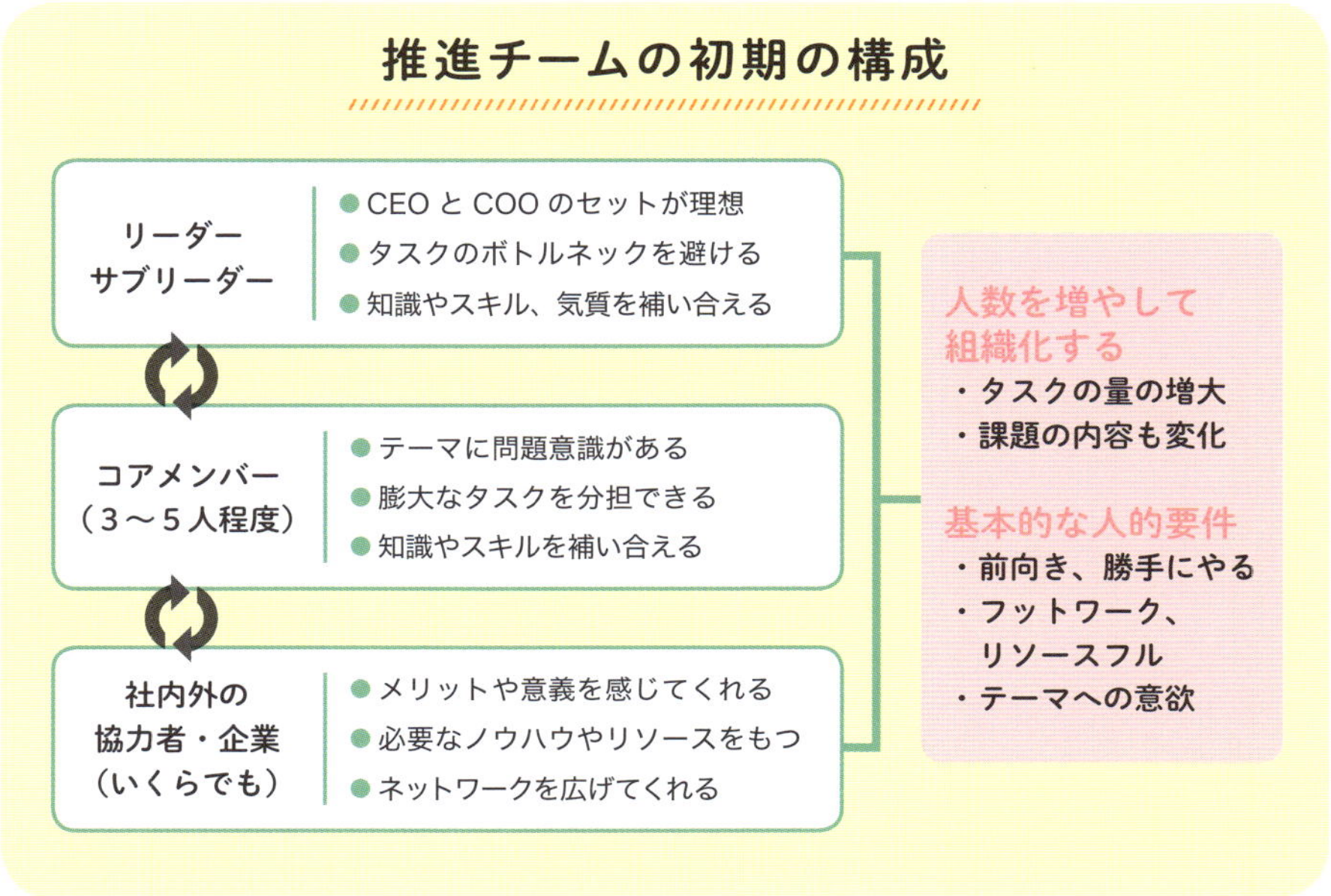

点や方針などのコメントをもらいながら、**基礎情報や顧客の声、判断のポイントなどを順次「インプット」していく**必要があります。

また②所属長や他部門などは、全社方針やルールとの整合性、各部門のメリットが気になるでしょう。こちらもやり取りを進めながらすり合わせ、調整を行います。

さらに、M&Aや別会社化の取り組みが発生する場合は、③**ファンドや金融機関**も重要な関係者になります。出資を行う投資家の場合は、将来の株式売却の可能性を重視し、融資を行う銀行の場合は、事業としての安定性を重視します。それぞれの関心事について、事業計画書でしっかりと説明を行うことが大切です。

社外の協力パートナーを巻き込む

サプライヤー（必要な資源の提供元）や提携先、さらに初期ターゲットの顧客など、④外部関係者の理解と協力も必要です。外部関係者は、事業の可能性、利害調整、信頼性などが興味のポイントになります。

社内の理解が進まない場合、社外の協力と実績が頼りになります。**外部関係者との関係構築が事業開発の実績**になりますし、**参入障壁の構築**にもつながります。重要な関係者の協力や信頼を得るためには、オープンな情報提供など、ギブアンドテイクの公正な関係を意識しながら、双方にメリットのある関係を構築しましょう。

巻き込みの核になること

関係者を巻き込む第一歩は、あなた自身から始まります。「**確信**」をもって語る人には惹かれやすいものです。具体的な確信をもって目指す未来を語るときの、その熱意と自信が「**共感**」につながります。

最初の思いつきでは、十分な確信をもつことはできないでしょう。まずは協力を得られそうな同僚や関係者に相談し、意見をもらって事業内容を詰めていきます。さらに社外の協力パートナーやアーリーアダプターへと広げ、内容と実績を積み上げていくのです。そうして、限られた時間と資源を費やすに足る事業なのかどうか、事業開発のステップを踏んで検討してみてください。

そうするなかで事業の確度が高まり、自信が生まれます。そのテーマについて自分たちは誰より詳しいと言い切れるくらいしっかりと突き詰めていきましょう。

事業開発に巻き込む関係者

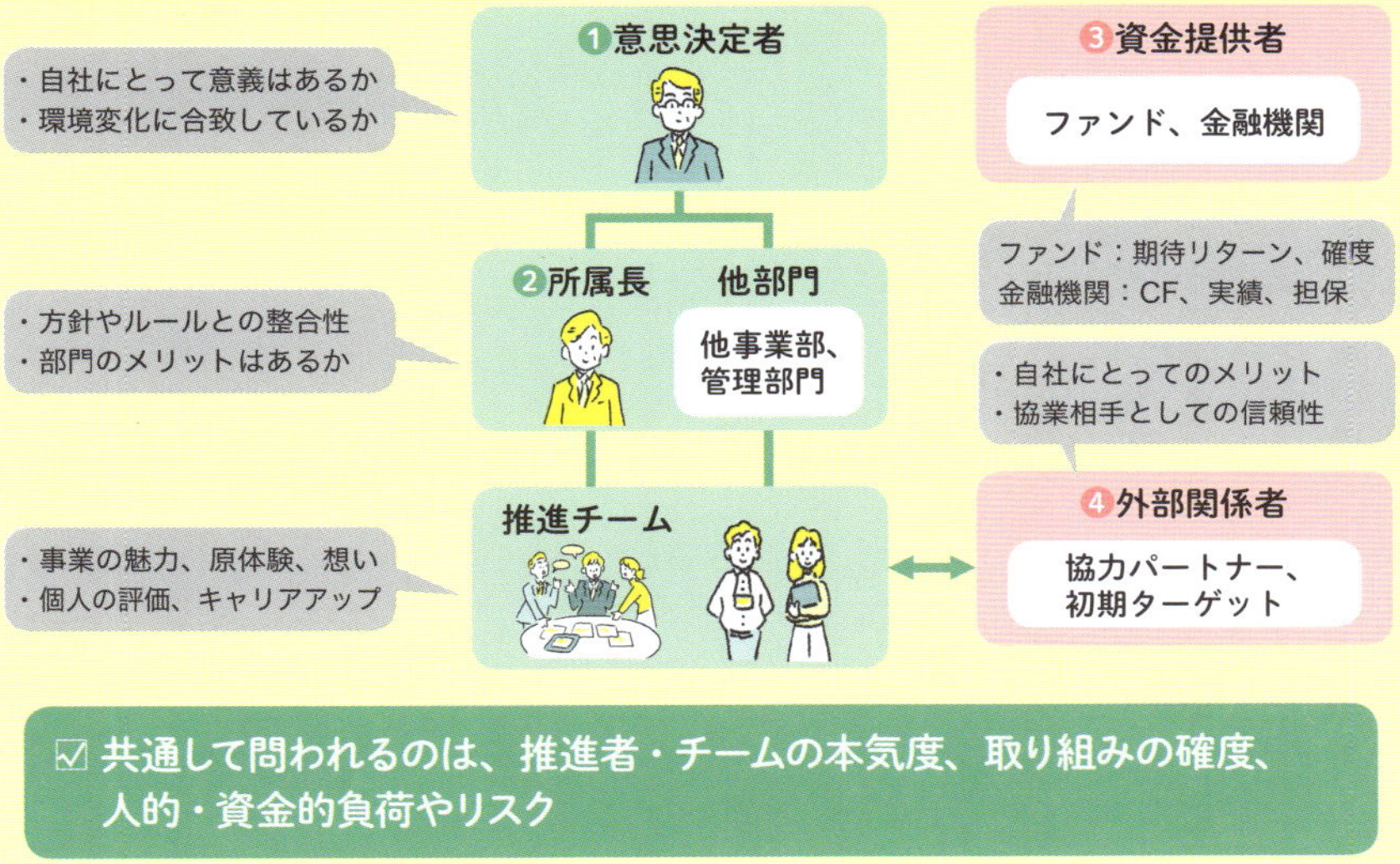

①意思決定者
・自社にとって意義はあるか
・環境変化に合致しているか
②所属長
他部門
他事業部、管理部門
・方針やルールとの整合性
・部門のメリットはあるか
推進チーム
・事業の魅力、原体験、想い
・個人の評価、キャリアアップ
③資金提供者
ファンド、金融機関
ファンド：期待リターン、確度
金融機関：CF、実績、担保
・自社にとってのメリット
・協業相手としての信頼性
④外部関係者
協力パートナー、初期ターゲット
☑ 共通して問われるのは、推進者・チームの本気度、取り組みの確度、人的・資金的負荷やリスク

巻き込む際の説明のポイント

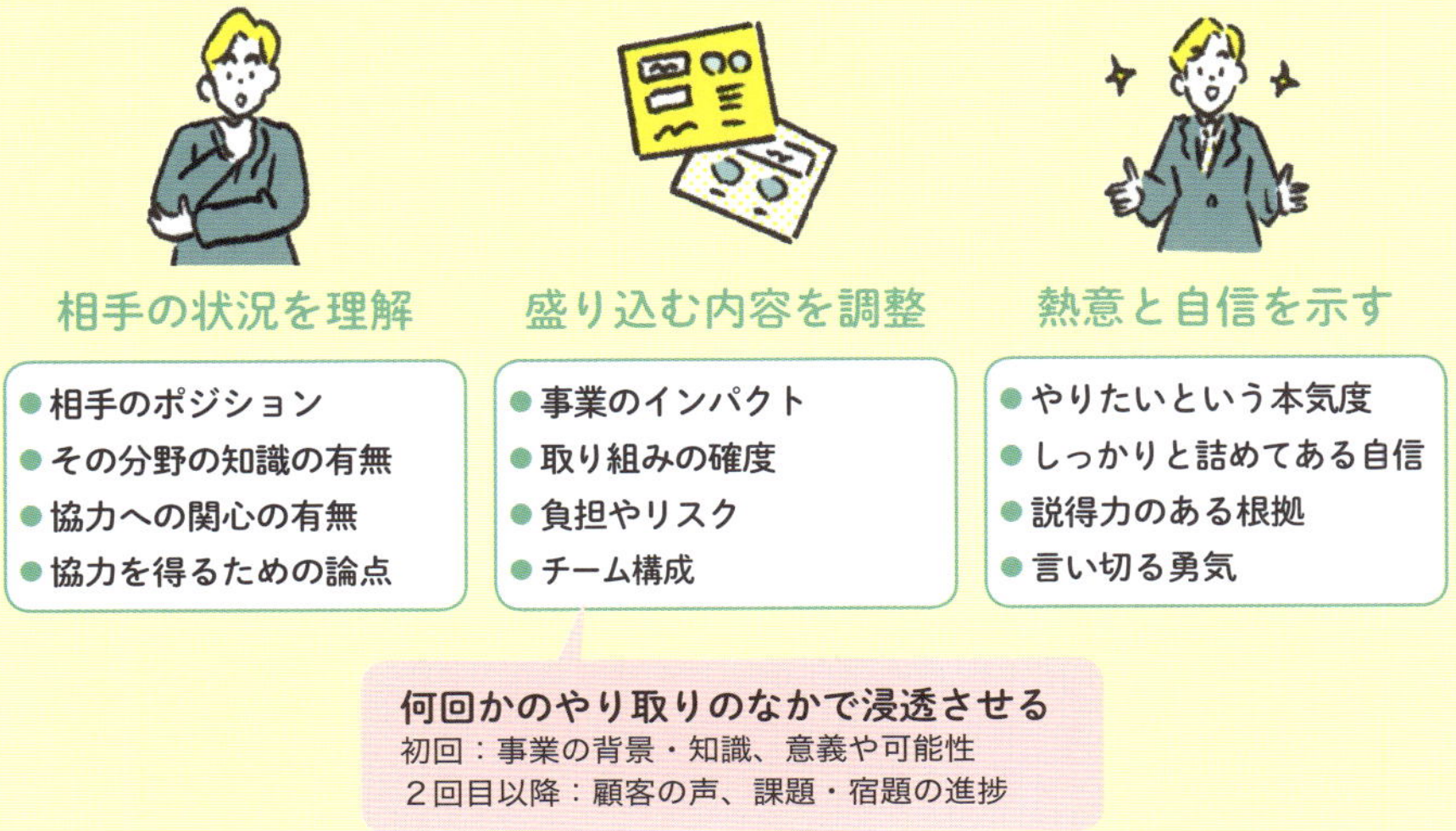

相手の状況を理解
● 相手のポジション
● その分野の知識の有無
● 協力への関心の有無
● 協力を得るための論点
盛り込む内容を調整
● 事業のインパクト
● 取り組みの確度
● 負担やリスク
● チーム構成
熱意と自信を示す
● やりたいという本気度
● しっかりと詰めてある自信
● 説得力のある根拠
● 言い切る勇気
何回かのやり取りのなかで浸透させる
初回：事業の背景・知識、意義や可能性
２回目以降：顧客の声、課題・宿題の進捗

7

03 事業の成長に向けて改善を積み上げる

構想した事業を成長させていくためには、成長のストーリーを描き、それをベースに継続的な改善を図っていくことが必要です。

成長ストーリーを作成して管理する

事業が始動すると、日々の業務に忙殺されるようになります。まずは最初の**PMF**（18ページ参照）を達成することが極めて重要ですが、それだけでは初期ターゲット止まりの小さな事業になってしまいかねません。そうならないよう、3―03の**2段階のターゲティング**と成長ストーリー、4―08で説明した**技術と顧客の開発ロードマップ**などを明確にしておく必要があります。

左図にまとめたテスラの成長ストーリーは、富裕層を初期ターゲットとして超高級EVで実績を築き、そこで集めた資金で次の高級EVの生産・販売体制を構築、その生産・販売実績をもとに、さらに投資を集めて大量生産体制による安価なモデルを投入するというものです。この背景には、実績を上げることによって資金調達、生産コスト、顧客評価に与える**好循環**があります。このようなストーリーをもとに、資金見通しや、1台あたり生産コスト、顧客の購入率や満足度などのKPIを管理していくわけです。

国内メーカーの製品が失敗したように、それなりに高い価格なのに、それに見合う居住性や航続距離を実現していないようでは、その先の展開は見込めないでしょう。

KPIの管理と継続的な改善

事業開発は、なかなか見込みどおりに進まないので、継続的な見直しや軌道修正が不可欠です。そのベースとなるのが、6—05〜08で設定したキャッシュフローモデルの見通しとKPIです。

売上試算モデルや利益の公式などで想定したキャッシュフローの見通しをもとに、実際の活動の成果でKPIを評価し、継続的に改善を繰り返していくのです。

事業成長のためのKPIや好循環を整理したものを特に「**トラクションモデル**」（229ページの図参照）といいます。なかでも、**顧客基盤と生涯価値の拡大に関する指標**は、顧客がそのサービスを採用し、使い続けてくれるかどうかを示すので特に重要です。

目標と現状の差異の把握、原因分析、解決策の実施などを行うなかで、キャッシュフローモデルの「仮の数値」が見込値や確定値などにアップデートされます、併せて「目標値」が未達の場合の対応なども検討していきます。

日々の取り組みでノウハウを培う

たとえば、特徴的な広告・宣伝などで知られるライザップは、**広告の効果測定**と**オペレーションの迅速な改善**を徹底しています。キャッチコピーや広告素材などにより売上に差が生じるため、まず複数の広告を流して反応を

成長ストーリーでKPIを管理する

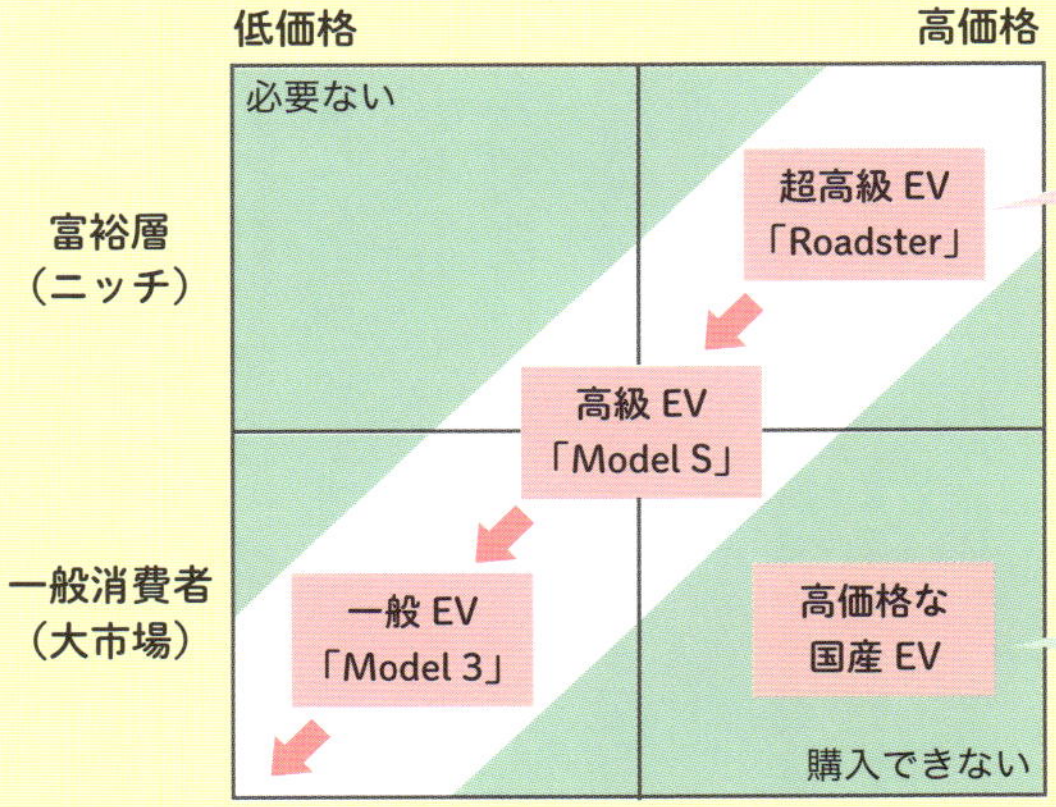

テスラの成長ストーリー

1. 富裕層で実績を築き投資家を集める
2. 生産・販売体制を構築し、さらに実績を築く
3. その実績でさらに大量生産を行い、より安価に

国内メーカーの失敗

・小型車サイズだが高級車並みの価格
・売れないのでコストが下がらない
・実績が築けず、広がらない

☑ 顧客への提供価値とビジネスの経済性を両立するロードマップを設計する

調べ、十分な効果が見込めるほうに資金を投入するというサイクルを高速で回します。また店舗オペレーションにおいても、開店した日に顧客の声を聞き、改善点を洗い出してその日のうちに対策を立て、店舗ごとの損益計算書（PL）も日次で管理しているそうです。

このようなPDCAサイクルを回すなかで、その事業の**成長に必要なノウハウ**が明らかになってきます。安定的なオペレーションや生産・営業ノウハウ、知的財産、人材マネジメントなどは外部からは見えにくく、競合に対する先行優位の源泉となります。こういったものは事前に見通すことは難しく、実際の取り組みのなかでしか見えてこないものです。

6―07で解説したように、準備期、立ち上げ期、成長期、確立期の各フェーズを経て、事業は実証実験的な位置付けから実際の展開に移行していきますので、それに伴って**活動のポイントやKPIも変わってきます**。

撤退判断で人材と資金を再配分する

新しい取り組みへのチャレンジが増えると、小粒の事業が社内にたくさん滞留する状況も起こります。

①実証実験はたくさん繰り返したものの、いずれの事業もなかなか先に進められない

②少人数でコストをかけずに収支を合わせたが、十分な資源投入が行われないまま鳴かず飛ばず

6―08で解説したように、累積損失の金額で撤退基準を設定している場合は、それに従えば撤退判断を行えるはずが、リスクを気にして十分な資源投入を行っておらず、小規模な売上で損益分岐点の周辺をうろうろしているため、そこまでの累積損失になっていない状態です。

これらは、事業を成長させるべく継続的に改善を行うのと同時に、**適切な基準で事業の見極めと撤退**を行い、それによって開放された人材と資金を、成長期に入って資源不足の事業や新規案件に投入できるようにすべきです。左図に主な撤退判断の基準を挙げておきました。判断期間としては**3年程度が目安**でしょう。

新規事業の評価の際に、一定期間の達成目標を定めて事業検討の継続を決定していく「**ステージゲート法**」による管理が普及しているようです。立ち上げの判断の際だけではなく、そのあとも定期的に設定し、新陳代謝を促進すべきです。

トラクションモデルをもとにKPIの測定と改善を繰り返す

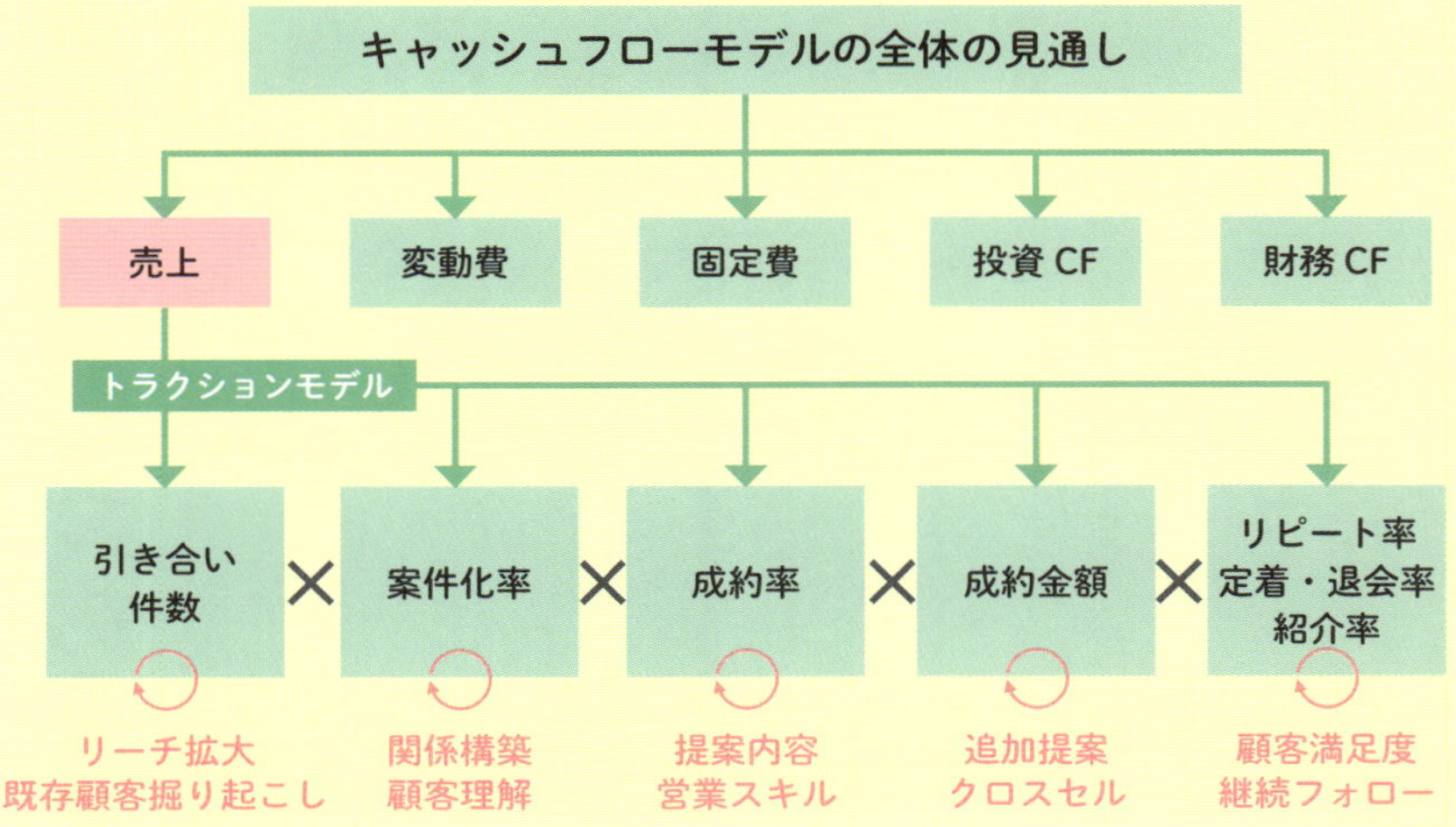

撤退判断で人材と資金を開放する

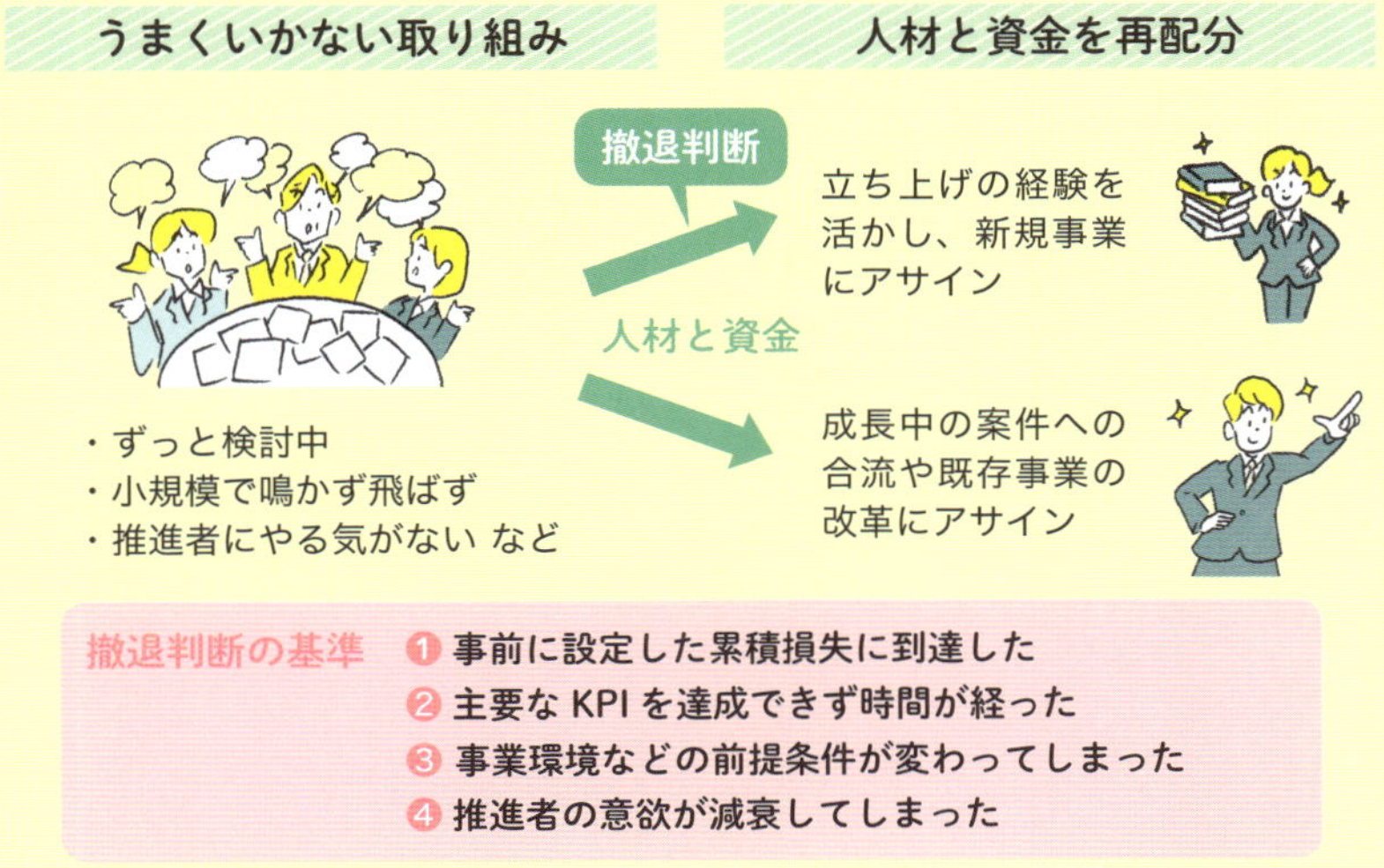

7

04 成長への思い切った投資を行う

事業を成長させるには、伸ばす事業を見極め、十分な投資を行う必要があります。成長しやすい事業に必要な条件も押さえておきましょう。

収益を上げるための投資を行う

事業を成長させるには、**それに見合った投資が必要**です。うまくいかない場合には撤退判断をする一方、いける見通しが立った場合にはしっかりとアクセルを踏むことが大切です。

左図は継続収入型の典型的な累積キャッシュフローを示したものです。図の左は、まず小さなサンプル数で顧客検証を繰り返すのはよいのですが、KPIが改善しているのにそのまま続けていては顧客基盤が広がらず、結果として大して儲からない事業になってしまいます。

本来は右側のように顧客獲得のコストをしっかりとかけて将来の収益拡大を目指すのですが、投資にはリスクが伴いますので、そこには勝算や根拠が必要です。

投資のタイミングを判断する

一般的なKPIでいえば、①顧客獲得コストを十分に上回る生涯価値、②顧客獲得率の高い販促策の確立、③顧客の定着率が退会率を大きく上回るなど、PMFの成立が確認できていれば投資のチャンスです。

その時点でキャッシュフローがマイナスでもかまいません。小規模の顧客検証を実施している状況であれば収益が上がっていないのは当然ですし、**成長フェーズにある事業こそ資金需要が活発**なものです。推進チームは意思決定者にこの理解を促さないと、目先の損失を問題視され、必要な投資を行えません。これらのKPIを証明するために、実証実験や初期の事業運営のアクションが設計されている必要があります。

顧客獲得率の高い販促策を考える

販促策には、広告やPRなどで顧客を引き寄せる「プル型」、代理店やチャネル、直販などで顧客に働きかける「プッシュ型」があります。ただし、その有効性は、ターゲット顧客の集約度や提供価値の内容、事業展開フェーズなどによって異なり、大きな成果を上げるためには、事業の特性に合わせた具体的な工夫が不可欠です。

たとえば、オンラインストレージサービスのドロップボックスは、利用容量に課金するマネタイズモデルですが、既存顧客に対して「新規顧客を紹介したら無料で使える容量枠を増やす」キャンペーンを実施しました。これは新規獲得につながるとともに、既存顧客がファイルを共有する相手が増えるほど利用容量が拡大し、有料枠に移行する可能性が高くなるという目論見があります。

一口にフリーミアムといっても、その事業コンセプトによってさまざまな工夫ができます。それぞれの事業の特徴を見極め、有効な販促策を試していきましょう。

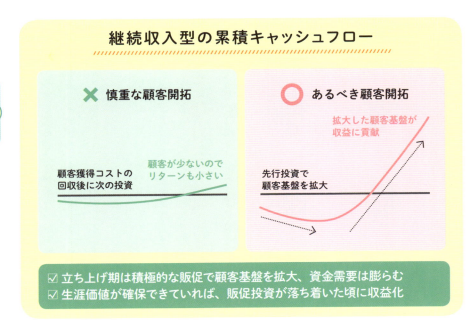

継続収入型の累積キャッシュフロー

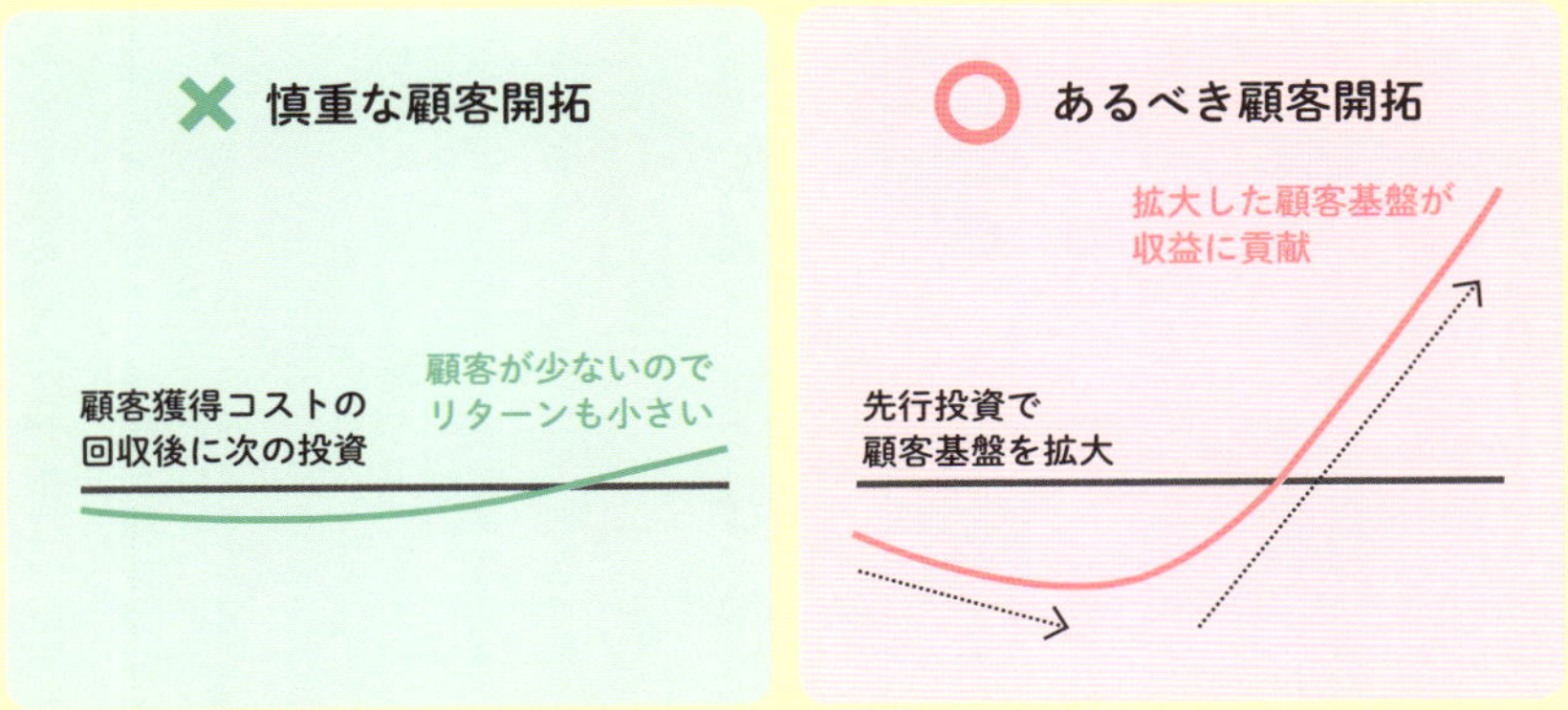

☑ 立ち上げ期は積極的な販促で顧客基盤を拡大、資金需要は膨らむ
☑ 生涯価値が確保できていれば、販促投資が落ち着いた頃に収益化

成長を支えるオペレーションの工夫

大量に投入した販促策が功を奏したら、増加する需要を支えるオペレーションが必要になります。国内で人気のチャットアプリであるLINEが普及した理由のひとつが、**急激な需要拡大期にサービスが落ちなかったこと**といわれています。初めて使ったアプリがいきなり不調になれば、多くの顧客はもう使わなくなってしまいます。膨らんだトラフィック量を落とさず、データセンターの拡大を支えたエンジニア集団の努力の賜物です。

Airbnbも創業から3年後、顧客からの問い合わせが急増し、深刻なレスポンスの遅れが発生しました。同社はカスタマーセンターを外注化せず、自前の要員を3倍に増強し、厳しい特訓をして対応しました。**立ち上げ当初の顧客は口コミの核になってくれる可能性が高い**ため、自ら対応することにこだわったのです。そのほか、販促策やオペレーションの事例を左図にまとめておきます。

成長しやすい事業の前提条件

成長しやすい事業に必要な前提条件の主なものを左図にまとめておきます。これらがある程度、揃っていないと、投資がうまく成長に結びつかない可能性があります。

まず、**成長の余地がある事業分野**が選ばれていて、それを実現する**成長ストーリー**が存在することです。さらにその分野が、意思決定者や投資家などの目指す方向性と一致していれば、支援を得やすくなります。

マネタイズモデルは最初の顧客の負担を抑え、顧客基盤を広げられるようになっているべきです。同時に、需要の急拡大に耐える拡張性があり、効率的なオペレーションも必要とされます。たとえば、国内で人手不足が課題となるなか、人手に頼る業務プロセスが多数あると、そこがボトルネックとなってしまいます。

また事業を運営するためには、**人材だけではなく資金の支援**も重要です。初期ターゲットの需要をこなしきれなかったり質が落ちたりすると、マイナスの評価を広めることになりかねません。これらの対応には資金がかかりますが、できるだけ成長時の負荷が小さいしくみを構築しつつ、十分な資金の目途をつけておく必要があります。資金があればM&Aなどで人材やオペレーションを獲得することも可能です。

事業の成長を実現するしくみの事例

顧客獲得率の高い販促策

ドロップボックス
- 新規顧客の紹介で無料容量枠を増加

ウーバー
- 大規模な無料キャンペーン

Yahoo! BB
- 街角でのモデム無料配布

PayPay
- 総額 100 億円の払い戻し

ライザップ
- 効果がなければ返金

急成長を支えるオペレーション

LINE
- 急拡大に耐えるデータセンター

Airbnb
- 急拡大に耐えるカスタマーセンター

ユニクロ
- 海外をカバーする東レの供給体制

アップル
- マイナスの CCC※、生産網への投資

アマゾン
- マイナスの CCC※、物流網への投資

※ CCC：キャッシュ・コンバージョン・サイクル（P.213 参照）。仕入代金の支払いから売上金の回収までの日数

成長しやすい事業の前提条件

成長できる事業の設計

事業領域の選択
- 成長中またはその余地のある分野
- 合理的な成長ストーリーがある
- 意思決定者の方針に合致している

成長しやすいビジネスモデル
- 顧客基盤を拡大しやすいマネタイズモデル
- 拡張性が高く、効率的なオペレーション
- 顧客獲得率の高い販促策

ヒトとカネの支援

タイムリーな人材の支援
- 事業展開フェーズに合ったマネジメント人材の投入
- アサイン可能な要員プールの質と量
- 迅速な習熟を可能にするトレーニング

成長資金の確保
- 必要投資額が少ない
- 売上金の回収日数（CCC）が短い
- 資金が潤沢

☑ 人材やオペレーションは資金投資や M&A でも調達できる

7

05 その事業に取り組む意義を明確にする

事業を成長させるには、組織からの支援が欠かせません。そのためには新しい取り組みの必要性やその意義を全社方針として位置付ける必要があります。

動くストライクゾーン問題

新しい事業の推進チームが直面する課題に、「**動くストライクゾーン問題**」というものがあります。「何でもいいから斬新な事業アイデアを出せ」と言われて提案すると、「思っていたのとちょっと違う」などと言われてやり直しを指示されるという現象です。かといって既存事業の延長線上のアイデアでは「おもしろくない」などと言われてしまいます。

意思決定者はその時点での組織や競合の状況、顧客の動向などを踏まえて個別に判断しているため、判断基準を事前に提供してもらうことは困難です。対策としては**たくさんのアイデアをぶつけて反応を見る**ことで、相手のストライクゾーンを探ることになります。

その取り組みに意義はあるのか

しかしその都度、個別に判断していては、大きな取り組みのかじ取りはできません。きちんと押さえておきたいことは「取り組む意義」です（77ページ参照）。

特に思い切った投資では「そこにかけるに足る意義」が重要です。「取り組む意義」を考えるポイントは、①**メリットの獲得**、②**デメリットの回避**、③**現在の経営方針との合致**、④**新しい成長機会の可能性**、の4つがあります。

③は、組織の戦略やビジョンなどに合致していることです。たとえば「これまで果たせなかった顧客志向の組

織へ変革するきっかけになる」「モノ売りからコト売りへの転換が果たせる」などです。経営の**大局的な意義を具体的に提案する**わけです。そのためには自社の中期経営計画や「経営陣にとっての大きな課題や問題意識とは何か」をきちんと把握しておく必要があります。

組織の成長機会にもつながる

さらに考えたいのは、④新しい成長機会の可能性です。事業開発を進めていくなかで見つけた事業機会は、その背景となる顧客の変化などとともに、現在の経営方針や中期経営計画などでは想定していない、**「新しい成長の可能性」**を示唆している場合があります。

事業アイデアがある程度固まってきたら、そこから「自社や自部門の将来のあるべき姿にどんな示唆があるのか」「そのあるべき姿においてその事業はどんな位置付けになるのか」といったことを**経営者になったつもり**で考えてみましょう。いきなり経営者視点に立つのはハードルが高いと思われるかもしれませんが、事業アイデアが既存事業の延長線上にない場合、それがその事業の「取り組む意義」になる可能性があります。

「取り組む意義」を考えるポイント

①メリットの獲得	●売上や利益がアップする ●ブランド力が高まる、株価が高まる、強みが活かせる など
②デメリットの回避	●減収・減益を回避できる ●組織の課題を解決できる、リスクが低い など
③現在の経営方針との合致	●現在の経営方針や中期経営計画での位置付けが明確 ●経営にとってインパクトがある など
POINT ④新しい成長機会の可能性	●見つけた事業機会から全社の将来像を新たに構想する ●それを踏まえた組織の目指す方向性を提案する

ストライクゾーン問題の例でいえば、「ストライクゾーンにすべきなのはココ！」と提案することです。「自社の将来を考えた場合、この方向を目指すべき」→「その足がかりとして当該事業が必要」という論法です。

全社のポートフォリオと戦略ストーリー

推進チームが事業開発の提案を行ったあとは、経営者、または事業部の責任者の仕事になります。組織として腰を据えて事業開発に取り組むためには、その事業とそれに付随する個別案件を、**組織全体の事業ポートフォリオや戦略ストーリーに組み込む**必要があります。それができないと結局、「既存事業を粛々と進めればいいのではないか？」という考えが優勢になりかねません。

まずは**資金と人材**の観点で見たポートフォリオの例を左上図に挙げます。どこで資金と人材を生み、どこに投資・配置していくのかを考えます。

図中左下の①**収益事業**では、既存事業を見直してさらに利益体質を強化し、そのキャッシュを②成長事業と③新規事業に注ぎ込みます。成長性の落ちた今の収益事業からコト売り化などの新しい事業機会が見つかり、成長事業や新規事業に生まれ変わることもあります。投資の原資としては、全社戦略に合わなくなったノンコア事業の売却なども含みます。④リビングデッド事業も同様に、撤退や売却などで資金と人材を開放します。大きな投資や事業参入を行う場合、その必要資金と人材の見通しが**企業全体のキャッシュフローと人材育成の見通し**のなかで許容できるかが判断のポイントとなるわけです。

もうひとつが**全社の戦略ストーリーの明確化**と、そこへの組み込みです。左下図は日立グループが取り組んでいるサービス型事業モデル「ルマーダ」の戦略ストーリーです。多種多様な事業を抱える同グループにおいて、ビジネスモデルを大きく変革するには、全社戦略として稼ぎ方や成長の方向性を定義する必要があります。そのうえで4つのタイプの個別の事業コンセプトが整理されています。

この事業コンセプトとストーリーが示されていることで、事業のコアとノンコアが明確になり、子会社の再編や売却、コア事業への投資やM&Aなど、**大きな意思決定ができる**と同時に、個別案件の検討の現場においても「取り組む意義」の検討と判断が容易になるのです。

資金と人材で見たポートフォリオ

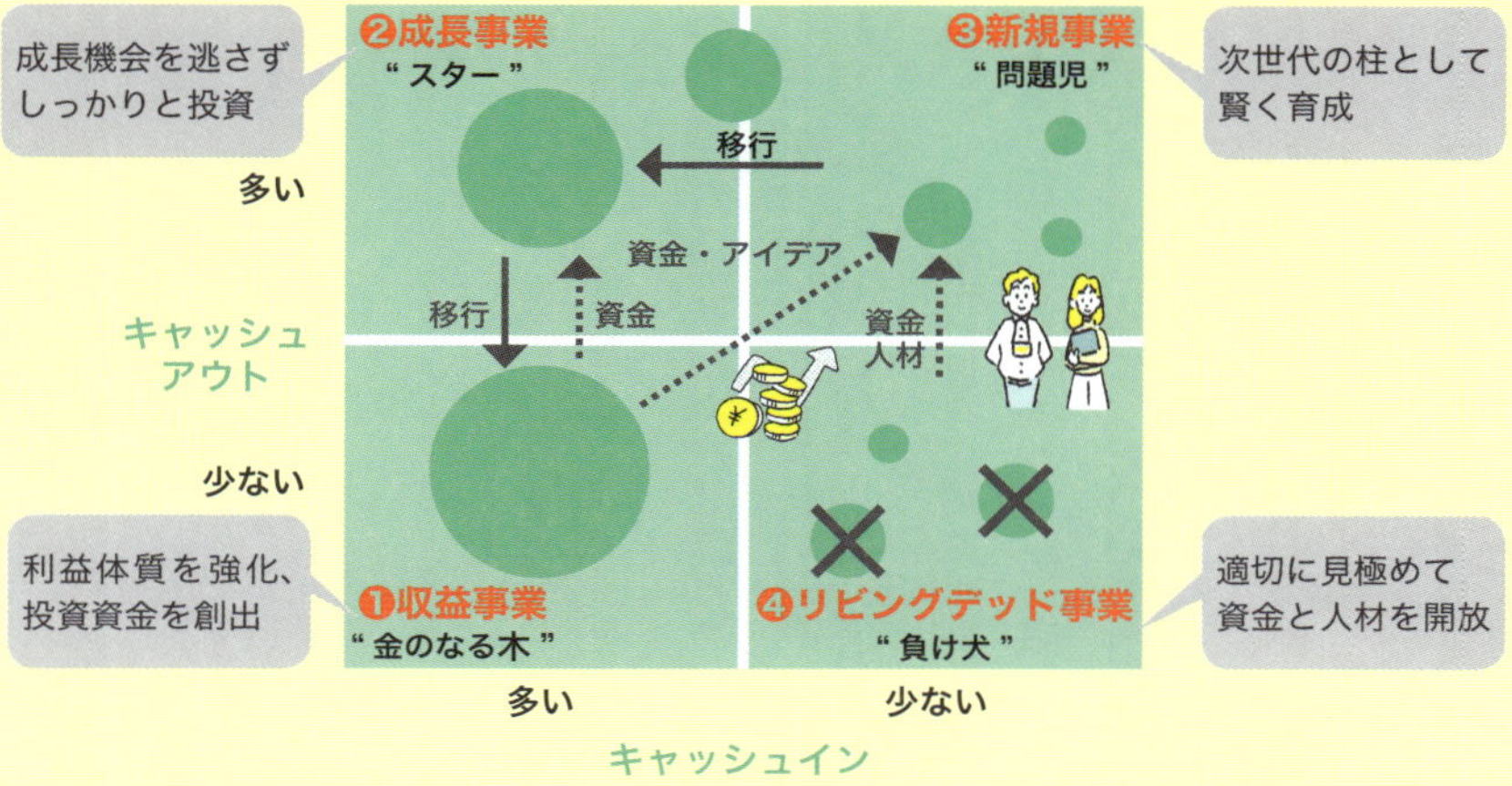

全社の戦略ストーリーの例

全社戦略として儲け方・成長の方向性を定義（日立グループの例）

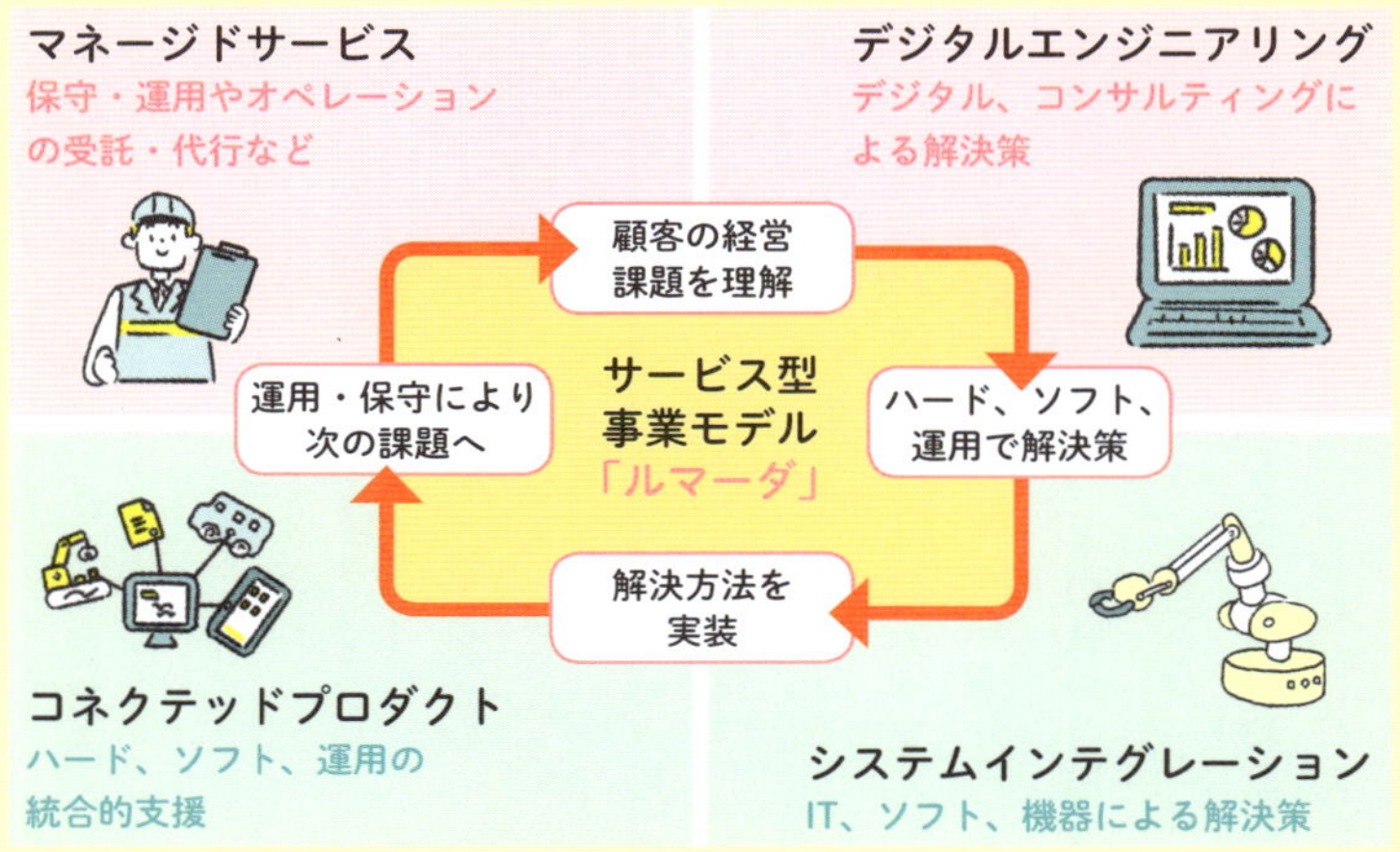

出典：日立グループの IR 資料を一部修正

7

06 事業開発を支える組織に整備する

新しい取り組みが具現化するよう、既存事業に最適化された組織やルールを見直していくのはマネジメントの重要な役割です。

既存事業のしくみが足かせになる

どの企業の組織も既存事業が円滑に進むように設計されています。決裁プロセスや人事評価の基準、品質やブランドの管理、法務やコンプライアンス部門のチェックなど、各部署の役割や業務は**既存事業を推進することに最適化されている**ため、それを新しい取り組みに適用しようとすると、社内調整が発生したり協力を得ることが難しくなったりするわけです。

新しい取り組みを実施するのは現場ですが、そのために必要な**組織やルールを整備して支援する**のはマネジメントの重要な役割です。ルールの未整備や支援体制の不備があっては話が進みません。

組織変革の「7つのS」

新しい取り組みが円滑に生まれる組織のしくみをつくり、さらに新しい組織文化を生み出すフレームワークとして「組織変革の**7つのS**」があります。

組織を取り巻く環境の変化から生まれるチャンスやリスクを発端として、①**戦略**（Strategy）を決め、②**行動指針を共有**（Shared Value）し、その戦略と指針に沿った③**組織構造**（Structure）と、④**制度・ルール**（System）を見直します。そのうえで、取り組みに必要な⑤**スタッフ**（Staff）の充実と、⑥**スキル**（Skill）の獲得・育成を進めます。そうした取り組みの結果、意思決定や従業員の行動、つまり⑦**組織文化**（Style）が変わって定着していくわけです。

ここでいう①戦略は、新しい取り組みが位置付けられる経営方針や中期経営計画（7―05参照）であり、②行動指針は、それを踏まえた経営からのメッセージです。たとえば、「顧客理解の促進」「試行錯誤の奨励」「新しい取り組みの推奨」といったことです。

組織構造を見直す

事業開発の推進チームは7―02で説明したとおり、まずは**小規模にして試行錯誤をしやすくする**ことです。さらに、新規性の高い取り組みの場合は**既存の事業部門から切り離して始める**ことです。効率性を重視して顧客や技術などが近い既存の事業部門に育成を任せる例が多いようですが、近い分だけ既存事業の影響を受けてしまったり、本業の忙しさに取り込まれてしまったりします。

小規模で始める分、**十分な支援体制**が必要です。たとえば、トップ直轄の支援組織を設置し、新しい取り組みに必要なノウハウの蓄積、社内の調整、社内外の関係者の紹介、その他アドバイスなどを行います。

また戦略方針によっては、**組織構造自体の見直し**も必

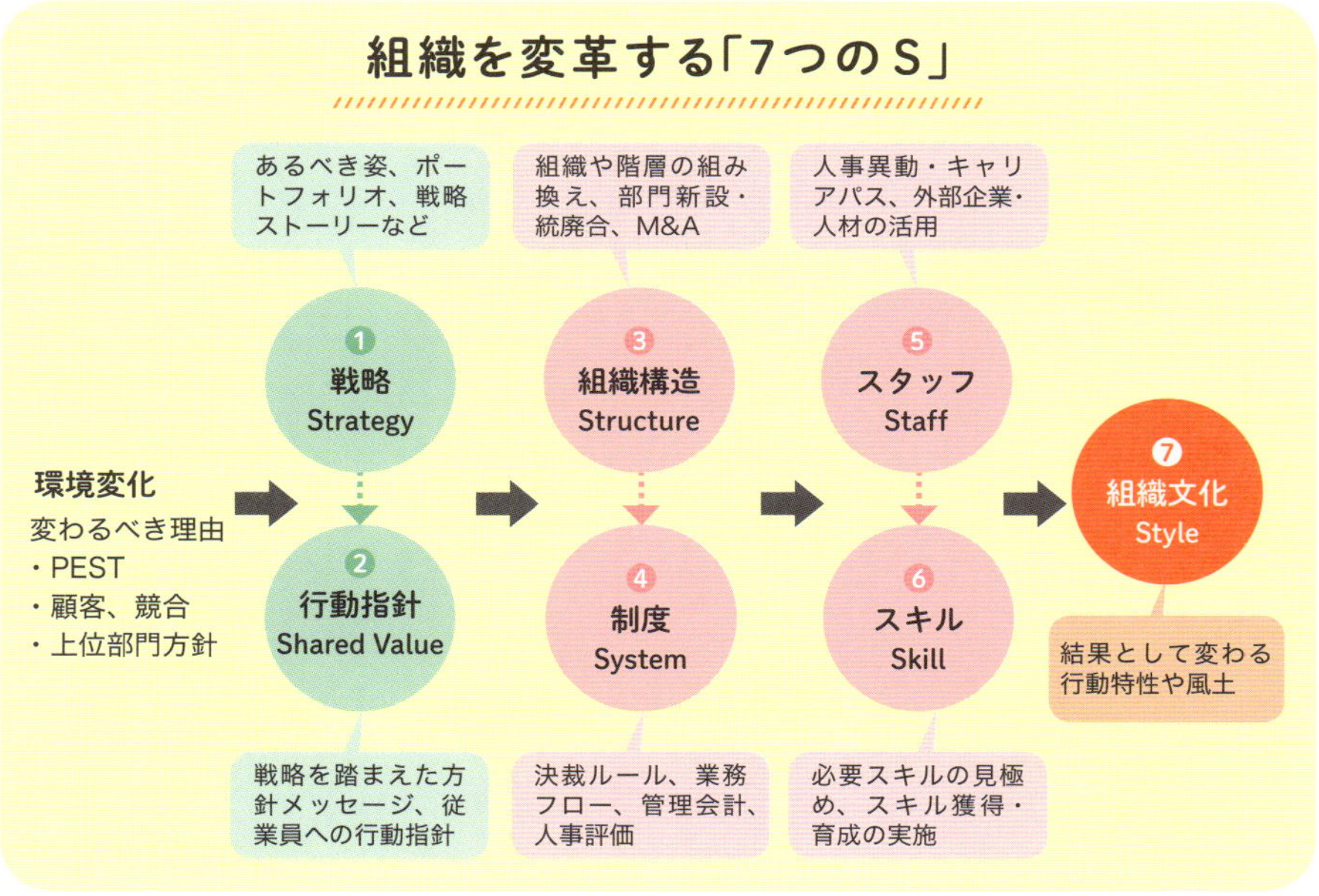

要です。日立グループはサービス型事業モデルへの転換にあたり、縦割りの製品別の部門から顧客市場別の部門へと組織を再編しました。内部論理に負けず、変革の推進力を高めるために、組織構造を変更したわけです。

また、ゼロから内部で事業開発を進めるには時間がかかるため、**企業買収**により業務のプラットホームや人材などを獲得するケースもあります。国内でも日立グループによる米グローバルロジックの買収が挙げられますし、パナソニックコネクトの米ブルーヨンダー、リクルートの米インディードなどの買収もその例といえます。

制度を見直す

制度やルールの見直しも必要です。スタンプラリーのような既存の稟議決裁では、新しい取り組みへの臨機応変な対応には適しません。事業開発に必要な**責任や権限、予算などを現場に与えて支援**すべきです。また新規案件は、社長や関連役員の定例会議で検討し、本社予算で推進するやり方も有効です。部門予算では、目先の結果が出ない将来の有望案件が後回しになりやすいからです。

また業績評価やそれに伴う人事評価も、既存事業のように売上高や利益額、あるいは予定どおりの進捗などで評価すると、**立ち上げ期の事業は不利**になって担当者が報われません。事業開発の検討初期は、ヒアリングやアイデア検証の件数、実証実験の進捗、ＰＭＦの状況など、**事業開発のステップをきちんと踏まえた活動をしているか**という観点での評価が必要です。これらを放置したまま新しい取り組みを推進するのは無理があります。管理会計や評価指標も戦略に従って見直しましょう。

たとえば日立グループでは、ルマーダを推進するため、売上高に占めるルマーダの比率をＫＰＩとして各部門に徹底させています。またキーエンスは、顧客への新規提案を促すため、各営業担当の売上に占める新製品の比率を重要な評価指標に設定しています。

制度のなかには、**業務のプロセスやシステム**なども含まれます。顧客への価値提供と自社の経済性に合致するよう、効果的・効率的なオペレーションが必要です。

このほか、アクセラレータプログラムやＣＶＣ（コーポレートベンチャーキャピタル）など、外部機関を利用して新しい取り組みを生み出すことを促進する企業も増えました。うまく活用して進めていきましょう。

日立グループの組織改編の例

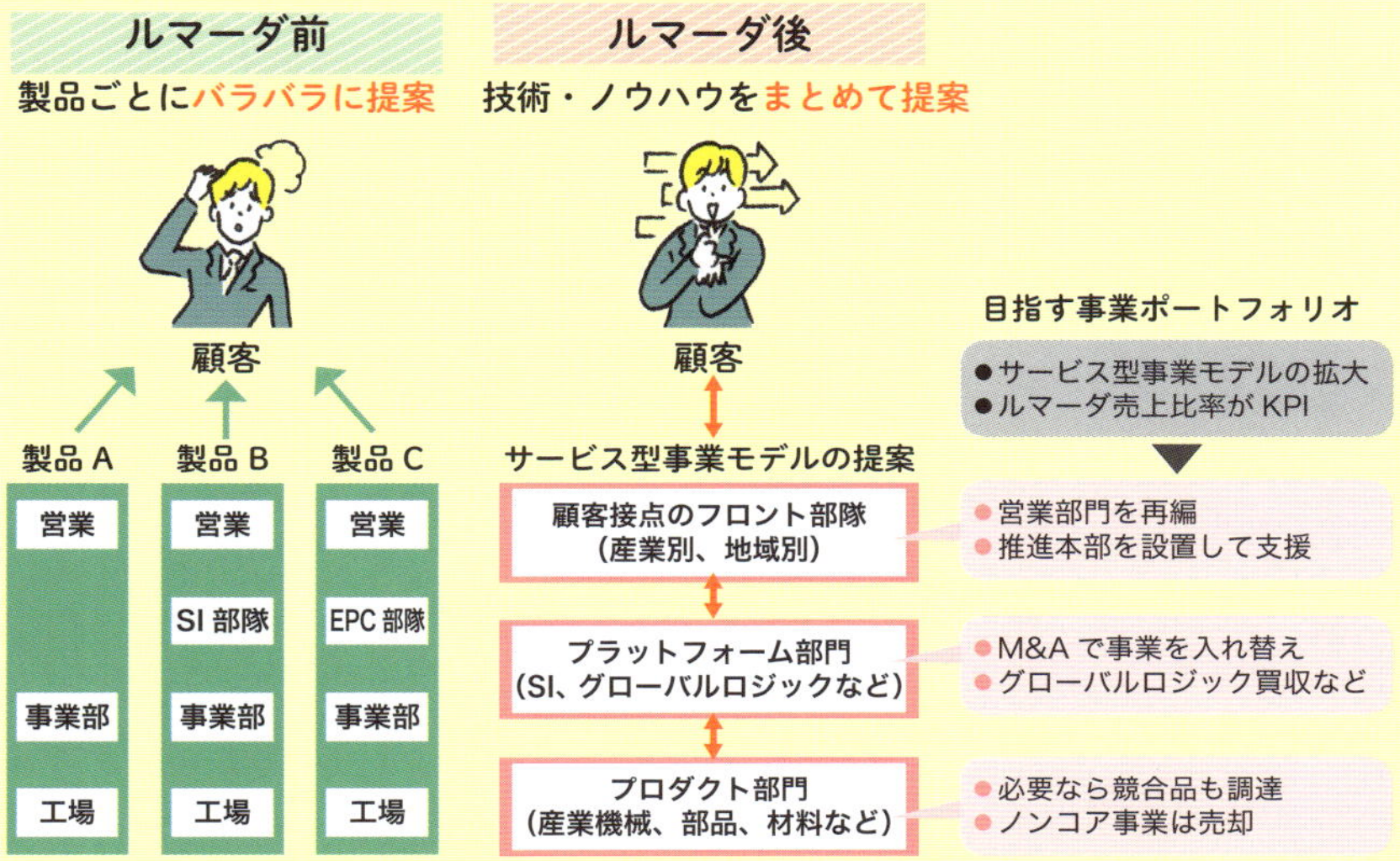

SI：システムインテグレーション、EPC：設計（Engineering）・調達（Procurement）・建設（Construction）の3業務を実施
出典：日立グループのIR資料をもとに著者作成

組織構造と制度・ルールの施策の例

❸組織構造

推進チームは小規模に
- 新規性が高い場合、既存事業と分離
- トップ直轄、出島、別会社など

強力な支援組織を設置する
- トップ直轄、実績のあるリーダー
- ノウハウの蓄積、社内調整など

組織再編で変革を後押し
- 縦割り組織の打破
- M&Aによる資産とプラットフォームの獲得

❹制度・ルール

意思決定ルール
- トップ決裁、本部案件化、独自予算
- 現場に責任・権限・予算を下ろす

評価への組み込み
- 経過の評価（ヒアリング件数など）
- そのほか事業開発の推進重要なKPIに注目

事業開発を支援する制度
- 社内提案、ビジネスプランコンテスト
- CVC、アクセラレータプログラム

07 事業を成長させる組織文化を築く

組織構造、制度・ルールの変更を踏まえ、新しい取り組みに必要な人材の充実とスキルの育成を進めましょう。それにより組織文化の変革が実現します。

人材の確保とスキルの育成

事業を成長させるには、適切なタイミングでの**人材（スタッフ）の充実**と**スキルの育成**が不可欠です。そのために、社内外で**人材が流動するしくみ**を構築しましょう。

まず、新しい取り組みにチャレンジすることが評価される**キャリアパス（昇進・昇格のモデル）**を形成します。これがないと、既存事業よりリスクの高い事業を担う人材を確保しにくくなるでしょう。これは、7―06の人事評価の制度・ルールの見直しとセットで行います。

そのうえで、既存部門からの異動、社外協力者や協力企業からのプロジェクト参加を進めます。兼務でも活動しやすいよう、複数の肩書を柔軟に用意しましょう。副業を認めている組織もあるようですから、活用できるかもしれません。昨今は人材獲得を目的とするM&Aも広がっています。外部の異業種から優秀な人材を登用する場合は、転職などで不利にならないよう、既存の報酬体系と別のしくみで処遇するなどの工夫が必要です。

また、身につけるべき知見やスキルには、7―02で触れた、マーケティング、企画、財務、資料作成、表計算、ヒアリング、さらにリーダーシップ、チームマネジメント、プロジェクトマネジメントのほか、各業界や事業に特有のノウハウである「**ドメイン知識**」などもあります。既存事業のOJTでは学べないものもあるため、事業開発の支援組織によるサポートや、ビジネスプランコンテストでの経験などにより習得させます。

事業開発の人材プールをつくる

事業開発には多くのリスクがあります。事業の成長段階に合わせ、タイミングよく体制を構築するには、「**事業開発の人材プール**」が必要です。人材をプール化、さらにはコミュニティ化して育成するとともに、すぐに声をかけられるようにしておくのです。

準備期や立ち上げ期には、新しい価値を生み出す**イノベーション能力**、社内外や専門性の壁を越えてつながりをつくるハブ能力をもつ人材が必要です。また成長期には、新しい業務のルールをつくり、それをやり遂げる**オペレーション能力**をもつ人材、さらに確立期には、投資により組織を拡大できる**マネジメント能力**をもつ人材が求められます。

近年では、事業開発自体がひとつの職種として捉えられるようになってきました。事業開発に必要な経験やノウハウ、スキルをもった人材は貴重です。そのような社内外の人材を逃さないよう、**日頃からプール化（まとめて把握）**しておきます。さらにそのような人材の横のつながりを活発化させ、事業開発のノウハウやスキルなど

人材（スタッフ）とスキルの施策の例

⑤スタッフ

報われるキャリアパスの設計
- 成功時・失敗時の異動ルール
- 昇進・昇格の処遇

社内外からの人材登用
- 人材プールの整備、有望人材の発掘
- 既存部門からの異動、兼務促進

そのほかの人材の獲得策
- M&A による人材獲得、副業人材
- もとの業界や前職との処遇差の調整

⑥スキル

支援組織によるサポート
- 教育・研修プログラム（Off-JT）
- アドバイザー協力、メンバー派遣

人材プールでのつながり・学び
- 社内外のノウフー（Know Who）
- スキル・ノウハウの共通言語化

実践経験、疑似体験
- 事業開発案件への継続的なアサイン
- ビジネスプランコンテスト など

を共通言語化しておくことも大切です。そうしたなかから次世代の経営リーダーとなる人材が育ってきます。

変革への抵抗を受け止める

7—06で解説したように、「7つのS」の取り組みによって変わるのが「**組織文化（Style）**」です。7つのSは、それ自体がプロセスになっていて、下流のスタッフやスキルだけ整備しても、上流の戦略や組織などで目詰まりをしては成果が出ません。全体へ方針を打ち出しつつ、**7つのSに沿った着実な整備**を進めていきます。

実際、新しい方針や施策などに直面すると、組織内にはさまざまな反応が現れます。新しい方針や施策が本当に大丈夫なのか、求められるスキルの習得についていけるのか、不安を覚えたり反発したりする人も出てくるでしょう。拙速にならないよう、ていねいに取り組みましょう。また社内外に成功例があれば、早めにそれを示すことで、「なるほど、そういうことか」と組織内の理解が深まります。

組織の変革には、**継続的な粘り強い取り組み**が不可欠です。日立グループはサービス型事業モデルに取り組み始めて10年以上、歴代トップが継続的にコミットメントをしています。

大きな変革ほど反発やネガティブキャンペーンなどが起こりやすくなりますが、ブレずに取り組むことが大切です。国内企業の場合、そういった変革のきっかけは経営危機によるものが多いのですが、本来はその前に手を打っていきたいものです。

組織文化が変わる

組織文化とは、組織内の意思決定や行動などを決める「**暗黙の了解**」です。暗黙の了解なので明文化できるものではなく、組織が本当に変わっているのかどうかは、起こっている現象の有無で確認する必要があります。

たとえば、「顧客検証」や「カスタマージャーニー」などの事業開発の用語が飛び交っている、職位や年齢を超えた活発な議論が行われている、新しいチャレンジが常態化して周りも応援する、内部事情より顧客への提供価値を優先する、優秀な人材が辞めない、むしろ入社してくる、それらの結果、事業開発がどんどん進む。こういった組織文化が醸成されるようにしたいものです。

事業開発の人材プールのイメージ

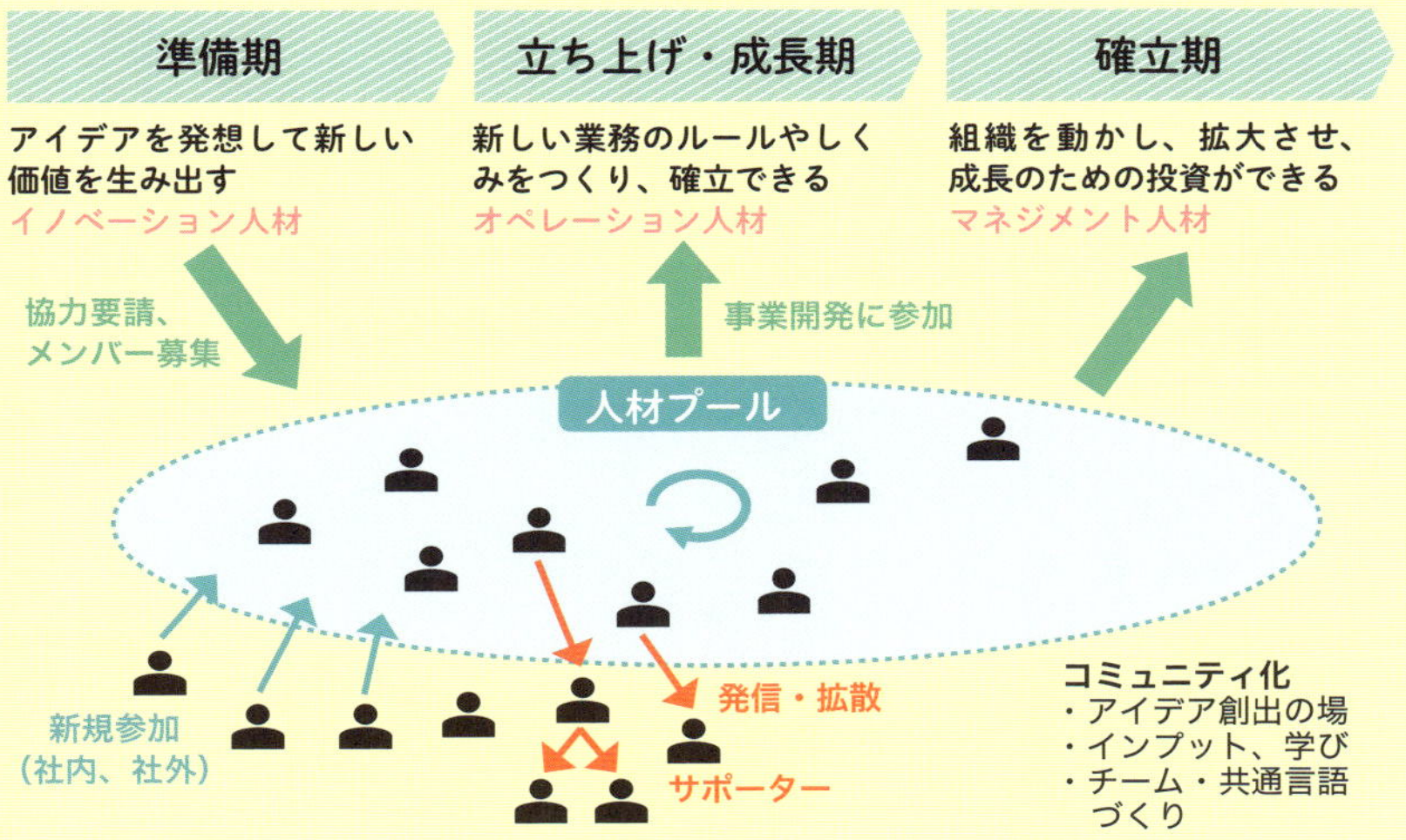

変革への抵抗のマネジメント

	組織全体の取り組み	個人の取り組み
初期	● 方針を明確に打ち出す ● ７つのＳに沿った組織整備 ● ていねいな変革プロセスの設計 ● 早めの成功事例の提示	● 小さく隠れて取り組む、外部と始める ● 協力的な部署・顧客から始める ● トップ層で支援者を見つける ● 成功事例をつくる、実績を積む
展開	● トップの継続的なコミットメント ● 成功事例を集める、ラベル付け ● ていねいに説明して不安を解消 ● 抵抗勢力にも変わってもらう	● 本格準備ができるタイミングを図る ● 社外・顧客の声での裏付け ● ていねいに説明して不安を解消 ● 必要に応じて協力を要請

7

08 チームとマネジメントが成長する

事業開発では既存事業の常識とぶつかることがあります。推進チームとマネジメントには、それを乗り越える覚悟と成長が必要です。

組織の常識を変える

過去の経験や実績などにより形成された「**既存事業の常識**」は、事業開発に求められる常識と真逆です。「効率的なオペレーション」や「確実な根拠」は既存事業では正論ですが、新しい取り組みにはフィットしません。

どんな企業も、創業の頃は試行錯誤をしながらノウハウや強みを積み上げ、顧客を掘り起こし、資金繰りに苦心して徐々に効率性と確実性を高めてきたはずです。その過去を知らない既存事業の部門からは「自分たちの稼ぎで好きにやっている」と見られがちですが、事業開発の担当者は、既存事業の今日の稼ぎが続くうちに明日の稼ぎをつくっているという気概をもつことが重要です。

事業開発を支援するマネジメント

マネジメントにとっても、**既存事業の常識にひるまず事業開発を支援する**ことが求められます。マネジメントが事業開発の推進チームや担当者を支援するポイントを図（249ページ参照）に挙げておきます。

まず「**高い視点からのアドバイス**」です。ダメ出しや課題の指摘などは誰でもできますので、①**よいところを探す**ことがマネジメントの腕の見せどころです。もし課題があれば、②**解決策**を一緒に考えます。また、③組織の事業全体でその事業開発をどう位置付けるのかも、マネジメントの重要な責務です。

アドバイスは基本に則って行います。④事業開発のステップを踏んでいるか、⑤ターゲット顧客と提供価値はブレていないか、⑥KPIである「ヒアリング件数」や「PMFの状況」などのチェックも重要です。顧客候補や提携先、ヒアリング先などの紹介は大変有効なアドバイスです。

また、推進チームが内部調整に忙殺されてはいけません。「既存事業の常識と違う」と注進する人も出てきます。外を向いて仕事ができるように横やりから守りつつ、⑧**裁量権**を与えます。また、推進チームを勇気付けながら、⑨**担当者の熱意**が保たれているのかをよく見ましょう。責任感のある従業員ほどやめようとしません。やらないことを決めるのはマネジメントの仕事です。

マネジメントの成長が必要

これらの支援を行うには、マネジメントの成長が不可欠ですが、その認識が甘い人も少なくありません。新しい分野に未経験の人が、現在の知識やスキルなどで対応できると過大評価をして学習を怠る「**ダニングクルーガー効果**」という心理現象があります。たとえば、ここまでの論点でも「自社が取り組む意義は何か」「自社の

既存事業と事業開発の考え方の違い

	既存事業の「組織の常識」	事業開発の考え方
価値観	・効率性と確実性を重視 ・無理して変わる必要はない ・事業の将来は調べればわかる	・創造性と可能性を重視 ・変わらなければ生き残れない ・やってみないとわからない
意思決定	・経験がモノをいう ・今もっている強みを活かす ・やるかやらないか	・常識を疑ってみる ・必要な強みを見つける ・やるとしたらどうやるか
組織行動	・顧客が明確、言われたとおりに行う ・無駄とミスをなくす、じっくりと推進する ・資源の内部調達と協力を重視	・顧客がまだ不明、仮説を立てて飛び込む ・トライアンドエラー、スピード重視 ・外部資源の取り込みが必要

強みは活かせるのか」などは本来、経営の方向性や他部門の強みなどの情報をもつマネジメントが考えるべきことです。事業開発を謙虚に学びつつ、自らの部門のあるべき姿や事業機会などを見つける好機とすべきでしょう。

また事業開発や研究開発、人材育成などは、複数年度にわたって継続的に取り組む必要がありますが、責任者が変わるたびに方針変更が繰り返されて前に進まないこともあります。将来性の見込みの薄い技術や事業、体制などを定期的に見直すことは大切ですが、結果が出ていないからといって**前任者の取り組みをばっさりと取り止めてしまうのは考えもの**です。マネジメントは、事業開発には時間がかかるという認識をもったうえで、方針の引き継ぎと新機軸の打ち出しを進める必要があります。

問われるのは自らを変える覚悟

ここで求められるのは、**自らを変える覚悟**です。

組織や人材は変わらないと生き残っていけませんから、その必要性は明白です。変わるための事業と組織のノウハウは本書で紹介しました。たとえば、未来予測は困難ですが、**S字カーブ**（2—04参照）を知っていれば、変化の傾向はおおよそ把握できます。また、組織の変革は大変ですが、7つのS（7—06参照）がわかっていれば、明らかな落とし穴を避けられます。あとはそれを具体策に落とし込むのみです。新しい取り組みでは完璧な準備はありませんから、可能な範囲でリスクを抑え、まずは**手元の資源でアイデア出しから始めてみましょう**。そのうえで改めて、あなたがその事業や新しい取り組みにかける覚悟をもてるかどうかです。

事業開発の困難や周りの無理解を乗り越えるには、「将来こうなるはず」「このアプローチでいけるはず」という**論理的な確信**と、**それを信じる決意**が必要です。どんな事業も永遠には続きません。現在の事業が落ち込む前に、新しい事業をつくり出していくことが求められます。

事業開発への取り組みを通じて自らが変わり、事業が生み出されて組織が変わり、それが社会へのインパクトを生み出すという循環は、いつでも起こせるチャンスがあります。そうはいっても難しいと思ってしまう人もいるでしょう。しかし楽にうまくいく方法などありません。もちろん、自らを変えるか変えないかは自由です。さて、あなたはどちらを選択しますか？

マネジメントによるアドバイスの視点

高い視点から……

❶ 問題点ではなく、よい点を探す
❷ 解決策を一緒に考える（指摘だけなら誰でもできる）
❸ 組織全体の事業のなかでの位置付けを考える

基本に則って……

❹ 6つのステップなど、手順を追って検討しているか
❺ ターゲット顧客と提供価値の実現を常に確認する
❻ 事業検討の重要KPIである活動をチェックする

後ろ盾になる

❼ “ご注進”に来る輩に注意。横やりから守る
❽ 裁量権を与える
❾ 担当者のコミットメント・熱が入っているかを見極める

自らを変える覚悟が社会を動かす

個人の変化
- 論理的な確信
- 自らの意思
- 変わるためのノウハウ

組織の変化
- 既存事業の寿命
- 顧客の要請
- 変わるためのしくみ

社会の変化
- PESTの変化
- 新しい事業機会の登場
- 大きな事業のインパクト

まとめ

事業開発で チームとマネジメントが成長する

事業の成長に必要な組織のしくみを整えよう

事業の成長には、ポートフォリオとキャッシュフローを意識した投資が必要です。そのためには、推進チームの充実はもちろん、既存事業に最適化された組織やルールを見直し、新しい取り組みにフィットしたしくみの導入と、それを運用するマネジメント層の成長が求められます

推進チーム

推進チームとアライアンスを育てる

- チームでスキルをカバーする
- 新しい取り組みに向く人的要件
- 社外協力者を巻き込む
- 本気度、確度、負荷を説明する

わらしべ長者で巻き込みを広げる

改善と投資

改善と見極めのあと思い切って投資する

- KPIの継続と改善
- 撤退判断で人材と資源を解放
- しっかりとアクセルを踏む
- 成長を支えるオペレーション

成長ストーリーを念頭に目線を上げる

支える組織

目指す姿を軸に組織を見直す

- 取り組む意義を位置付ける
- 組織と制度を見直す
- 人材プールとスキルを育成する
- マネジメント層が成長する必要がある

新しい取り組みを形にする覚悟をもつ

とるべきアクション

1. 必要なスキルと気質を備えたチームをつくる
2. 実績と情熱で周りを巻き込む
3. 改善を続けて可能性を見極める
4. 成長性のある事業にはしっかりと投資する
5. 事業開発にふさわしい組織に変革する
6. 事業開発を通じてマネジメント層も成長する

索引

●さ行

●た行

● 著　者 ●
秦 充洋（はた みつひろ）
株式会社BDスプリントパートナーズ代表取締役CEOとして、体系化された実践的な事業開発アプローチで多くの企業や組織、起業家を支援する。一橋ビジネススクール（HUB）客員教授、早稲田大学ビジネススクール（WBS）非常勤講師も務める。
過去、ボストン コンサルティング グループ（BCG）にて、既存事業見直し、新規事業戦略、人事組織改革、M&Aなどプロジェクトマネジャーとして幅広いプロジェクトを指揮。医療従事者向け情報サービスの株式会社ケアネットを共同で創業し、同社は東証プライムに上場。
1967年生まれ。一橋大学商学部卒業。著書は『事業開発一気通貫 成功への３×３ステップ』（日経BP）、『プロ直伝！ 成功する事業計画書のつくり方』（ナツメ社）など。

本書についての質問や事業開発のご相談は下記までお気軽にお問い合わせください。
BDスプリントパートナーズ：https://bdsprint.com/
Email: innovate@bdsprint.com

● スタッフ ●
本文デザイン　3Bears（佐久間勉）
本文イラスト　田渕正敏
編集協力　株式会社エディポック
編集担当　田丸智子（ナツメ出版企画株式会社）

図《ず》解《かい》でゼロからわかる！
成《せい》功《こう》する事《じ》業《ぎょう》計《けい》画《かく》書《しょ》のつくり方《かた》

2024年 9 月 6 日　初版発行

著　者　秦《はた》 充洋《みつひろ》
発行者　田村 正隆

発行所　株式会社ナツメ社
東京都千代田区神田神保町 1-52　ナツメ社ビル 1F（〒101-0051）
電話　03（3291）1257（代表）　FAX　03（3291）5761
振替　00130-1-58661
制　作　ナツメ出版企画株式会社
東京都千代田区神田神保町 1-52　ナツメ社ビル 3F（〒101-0051）
電話　03（3295）3921（代表）
印刷所　ラン印刷社

ISBN978-4-8163-7613-9　Printed in Japan